图书馆读者服务与阅读推广探究

王　金◎著

⑨吉林大学出版社

·长春·

图书在版编目(CIP)数据

图书馆读者服务与阅读推广探究 / 王金著．-- 长春：
吉林大学出版社，2021.6（2025.1重印）

ISBN 978-7-5692-8448-5

Ⅰ．①图⋯ Ⅱ．①王⋯ Ⅲ．①图书馆服务－研究②图
书馆－读书活动－研究 Ⅳ．①G252

中国版本图书馆CIP数据核字(2021)第117413号

书　　名	图书馆读者服务与阅读推广探究	
	TUSHUGUAN DUZHE FUWU YU YUEDU TUIGUANG TANJIU	
作　者	王　金著	
策划编辑	李伟华	
责任编辑	李伟华	
责任校对	杨　平	
装帧设计	左图右书	
出版发行	吉林大学出版社	
社　　址	长春市人民大街4059号	
邮政编码	130021	
发行电话	0431-89580028/29/21	
网　　址	http://www.jlup.com.cn	
电子邮箱	jdcbs@jlu.edu.cn	
印　　刷	武汉乐生印刷有限公司	
开　　本	787mm×1092mm　　1/16	
印　　张	13.5	
字　　数	200千字	
版　　次	2022年1月　第1版	
印　　次	2025年1月　第2次	
书　　号	ISBN 978-7-5692-8448-5	
定　　价	58.00元	

前　言

　　随着社会信息化和网络化程度的不断提高,信息获取的渠道日趋增多,获取的成本也大幅度降低。上网、逛书店、找专业信息公司等大大增加了人们获取信息和知识的选择,图书馆服务的内容、价值和定位由此面临着前所未有的挑战。这使得图书馆不得不从日益激烈的生存和竞争环境中成功转型,从传统的"以藏阅为中心"转变到"以读者为中心",从基于"文献保存"过渡到"读者需求"服务,这构成了新时代图书馆创新生长的核心竞争力。

　　图书馆虽然是知识交流的一个实体,但是它的交流功能至今尚未得到充分发挥,即使是在图书馆事业较为发达的国家,也不同程度地存在这种现象,众所周知,读者需求是图书馆存在和发展的基础,没有读者需求,图书馆就没有了运行的动力,也就没有了本身发展壮大的理由。要提高图书馆馆藏的利用率,发挥文献在传递知识、交流情报中的价值,必须有一种为读者服务的新观念:图书馆如果要想赢得读者,实现自身的社会价值,必须以读者需求为基础,把服务读者放在首位,并且要讲究服务效率,提高服务质量。简而言之,图书馆工作的成败、兴衰、存亡,均系于读者。

　　对于图书馆来说,把潜在的读者转变为现实的读者,重视对社会成员的再教育和情报传递,是充分发挥图书馆的知识交流功能的一项重要的任务。在举国上下开始提倡全民阅读的时候,图书馆人理应责无旁贷、积极践行,帮助广大读者养成良好的阅读习惯,提高阅读审美能力。

　　为了满足图书馆工作人员学习、提高的需要,笔者根据个人在研究和工作中的心得体会,编写了这本《图书馆读者服务与阅读推广研究》,书中基本涵盖了图书馆服务工作的主要领域,以满足各类图书馆工作者继续教育和广大读者参考的需要。实践是推进研究的动力,也赋予理论以生命力。实践与理论相结合,是本书颇为突出的特点。相信读者从这本中能够得到深入开展阅读推广活动的借鉴与启发。

目 录

第一章 图书馆读者服务概论

第一节 读者服务的内容与方法

图书馆是一座知识宝殿,它收藏着古今中外多种学科、多种语言、多种载体的文献。为了使读者更好地了解图书馆的服务工作体系和内容,特做如下介绍。

一、文献借阅服务

借阅服务是图书馆的主要服务内容,是图书馆工作的前哨,借阅服务质量的高低直接反映了图书馆的工作水平。

(一)外借服务

外借服务是指图书馆将部分文献让读者借出馆外,满足他们馆外阅读的一种服务方式。读者根据自己的需要挑选书刊,借到的文献妥善保管并充分利用,在规定的期限内归还,之后还可以借阅另外一些书刊。外借服务是图书馆的一项基本服务内容,也是图书馆最经常、最大量的服务工作,它是读者利用图书馆中各种文献的主要渠道,也是文献传播的主要窗口。

(二)文献阅览服务

阅览服务是图书馆一项重要的服务内容,是图书馆开展各种服务的基础,是读者利用书刊资料进行学习和科学研究的重要形式。大力开展阅览服务,可以提高馆藏文献利用率;同时在阅览室中,读者还可以得到工作人员的辅导或其他形式的帮助。[1]

同其他服务相比,阅览室具有服务读者的如下特定功能。

---

[1] 王静. 图书馆读者服务与管理研究[M]. 长春:吉林科学技术出版社,2019.

1.良好的环境

阅览室有适宜读者学习、研究的良好条件：宽敞的空间、舒适的桌椅、精良的设置、明亮的光线、整洁的环境、安静的氛围。因此，在众多供选择的学习场所中，阅览室最受读者欢迎。

2.丰富的文献

阅览室配备有种类齐全、内容丰富新颖、使用价值较高的各种书刊资料，包括不外借的文献资料，如期刊、报纸、工具书、二次文献、特种文献等，这些文献都优先提供阅览室，供读者阅读参考。

3.使用方便

读者可以直接利用阅览室内大量的书刊文献，按专业、课题需要，自由选择特定知识信息阅读参考。读者除利用书刊外，还可利用馆内特殊设备，如计算机设备、显微设备、视听设备、复制设备等，阅读电子期刊、缩微文献，及复制所需的知识信息。因此，对自学读者、研究读者、咨询读者，都可提供极为方便的阅读参考条件。

4.精心的辅导

读者在阅览室阅读学习的时间多、周期长，有的读者甚至长期连续利用阅览室学习研究，馆员接触读者的机会多，便于系统观察了解读者的阅读需要、阅读倾向、阅读效果，便于有针对性地进行推荐文献、指导阅读、参考咨询等服务。

二、参考咨询服务

参考咨询是图书馆帮助读者检索文献和搜求信息的服务方式，图书馆参考咨询人员针对读者提出的疑难问题，利用参考工具、检索文献及有关书刊，帮助查询或直接提供有关文献及文献知识、文献线索，通过个别解答的方式为读者服务。咨询服务的类型按读者所提问题的性质可分为事实性咨询、方法性咨询与专题性咨询三种类型。咨询服务的实质是直接或间接地帮助读者解决对所需文献或某一方面知识了解不足、掌握不够的困难。读者在科研、教学、学习、生产或工作中，往往会遇到一些与利用文献有关的疑难问题：一是从浩如烟海的文献中，迅速准确地查到某种符合特定需要的事实或资料是很不容易的；二是很多问题往往要通过查检工具书去解决，而工具书的使用并不是每个读者都十分熟悉的。所以,借助图书馆把自己的需要与某种情报源联系起来得到文献的提供或参考答案,对于读者来说是非常必要的。所以,参考咨询服务是图书馆一项不可缺少的服务形式。

第二节 读者服务在图书馆中的地位和作用

国际图联、联合国教科文组织于2001年8月在美国波士顿召开的第67届国际图联大会上正式出版发行的《公共图书馆宣言》中明确指出:"每一个人都有平等享受公共图书馆服务的权利,而不受年龄、种族、性别、宗教信仰、国籍、语言或社会地位的限制"。因此,图书馆的一切工作都是为读者服务创造条件,图书馆的价值是通过服务于社会与人类来实现的,图书馆所有的活动都是围绕着如何服务于社会与人类来展开的。服务观念、服务手段、服务方式始终贯穿于图书馆整个实践过程中,图书馆服务的态度和思想,服务的思维活动所形成的服务理念,是直接影响图书馆服务对象对于文献信息资源的需求能否实现的关键。反过来,以用户在图书馆工作人员心目中的定位和如何满足用户需求为主要内容的服务理念,又是图书馆实现其自身价值的基础和思想保障。即服务是图书馆存在的社会价值,服务是图书馆活动的核心,"服务,这是图书馆的基本宗旨"。

如果说,一个世纪以前,我们的图书馆以藏书多为荣的话,今天,图书馆馆藏的多少和馆舍的大小已不再是形成竞争的优势。因为,这些只要有一定的经济实力都有可能达到。在新时期图书馆要提高其竞争能力,既要靠资源优势,更要靠具有自身特色的、相关行业莫能企及的服务创新与服务优势。服务质量的高低才是各个图书馆好坏的根本所在。如果沿袭固守传统的服务模式,势必在前进的道路上鹅行鸭步,消解了本来可以壮大发展自身的竞争力。竞争力来源于服务品质的认同,已构成图书馆人的主流意识,它主导着图书馆的运行方式。

一、服务是图书馆存在的社会价值

就目前而言,图书馆正处于从传统图书馆向数字图书馆、虚拟图书…

馆过渡的阶段,与其他所有过渡阶段的事物一样,此时的图书馆处在传统图书馆和未来图书馆的中间,兼具两者的特点,造就了此时图书馆的矛盾地位。何去何从,图书馆学界和业界也就此话题言论颇多。但目前的不争事实是,无论过重倚向哪一方,都会有不可忽视的"服务危机"存在。所谓"服务危机",是指在图书馆活动过程中出现的读者信任危机。信任危机极大地影响着图书馆的社会形象和图书馆事业的发展。

(一)传统服务方式带来的危机

众所周知,改革开放以后,我国国民经济发展迅速,各行各业呈现出勃勃生机,图书馆事业也得到了空前发展。但图书馆事业在全面发展的同时,图书馆服务,尤其是公共图书馆服务在制度、体系、方法、态度等众多方面仍然存在着问题。而这些问题对于图书馆的发展和未来生存的影响,从一定程度上讲都是至关重要的,甚至是生死存亡的问题。学界和业界对此已进行了很多的理论研究和实践。

第一,从宏观方面看,图书馆事业确实得到了迅猛发展,无论在馆舍建筑、馆舍面积、馆藏数量等方面都较之以前有质的提高。但就单个图书馆而言,在经过20世纪80年代初期稳步发展以后,开始出现了生存危机。由于明显的营养不良,供血不足,许多图书馆呈现出虚脱状态。因此,图书馆界出现了"低谷论"。尽管有人对这一论调提出批评,但无论这一提法是否科学,是否符合事实,图书馆遇到的困难却是有目共睹的。经费不足,导致图书馆一系列"虚脱反映":新增藏量锐减,人才流失,设施设备得不到改善,服务手段跟不上需要,最后导致服务水平下降,社会形象越来越差,读者流失……进入恶性循环。事实上,当一个图书馆每天仅有极少量的读者造访,它所提供的服务已不能满足绝大多数读者的需求时,或者当图书馆已丧失了与时俱进的能力时,尽管这个图书馆是免费的,事实上它已危机四伏,如同消失一般。如果此时还有其他行业服务者能提供类似的服务,对图书馆来说是雪上加霜,其危机将更为严重。

第二,长期以来,图书馆于外缺乏竞争奋进的机制,于内滋生出一种"黑洞现象"。即出现投入大、产出小,以至投入大而无产出的一种低效益或无效益的现象。产生"黑洞现象"的主要原因就是图书馆长期脱离市场,缺乏用服务去满足市场需求的观念和服务精神。另外,来自图书馆外部的社会压力也在一定程度上引起图书馆的存在危机。

"图书馆存在价值"的疑虑十分严峻地摆在我们面前:图书馆能否向人们提供比互联网的导引系统和搜索引擎更有效的服务手段? 能否继续成为人们获取信息的第一选择?

20世纪90年代兴起的各类信息公司、咨询公司,开始时规模小、开发能力差、服务水平低,对具有稳定文献信息资源、有国家经费投入和传统公众形象的图书馆还构不成挑战;但经过数年市场的洗礼则有了很大的发展,有的甚至已经形成相当规模。它们在软件开发、数据库建设、技术中介、科研成果转化等方面对用户更具有吸引力,必将在未来的信息市场中对图书馆构成严峻的挑战。就图书馆界内部而言,我们在强调馆际业务交流、资源共享的同时,也应不断增强个别图书馆的独特功能、特别人才提供特别服务的独特能力。缺乏这种独特能力或鲜明个性的图书馆,随着改革的深化,它在不久的将来有可能会被其他图书馆(或其他机构)所兼并。政府同样每年划拨一笔经费,为何不能由一个更好的图书馆或其他机构来管理它,使它产生更大更好的效益呢?

古老不能成为一种资本和包袱。在传统图书馆服务环节上滋生的种种疏漏,有的已成为历史,有的转化正悄然进行。虽然这些问题在不同程度上曾使图书馆的职能发挥受到某种掣肘,但总的来说,图书馆服务在不断解决问题的基础上在长足发展。

(二)技术进步带来的服务危机

20世纪末,以计算机技术和网络通信技术为主导的现代信息技术得到了迅速的发展。它改变世界面貌的同时,也给图书馆带来了一场深刻的变革。在技术生产力的推动下,传统图书馆发生了天翻地覆的变化。计算机管理下规范化的"采、分、编、流",简便迅捷的全文数据库检索,网络化的文献信息资源共享,网络资源利用……我们几代图书馆人的梦想,今天都已成为现实。这一切当然要归功于现代技术的应用。正是由于现代信息技术在图书馆如此广泛而成功的应用,给图书馆的发展注入了新的活力,使得技术生产力无可争议地成为这一时期图书馆发展的第一推动力。

高新技术为图书馆的发展提供了日益先进的技术支撑,社会的网络化逐渐使图书馆成为一个资源的共同体。在一个以信息、文化和公共资源为主要生存轴心的社会平台上，只要拥有一台主机，通过网络，任何一个图书馆，都可以进行超馆藏、超时空超地域的服务；任何一个读者也可以把图书馆带回家，或带到他需要的场所，远离图书馆，在因特网上很便利地寻找到自己所需的文献信息。随着数字图书馆概念的出现及其优越的便利性的展示，读者对图书馆的依赖也将削弱。在法国图书馆新馆面世后，有人便预言大型的图书馆建筑将不会再建，也有人因此预言图书馆将会被淘汰。有关图书馆消失之预言的破灭并不完全因为图书馆所提供的服务不可能被他人所替代的缘故，更主要是因为图书馆所拥有的文献信息资源的优势尚未被他人完全拥有，政府长期在图书馆界的投资积累所形成的方方面面的优势难以在瞬间被企业的短期投入所"冲淡"。坦白地说，如果当图书馆的这些优势丧失、淡化或者市场竞争机制导入业界时，凭借现有的人力资源优势和服务优势，相当数量的图书馆是难以在竞争激烈的市场中占有先机的。

在我国，以目前情形而论，大中型图书馆消失的消息尚未震荡我们的耳膜，相反，我们可以看到大型的图书馆还在出现，人们对此还是有所需求。一个公共的、亲切的、大型文化、科技信息交流的场所，一个可供人们面对面交流的公共场所依然有着较大的"市场"。但这并不意味着图书馆危机的消失而可高枕无忧，恰恰相反，应让危机的感觉常常震撼我们的心灵。

二、在传统与技术之间正确定位服务工作

传统图书馆向数字图书馆、复合图书馆过渡的时期，我们暂且称之为转型期图书馆。在转型期图书馆，图书馆员应该思考图书馆目前与将来的发展方向，关注图书馆所提供服务的水平质量，关注用户信息需求的满足程度及相关问题来促进自身进步。图书馆员应采取灵活多样的服务方式，变被动服务为主动服务，变一般化借阅为多样化、特色化服务，变粗浅的单层次服务为多层次全方位服务。但在网络化进程中，图书馆的许多传统工作内容及其工作方式还会继续发挥作用。即使到了网络发展的高级阶段，优良的服务思想和服务传统仍将是我们工作的保障。在此，不能因为网络化时代的美好蓝图和数字化图书馆的美好前景而盲目乐观，更不能忽视和放弃眼前图书馆的基础工作。因为网络化发展毕

竟有一个过程,不是一蹴而就;而数字化也不是一项简单的工作,说实现就立刻实现,它需要我们实实在在的努力和大量细致的基础工作。那种过分相信和依赖网络技术,以为有了网络就有了一切的看法,有失偏颇,是对网络的一种错误读解。[①]

(一)认识传统图书馆的服务优势

虽然有无纸社会的出现必将导致图书馆灭亡的预言,但是应该说在相当长的历史时期内,实体图书馆仍将存在,并继续发挥重要作用。转型期的图书馆作为公众服务机构,仍将承担着为社会服务的重任;传统服务作为信息传递手段仍然担任重要角色;传统印刷型文献载体,仍然保持优势地位。

传统图书馆提供的服务主要是印刷性文献,从现阶段看,用户仍然习惯于阅读印刷性图书和杂志,无论是研究,还是消遣,人们数十年来养成的阅读习惯使印刷性文献已经成为不可缺少的东西。图书与期刊的发行量,仍在不断的增长。因此,图书馆仍然是收藏文献最集中的地方,用户的信息需求,仍然需要图书馆的帮助。图书馆除提供原始文献外,二次文献、三次文献的提供,仍然是非常受读者欢迎的信息。我国公共图书馆近二十年来,迅速发展,到馆查阅书刊的读者呈上升趋势。因此,图书馆要根据用户需求,收藏有特色的文献,并尽可能的利用现代化手段提供相应的服务。

(二)传统服务方式的提供

图书馆传统服务方式有馆内借阅、文献外借、参考咨询、文献复制、书刊展览、专题讲座等。这些服务既满足了众多用户对文献的需求,又方便图书馆保存和管理文献,以便更好地为用户服务。传统服务方式在图书馆的经费支出较低,因此一般的服务不收费或收取少量的成本费。目前我国公共图书馆的服务工作是面向大众的,传统服务方式仍然是主流,被公众认可。由于我国网络化发展比较快,有些费用比较高,一般公众难以接受,这也是传统服务方式受欢迎的原因。因此,在转型期图书馆仍然要做好传统服务工作,不能一味地追求新的服务方式和盲目地改善设施条件。

---

①郭丽娜. 图书馆读者服务与阅读推广[M]. 沈阳:沈阳出版社,2019.

(三)图书馆设施和环境的提供

在传统图书馆,宽敞明亮的大开间阅览室、卡片式目录、手工式外借手续与证件等,仍为公众所喜爱。传统图书馆是一个特定的场所,它以其特定的环境吸引着广大用户,它的馆舍包括书库、阅览室、外借处、复制台、读者休息室、餐厅等服务设施。许多读者来图书馆阅读图书,查阅文献和信息,是为了享受图书馆的服务和氛围,因此,图书馆的环境和服务仍然是用户选择的主要场所。

在我们认识传统图书馆服务的优势同时,也不能"倚老卖老"。还应清楚地看到传统图书馆在服务方式上存在的复杂性。归纳一点,就是优化服务流程,简便是服务的核心。

(四)理性对待现代技术

图书馆是社会文化机构,而不是技术机构,也不是为技术而存在的。就图书馆自身而言,既不是图书馆最新技术的创造者,也不是IT行业的先驱精英。图书馆存在的价值在于为社会所提供的信息服务,在于以最短的时间、最快的速度,为最多的读者找到最多的书(信息)。从表面上看,图书馆的现代化进程表现出的是一个图书馆不断技术化的过程。因为在这一过程中,我们能明显地看到,技术正以点滴的方式向图书馆渗透,逐渐改变和替代了图书馆传统的工作方法,使图书馆的技术含量和现代化程度越来越高。但在实质上,图书馆的现代化进程是图书馆不断利用先进技术手段改进传统服务,提高自身服务能力和服务水平的过程;是为了满足社会对信息服务日益增长的需求,使图书馆的价值在社会进步的过程中不断得以再现的过程。

信息技术的变化改变了读者利用文献与图书馆的方式,但图书馆服务的宗旨不能变。正如谢拉所言:"服务,这是图书馆的基本宗旨。"最新信息用最快的速度传递,并不一定能获得最大的效益,而经过有目的的整序,有针对性地分析、评价和再加工所得到的情报产品,在社会上往往获得广泛利用,成为最受情报用户欢迎的情报产品,由此情报效益得到高质量显现。无论何种信息环境下,读者都希望图书馆工作人员能迅速准确地提供最有价值、最有针对性的文献信息。因此,对文献信息进行认真分析、鉴别,对有价值的信息进行指导性的、科学的评价,对有传递价值的信息进行综合处理和再加工,是服务的基础工作,也是图书馆情报职能的最基本体现。

在过去,图书馆经历了两次大的冲击。第一次发生在20世纪80年代中期,由于计算机技术和通信技术的结合推动了互联网的发展,有人预测随着无纸社会的来临,图书馆将走向消亡。确切地说,是无纸预言引发了信息社会的图书馆消亡论。一些人对图书馆的未来表示悲观,认定图书馆存在的时日已不多,到20世纪末21世纪初,随着图书馆完全电子化,图书馆将大部分消亡。图书馆消亡论认为,剩下为数不多的图书馆,只是专门用于保存过去的印刷型文献。"图书馆消亡论"者最具代表性的人物,首推美国图书情报专家兰卡斯特,他肯定地认为:"我们正在迅速地不可避免地走向无纸社会","图书馆主要是处理机读文献资源,读者几乎没有必要再去图书馆,地方图书馆已无足轻重,甚至消失"。他还毫无根据地推出预测的时间表,"再过20年,现在的图书馆可能完全消失"。这个时间表是他在20世纪80年代初给出的。事实上,20世纪已经成为历史,我们不但没有在世纪之末看到图书馆行将消失的迹象,恰恰相反,摆在眼前的却是图书馆持续发展的一派进步景象。无论数量还是质量,都呈现出增长与提高。图书馆顶住了第一次生存危机,并取得了迅速的发展。

第二次冲击发生在20世纪90年代末,并一直延续到现在。由于互联网的普及,电子信息以几何级数迅速膨胀,有人认为互联网的导引系统和搜索引擎会代替图书馆的功能,成为人们获取信息的重要途径。于是人们怀疑图书馆还有没有存在价值。今天,图书馆正在面临第二次考验:图书馆能否向人们提供比互联网的导引系统和搜索引擎更有效的服务手段继续成为人们获取信息的"第一手段"? 2001年5月在上海图书馆举行的一次国际中文元数据应用研讨会上,与会代表都有这样的共识,时代赋予图书馆员一个新的使命,就是通过网上资源编目,把无序的网络空间变成有序的数字图书馆。实践将证明,图书馆员需要互联网,而互联网更需要图书馆员。网络的发展,使得"网络用户在网上能够找到、甚至只能找到他所不需要的东西"成了因特网信息检索定律。这就使得图书馆员利用网络信息检索技术与方法成为网络导航员和知识工程师,利用网络开展培训和继续教育是网络环境下图书馆服务向深层次发展的重要内容。

在两次冲击中,图书馆都是在激烈争论和尝试中获得了生存的机会。如今图书馆与网络更加紧密地融合在一起,为打造虚拟图书馆提供了坚实的基础。图书馆仍然在人们的需求之中继续前行,巍然屹立于潮头浪尖。图书馆人正以一种执着而热烈地追求无私奉献的精神在图书馆行业艰苦奋斗,开拓创新。因此,人们不得不承认,图书馆具有生存和发展的核心竞争力。

我们不讳言,现代信息网络的普及、信息资源的数字化和信息系统的虚拟化使得包括图书馆在内的信息提供机构的"中介性"的作用大大降低,网络化信息库体系逐步成为主流性的服务形式,同样信息用户的行为模式也发生了很大变化。但不能以服务方式和服务内涵的变化来否定图书馆在现代信息服务体系中的地位和作用。图书馆服务面临的问题和挑战是巨大而艰难的,因此改革和变化更为必要和急迫。在改造和变革传统服务体系的过程中不仅要面向新的理论、技术和服务方法及方式以及创新服务体系,同时也应挖掘其原有系统的内外在价值,使图书馆服务在信息社会中能够发挥真正的作用。

图书馆的服务水平虽然在不断提高,读者却并未为此感到满意。其原因是读者对服务的期望也在提高。尤其是看到相对于其他服务行业服务水平的提高,而图书馆的服务相形见绌的情况下。举个简单的例子,目前国内各大超市存包已不收费,导致读者对图书馆存包收费就十分有意见。走进宾馆或餐厅时如沐春风的问候,更是对照出图书馆服务的不足。我们的服务缺乏微笑,没有说"您好""对不起"的习惯,没有无微不至的导读服务,即使有印刷精美的服务指南,初来乍到的读者也会茫然。所以提高服务质量和服务效果,是图书馆学和图书馆工作的永恒主题。

第三节 读者服务工作的发展趋势

一、读者服务工作的发展历史

纵观图书馆发展的历史,服务始终是原动力。服务的内涵随着时代的需求不断变更和升华,在不同的发展阶段有着不同的核心和重点。由于图书馆社会职能的演进,图书馆服务经历了从封闭到开放,从借阅服务到参考服务,从信息服务到知识服务,从无偿服务到有偿服务,从按时服务到及时服务,从在馆服务到多馆服务、馆外服务,从在线服务到全球化服务的发展过程。其服务内容从"提供给读者馆藏文献"变为"帮助读者获取馆内外信息",服务方式由面对面变为远程(通过电话和网络),并呈现出多种服务并存、手段与方式不断更新和拓展的前景。

在中国,如果说古代图书馆的设立是为了贵族阶级所利用,是一种封闭式的服务,馆阁对平民阶级来说,是一种游离于其身外的神秘物;那么到了魏晋南北朝时期甚是兴盛的私家藏书互通有无的借阅、借抄已颇风行;宋代官府藏书允许公开出借;清代亦无禁例,准予公开借阅。比及近代,杜定友于1926年曾撰就题为《图书馆学的内容与方法》的长文,文中就呼吁"图书馆服务精神",并强调这是一种"特殊的服务精神"。他这样描述图书馆人:一方面要静如"处女""埋头伏案";一方面又要"各处奔走",有"奋斗、牺牲、忍耐、沉默的精神,高尚、清洁的人格,和蔼、慈善的态度",并说如无图书馆服务精神,虽有高深学问亦于社会人群无所裨益。

在西方,图书馆服务可以追溯到公元前6—5世纪。在雅典出土的古希腊一个图书馆的墙壁上,就刻有"不得将图书携出馆外"的文字。可见阅览是图书馆最早的一种服务方式。尔后,由阅览逐步扩展到外借。

15世纪,英国著名藏书家理查德伯里在其专著《热爱图书》中明确指出,收集大量图书是为了学者的共同利益而非个人享受。他编制了藏书目录,拟定了借书办法。尽管其借书办法有多种限制,如办理外借时不得少于三人、抄录图书内容时不得带出本馆围墙、无复本的书不得外借等,但服务的思想十分明确:"我们的目的是使这些书不时借与该大学城区的学生和教师,不论僧俗,均可用以学习和进修。"这充分体现了平等服务的精神。

17世纪,法国近代图书馆学理论的创始人之一诺德在其《关于图书馆建设的意见》中,对创办图书馆的目的有十分精当的说明:"图书馆是供人研究而不仅仅只供看一眼。"如果不打算将书提供给公众使用,那么一切执行本建议前述方法的努力,一切巨大的购书开支,全都是徒劳。因此,即使对最卑微的能多少获益的人也不要限制,要让人借阅。服务时间也应相应延长,即使是"偶尔要去图书馆的人也应有机会见到管理员,不受阻挠,毫无耽误地得到进馆的许可。""知名人士应允许借出一些普通书籍,携回住所。"

19世纪中叶,随着邮借和馆际互借方式的出现,以及20世纪初电话咨询方式的兴起,出现了并不访问图书馆的图书馆读者。

20世纪以后,以开架服务为基础、以方便读者为目的的各种服务方式相继出现并得到广泛推广与应用。如20世纪初在美国和英国出现的流动书库,以及在许多大型图书馆和大学图书馆设立的参考服务。第二次世界大战以后,图书馆服务的内容和方式日益增多。1956年美国国会制定了《图书馆服务法》(1964年发展成《图书馆服务与建设法》),图书馆服务逐渐走向法制化、科学化和现代化。

20世纪70年代前后,图书馆工作的计算机化主要应用于内部业务,并未从根本改变图书馆服务的基本架构。20世纪80年代兴起的信息化热潮,是对图书馆传统的文献服务形成强烈的冲击。信息服务是以向人们提供有用的显性信息为内容的信息传播过程,其特点和局限性在于信息内容限于素材性的显性信息及显性知识。在信息服务过程中采集、提供的信息,主要是将作为素材化的材料直接提供给用户,如一次文献、二次文献等。人们通过各种检索手段,获取文献或数据、事实信息。

随着20世纪90年代网络的出现,文献利用的"场所束缚"、图书馆利用的"时间限制"、文献与利用者的"地理间隔"等问题不复存在。图书馆服务朝着服务的便利性,服务的自助利用与馆外利用等方向发展。

二、读者服务工作的变化

探讨图书馆读者服务工作的发展趋势之前,我们有必要先了解一下在现阶段图书馆读者服务工作的变化。因为只有根据其变化,我们才能得出其发展趋势。

图书馆变革的根本原因和动力即在于阮冈纳赞所说的"图书馆是发展的有机体",也在于图书馆是开放的社会机构。因为是发展的有机体、开放的机构,就必然要从周围环境中输入新元素,并在图书馆"肌体"内消化代谢,生成新的可以向社会输出的产品和服务,并将社会对它的反映再反馈回"肌体"内部;因此随着社会的发展,技术的进步,图书馆基本功能随着社会的发展保持了下来,但是它与社会关系的集中体现——服务,无论是作为制度基础的法律,还是实践的基本内涵如服务的内容、方式和方法却在不断的变化和变革中。[①]

当今社会是网络信息社会,网络在人们的学习、生活中占有愈来愈重要的位置。置身于此的图书馆服务,尽管还存在许多传统方式,但服务途径和手段与过去已有巨大变化。

(一)图书馆服务环境的变化

21世纪是知识经济时代,知识与信息已成为经济活动中的生产要素。知识经济的不断发展,加快了知识创新的速度,促进了信息的交流与利用,人们信息需求的不断增加,对图书馆信息服务也提出了新的要求。由于受到社会环境变化的影响,图书馆服务环境也发生了重大变化。

在网络信息时代,用户可以不受时空的限制,通过因特网轻而易举地检索到所需的各种信息,甚至可以方便快捷地下载和浏览全文文献和多媒体信息。随着宽带网进入家庭,用户坐在家里就可以获得信息、接受远程教育、欣赏文艺节目等。网络环境为图书馆工作提供了一种新型的快捷的、跨时空的信息服务方式。传统图书馆"坐等上门"的服务局面,以及"借借还"的服务方式,已经不能适应网络时代的读者要求。为此,各种类型的图书馆都在寻找自己的立足点和生存空间,千方百计地改变服务工作,拓展服务领域和内容,适应环境的变化。最显著的变化是几乎所有的图书馆都安装了计算机设备,建立供用户使用的公共计算机查询系统,开展了网上预约外借、网上咨询服务等项目。

(二)图书馆服务需求的变化

传统图书馆是以文献为服务单元,注重读者群体概念,以向用户提供印刷型文献信息为主,读者需要文献只能到图书馆查阅的服务方式,图书馆服务工作和用户信息需求均受到一定程度的限制。在网络环境中,用户的信息需求发生了根本性变化,人们已经不再满足图书馆提供一部书、一篇文章,而是要求提供某一特定信息、某一事物、某一主题的知识信息。图书馆服务范围也随之发生较大的变化,从提供印刷型文献,发

---

①韦诗懿. 新时期图书馆读者服务工作的创新[J]. 办公室业务,2021(03):156-157.

展到提供知识信息、多媒体信息、多载体信息。也就是说从传递文献信息,发展到传递知识信息。现代图书馆是以信息为服务单元,强调以人为本的个性化信息服务。即满足读者个性化和多样化的信息需求,提供差别信息服务。当然,传统的文献服务也并非不存在差别,但那种差别是建立在读者群体基础上的,而现代图书馆的信息服务差别是建立在不同的读者个体上,是建立在直接性、多样性和个性化基础上,即根据读者各种不同的个性化信息需求,实行个性化定制服务。

(三)图书馆服务技术手段的变化

传统图书馆长期采用手工操作,无论是采访、编目、典藏、阅览,还是咨询工作,都是以卡片为载体,一切工作都是手工操作,服务工作更是靠劳动密集型操作完成。随着技术的发展,图书馆工作从半机械、机械化过渡到自动化和网络化。现代图书馆服务已大量采用复印机、防盗仪、计算机、传真机、网络传输、卫星传输等设备为用户服务。图书馆利用新技术服务的手段不断增加,如网上参考咨询、网上信息检索、数据传输、网上文献传递服务等。现代技术的发展和现代设备的应用为图书馆服务工作提高了效率。

(四)图书馆服务模式的变化

在图书馆服务工作的变化中,变化最大的应是服务模式的变化。在突破了传统的服务模式的过程中,呈现出如下几个趋势。

1.由封闭型转为开放型

传统图书馆受到经济和技术的制约,图书馆的服务活动局限在特定的范围,服务工作可以说是以阵地为主,一般"等客上门",所有的服务基本上是"以馆藏为中心""以馆员为中心"。图书馆在加工规模、藏书体系、服务范围、人员配备方面基本形成了"小而全""大而全""备而不用"的自我封闭型办馆范式。图书馆与外界的联系很少,满足于一般的借借还还,图书馆员的思想受到束缚,形成了僵化的管理定式。

在知识经济时代和网络环境下,面对社会信息需求的扩大和技术的发展,图书馆再也不能故步自封,把自己禁锢在图书馆的围墙之中。图书馆的服务工作开始走出图书馆,面向需求、面向用户,主动服务,建立辐射型的开放服务系统。形成"以用户为中心""以需求为向导"的主动型服务理念和信息服务模式。目前,图书馆非到馆用户成倍增加,网上信息需求范围逐步扩大就是最显著的变化。

2.由单一化转为多元化

传统图书馆一般都有比较固定的读者群,图书馆服务也主要为到馆读者服务。图书馆的服务模式培养了自己特有的用户,用户习惯于把获取信息和知识的渠道、方式局限在图书馆,获得信息的方式比较单一。随着社会、经济、技术的发展,人们传播信息的渠道不断扩大,获得信息的方式也随之多元化,传统图书馆向读者提供的阅览、外借、检索、复制书刊资料的服务方式已经不能完全适应用户需求。现代图书馆要满足用户获得信息需求,必然要开展多样型的服务。在转型期已经出现了服务需求多元化、服务形式多元化、服务内容多元化的改变。目前许多图书馆开展代查、代检索、代复制、代翻译、联机检索、光盘检索、网上咨询、异地服务、远程教育等服务,就是为了满足用户多元化的需求。

3.由劳动密集型转为智力密集型

在传统图书馆的服务中,图书馆员向读者提供服务以手工为主,工作人员从事文献的采集、编目、加工、书库管理、阅览服务、参考咨询,大部分是劳动密集型操作,重复性、繁琐性、体力性的工作比较多。服务第一线的工作人员是体力性工作,人员素质相对低一些,其主要工作任务是书刊上架、整理、阅览室环境卫生、简单咨询等,从图书馆的整体运作模式来看,是以劳动密集型为主。

随着信息时代的到来,信息需求急剧增加,图书馆服务工作的范围、对象、内容、方式、手段不断扩展和增多。新技术的发展,改变了服务人员与用户之间的互动关系,用户不再局限于与服务人员面对面,图书馆服务工作逐步从劳动密集型向智力型转变。图书馆员的大量工作任务转向对知识信息进行整合,对网上信息进行检索与筛选后进行超级链接等方面。图书馆员已经成为"信息导航员""网上冲浪员",是信息的中介,直接参与信息交流活动。图书馆提供的服务其知识和技术含量不断增大,表现为信息增值服务。

4.由分割式管理转为整体协调式管理

传统图书馆的服务工作,因手工操作,一般是多部门分块管理。外借部负责图书外借,阅览部负责到馆读者阅览,咨询部只管咨询,报刊部负责报刊借阅,每个部门只管自己所管辖的服务范围,相互间的协调不顺畅。用户在图书馆内要跑几个地方,才能满足多种需要。有关专家曾经提出,图书馆应建立获取服务部,用户提出一个信息需求的申请,在图书馆内部经过的无数流程和复杂环节,对用户来说并不需要知道,用户仅获取最后的结果。图书馆服务通过技术手段,可以让读者在短时间内一站式获取所需信息。随着新技术的发展,图书馆的服务管理必须要有整体的协调性,树立大服务的观念,做到内外结合,横向联合,资源共享,才可能满足用户的需求。

三、读者服务工作的应对

为适应图书馆种种工作的变化,图书馆应实现如下的转变。

(一)实现读者走进图书馆到图书馆走进读者的转变

该种转变包含如下三方面的含义。

1.网络上的走近

如许多高校图书馆在校园内开设了校园网,使图书馆进入各个大学生宿舍和教师住宅,使学生和教师在住所即能方便检索利用图书馆的各类文献且不受时间和数量的限制。这样的做法使学生和教师感到图书馆就在自己的身边。

2.服务上的走近

图书馆实现从闭架书库到开架书库,使读者亲临其境,亲手挑选自己所需的文献资料。设立的各种新书专架、推荐书架、书目展示等,受到读者的普遍欢迎。

3.管理上的走近

图书馆面向读者的各项规定应与时俱进,从读者的角度出发进行修改,其中包括文字规范,使用国内外通用的表达方式;语言委婉,让读者易于接受等。还可以在读者中建立社会监督员队伍,由读者来明察暗访,对图书馆的各个方面进行评价,馆中定期召开监督员会议,由馆领导和有关部门负责人参加,对监督员所提各项建议均逐一落实。还可联系其他图书馆,各馆之间进行网络连接,实行馆际互借、借阅一卡通和异地借还。这些做法,都可以让图书馆更加贴近读者,也可以充分体现出图书馆的优良服务。

（二）实现从管理者到服务者的角色转变

在现在的图书馆各项工作中，我们图书馆的工作者往往比较多的是将自己的角色定位为管理者，而不是服务者。这样，服务的内容、服务的方式、服务的制度、服务的流程等，较多地是从图书馆的内部出发，从图书馆的管理出发，从方便图书馆员的工作出发，从图书馆的既定业务流程出发，从图书馆长期形成的业务思维定式出发，而较少从读者的需求出发，从未来更方便读者出发，从图书馆不断创新给读者以知识导航出发。总之，在相当程度上，目前的图书馆更多的是管理，而非服务；更多的是让读者来适应图书馆，而不是让图书馆去适应读者。这样的例子在图书馆可以说是俯拾皆是。而分析其原因，正是因为人们的理念还停留在图书馆的"管理者"，其角色没有转变为读者的"服务者"。

如果从图书馆的内部管理和外部服务一起考虑的话，图书馆应该推行以读者为本的"繁简观"，即上繁下简，内繁外简，前繁后简。何以言之？所谓上繁下简，即在管理层应该充分讨论，反复酝酿，各方协调，细则该备；而到一线服务之处则应政令从简，布置清晰，易于操作，执行坚决。所谓内繁外简，即在图书馆内部，各项服务制度、服务流程、岗位职责应该制定得十分详细，规定得十分具体，各项服务活动的准备工作要做得十分的充分完备，各项应急预案应考虑得十分周到细致；而对读者和公众，应该言简意赅，易于理解，便于遵守。所谓前繁后简，即在读者第一次到馆时，或为到馆读者提供首次咨询和服务时，应该主动询问，回答具体，介绍详细，服务耐心，以避免读者因不了解情况而为其带来各种不必要的麻烦；而对常来的读者，则要处处为读者节约时间，要言不烦，动作快捷，方便高效，服务专心。

（三）实现从数量增加型到质量提高型的转变

图书馆的服务在数量增加的同时，必须实现向提高质量的方向发展，这是不断满足读者需求的服务理念。读者的需求是在不断发展变化的，当我们在扩大图书馆的面积、拓展阅览的空间、增加图书期刊的品种、策划图书馆的服务项目、壮大图书馆员的队伍，加大图书馆的投入，甚至进行图书馆大规模扩建的同时，我们应当十分重视提高图书馆的服务质量。在当代信息和知识总量剧增的情况下，广大读者已不满足于以往图书馆的传统服务内容和方式。图书馆作为知识的门户，其图书馆员们能够成为知识的采集者、知识的加工者、知识的组织者、知识的管理者、知识的交流者、知识的提供者和知识的教育者,总而言之,要成为知识的导航者。由于多年来形成的图书馆员队伍素质总体水平不高,在加强现有图书馆员队伍的培训、不断引进优秀人才加入图书馆员队伍的同时,我们也可以实行"借资工程"和人才的柔性流动,即可以聘请社会上各行各业的专家到图书馆进行坐堂咨询,既可以是综合性咨询,也可以是专题性咨询;也可以借鉴大学和研究所里的开放型实验室的做法,邀请国内外的专家来从事一些研究项目,以便更好地为读者服务。

要实现图书馆从数量增加型到质量提高型的转变,就要对广大的读者进行个性化的服务和超常服务。图书馆的超常服务,也是图书馆服务质量提高的实质的体现。同时,图书馆的超常服务也体现在图书馆员为读者所提供的延伸服务。延伸服务有时间上(图书馆正常服务时间之外)的延伸,也有范围上的延伸(越出本岗位的服务局限),还有内容上的延伸(超出图书馆业务服务范围),以及空间上的延伸(为外地及境外读者服务,为读者离开图书馆后提供服务)。

要实现图书馆从数量增加型到质量提高型的转变,还应在图书馆中创造并培育出标志性的信息服务产品。就期刊而言,国家图书馆的《中国图书馆学报》、中国科学院文献情报中心的《图书情报工作》、上海图书馆的《图书馆杂志》等就是标志性的信息服务产品。全国图书馆界合作完成的《中国图书馆图书分类法》《中国古籍善本书目》,全国高校图书馆系统联合建设的"中国高等教育文献保障系统"(China Academic Library & Infor-mation System)等也都是标志性的信息服务产品或信息技术保障手段。

（四）读者服务工作的发展趋势

从目前的图书馆发展状况来看,读者服务工作总趋势可概括如下几点。

1.参考咨询——对寻求信息读者的个别帮助

参考咨询工作无论在传统时期还是在现代网络环境下,都是图书馆沟通用户与信息源,的一种有效形式。我国图书馆参考咨询工作自产生以来就处于不断的发展变化之中,从简单的问题解答、馆藏书目查询,到定题情报服务、研究课题查新及检索工具使用的教育辅导等;从纯手工检索文献、口头解答问题,到机械化检索文献和借助于电话、传真等进行咨询。参考咨询的有效开展,在很大程度上配合了图书情报职能和教育职能的发挥。但自进入20世纪90年代,传统的参考咨询手段已越来越难以满足社会快速而复杂的信息需要,加上互联网络的开放兼容性和信息资源共享性的特点,图书馆的传统服务受到来自互联网的强有力挑战。

自20世纪中期以来,国外的一些图书馆正在摆脱传统的参考咨询模式,即充分利用网络技术成果,极大地改变了参考服务形态。这种变化不是局限于传统的咨询内容和手工化的服务方式,而是从数据化、网络化的视角出发,开拓信息咨询业务的新内容和新方式。许多图书馆往往收集并保存着大量互相重合的以及失去价值的资源。占用了有限的物理空间,使图书馆发展受到了严重限制。计算机信息处理和网络通信技术的广泛应用,使文献信息资源越来越多地以数字化方式存在,文献资源的供给也通过互联网络来完成,图书馆自身物理空间呈现为虚拟形态;参考咨询业务因而突破了馆藏概念,信息资源呈现"无围墙"状态。信息载体由传统的印刷型文献发展到电子版、视听版、缩微版、数据库和多媒体文献,尤其是因特网上的信息资料,成为参考咨询的重要资源。图书馆传统的参考咨询工作若要谋求进一步发展,首先要设法改善服务技术手段和信息资源环境,而数字参考服务恰恰适应这种发展需求。数字化参考咨询服务的状况将成为体现现代图书馆服务水平与层次的重要标志。

在国外图书馆界,数字化参考服务(Digital Reference Service,DRS)从产生到现在,仅20年的历史。但是,就是在这短短的20年中,DRS已经相当普及,并以强劲的发展势头引领着现代图书馆信息服务的新潮流。

数字化参考服务,又称虚拟参考咨询服务(Virtual Reference Service)网络参考咨询服务(Network Reference Service)。数字化参考服务主要是在网络环境下,图书馆或信息机构以网络为信息阐述手段,以数字化信息为基础,通过E-mail、Web表格、在线交谈、视频会议等方式进行的参考服务。这种服务形式不受时间、空间的限制,能够借助相关资源,通过咨询馆员或特聘学科专家来为用户提供24小时的不间断服务,它代表着现代图书馆信息咨询服务的发展方向,其内涵要比传统服务更深厚。

虽然目前公共图书馆的数字参考服务尚不普及，网络实时服务还不能成为参考服务的主流业务，数字化参考服务对参考服务全局的影响还没有完全显现出来，并可能在未来的几年仍将处于配属状态，但与传统参考咨询相比数字参考服务具有的优势是显而易见的。

第一，多样化的内容。数字参考服务的内容不仅包括传统参考服务中常规性的简单问题的解答，如馆藏文献书目查询、图书馆以及检索工具使用的教育辅导等，还包括网络信息资源的介绍、查找、评价、选择与提供，网上定题服务、简报服务，网络远程教育等。

第二，自动化的手段。数字参考服务的最重要特点就是服务手段的自动化、电子化、网络化。咨询馆员不需要与读者进行面对面接触，主要依赖计算机对信息进行自动化的查询、获取、分析、加工、存储等处理，利用互联网技术等电子化手段能更大程度地实现与读者之间的交流。

第三，智能化的结果。由于咨询馆员借助计算机进行信息处理，如互联网数据库检索、光盘数据库检索、网络信息传输等现代信息技术，因而可以向读者提供更高水平、更高层次的解答，提供针对性更强、更具附加值的智能化成果。

第四，服务范围与信息源的广泛化。网络环境最大的优势就是打破时空界限，读者无论身在何处，都可以全天候向咨询员发送问题，咨询员也可以利用丰富的、海量的网络信息资源解答读者的问题，这是传统参考服务时代所无法想象的。

目前，国内外比较常见的数字化参考咨询服务（DRS）的方式主要可归纳为 Help 系统和 FAQ（常见问题解答）信息服务、异步服务（Asynchronous）、实时交互服务（Real-Time）和合作化数字参考咨询服务（CDRS）。

Help 系统和 FAQ：这种方式是对各种网络数据库本身如何使用进行介绍和说明，形成一个联机帮助系统，汇总常见问题，整理后放在网上供用户浏览。在问题增多、浏览不便的情况下，经过技术处理逐步形成 FAQ 数据库，用户可以方便地查看自己提出的问题是否已有现成的答案，或者通过输入分类号、关键词等渠道获得所需的解答情况。

这种参考咨询方式问题比较集中，且具有针对性，用户获取现成答案的速度比较快。但缺点是通常只列有常见的问题集，用户也只能被动地检索并接收答案，在遇到常见问题集里没有自己提出的问题时就会无所适从。

异步服务(Asynchronous):这是目前参考咨询最流行也是最简单的服务方式。通常的做法是在图书情报的网站主页或者某个网页上设立"参考咨询"或"询问图书馆员"(Ask A Librarian)的链接,以电子邮件(E-mail)、电子表格(E-form)、电子公告版(BBS)、留言板(Message Board)等形式来完成。在图书馆,一般是在本馆的网站上用 Ask A Librarian 加以链接,用户以电子邮件(E mail)、电子表格(E-form)等形式来提交请求。Ask A Librarian 在接到用户请求后,以电子邮件(E-mail)形式作出答复。其突出特点是简单易行,但最大的问题是因基于异步处理而使用户与咨询员之间缺乏实时的交流,导致咨询结果不能得到及时反馈。

实时交互服务(Real-Time):这种服务是在网上实时进行的、面对面的交流,其主要形式是网络聊天室(IRC)、桌面视频会议(DVC)、网络寻呼机(ICQ)等。目前广泛采用的 Chat 软件技术。使用基于 FAQ 数据库管理的参考咨询服务,每次的提问和解答过程都依靠后台数据的支持,系统管理员或参考咨询员在经过筛选后,将有价值的问题及其解答加入其 FAQ 数据库中,不断增加 FAQ 的数量,在规定的时间内提供给用户。

实时交互服务大大提高了咨询服务的质量,尤其是网络客户呼叫中心这类软件,能有效支持远程的复杂咨询和用户培训,服务效果更佳;但实时交互服务也存在着一些有待解决的问题,诸如咨询人员的合理配置与培训、技术和经济运行条件的保障以及咨询过程中用户行为随意性的控制等。

合作化数字参考咨询服务(CDRS):前几种参考咨询方式在实施过程中,其方便性很容易带来急剧增加的咨询请求量,咨询人员也经常遇到超过自身知识和可利用资源能量的复杂问题,而且由于人员限制,单个图书馆很难做到全天候的咨询服务,于是便出现了合作化数字参考咨询服务(Collaborative Digital Reference Service,简称CDRS)。

CDRS 是利用网络技术建立起来的、有多个图书馆甚至多个系统间的互联数字化网络,在任意时间、任意地点为用户提供的参考咨询服务。这种方式运用最新的科学技术成就,能够在相关的数字化信息资源中提取、筛选出最好、最准确的答案。这种服务方式几乎可以使解答咨询的图书馆员在海量的数字化信息资源中左右逢源,极大地满足用户的咨询请求,有效地实现信息资源、人力资源和服务资源的最大化、最优化的共享与利用。因此,合作化数字参考咨询服务将成为未来数字图书馆参考咨询服务的重要模式。

在数字化信息环境中,图书馆与其他信息服务机构处在同一起跑线上。但是,图书馆的优势又是显而易见:信息服务毕竟有其悠久的历史,具有丰富的经验,藏有巨量的印刷品和数据库资源,专业人员和技术力量也相当雄厚。合作与竞争同在,机遇与挑战并存。数字化图书馆时代需要参考咨询服务,就是要大力提高文献资源和信息资源的利用。正如培根所说:"知识的力量不仅取决于其本身的价值大小,更取决于它是否被传播及传播的深度与广度。"只有大力开展新时期图书馆参考咨询服务,图书馆事业才能顺应时代的要求,得到有力的发展。

2.关注弱者——从物理的无障碍到虚拟的无障碍

获取信息是人权最基本的内容,然而对弱势群体,如文化水平低下、社会地位不高的群体;经济上处于弱势的群体;地理环境处于弱势的群体;少数民族,身体残疾者等弱势群体,图书馆开展对弱势群体的服务是维护他们基本人权的体现。现代图书馆的读者服务工作要真正让读者满意,则必须确保那些由于某种原因不能得到主流服务的少数群体也能够平等地享受到各种服务。

可以说,公共图书馆免费教育的理念与实践,使得弱势群体能在这里以零投入而获得信息和知识;而图书馆"有教无类"的思想和无差别的服务理念,使弱势群体社会平等的政治愿望和接受教育的基本权利得到切实的体现和保障。这种信息无障碍的服务理念是数百年来全世界图书馆服务的宗旨。然而,随着人类进入所谓的"信息社会""知识经济社会",人们获取信息的方式发生了变化,由于社会地位、知识水平和经济实力等方面的差别,在信息资源的分配和获取上,出现了"信息富人"和"信息穷人"的区别。对于弱势群体,图书馆成为他们信息资源的最后提供者,所以有人把公共图书馆称为"信息时代信息穷人最后的避难所"。因此,如何更好地深化信息无障碍服务,是每个图书馆应思考的问题。如何为残疾读者度身定做,进行个性化服务,也是提高图书馆信息无障碍服务的重要一环。

从图书馆服务而言,要构建信息无障碍的环境应包括两个方面:一是物质环境的无障碍。这主要指的是坡道、盲道、扶手、残疾人专用洗手间、专用电梯及方便按钮、设置音响信号装置等。越来越多的图书馆,尤其是新建的图书馆在馆舍建筑上开始考虑为残疾读者提供服务。二是信息和交流的无障碍。如果我们从方便读者的角度出发,设身处地为残疾读者着想的话,残疾读者到图书馆来看书和借书有与正常人相比的诸多不便。因此,在信息技术的支持下,图书馆的物质环境无障碍服务正向虚拟无障碍方向发展。国内外图书馆近年来大力发展的网络服务和虚拟参考咨询服务也可看作这种发展趋势的体现。所谓信息和交流的无障碍主要是指盲文读物、盲文计算机、影视字幕、天花板书、朗读服务、手语、网络服务、送书上门等。一些图书馆考虑残疾读者行走不便,开展主动送书上门服务。2001年5月,上海图书馆克服了空间的困难,在综合阅览区开辟了盲文阅览区。为了更好地提高为视障残疾人服务的质量;2002年初,上海图书馆又与上海市残联和市邮电管理局合作,为盲人推出了盲文读物和视听读物的免费寄送活动,从而提高了为残疾人服务的质量。上海图书馆盲文阅览区的图书馆员为了做好信息无障碍服务,利用业余时间学习盲文,以便能够与视障读者进行信息沟通,提供更加温馨的服务;美国匹兹堡的卡内基图书馆还向那些长期卧床不起的残疾人提供天花板书,即残疾者将带有放映机的缩微胶卷,通过手、脚或身体其他可以利用的肢体部位来操作放映机,并将缩微胶卷的内容投到天花板上进行阅读。在世界一些发达国家的图书馆,目前已经将传统的阵地服务与先进的网络服务有机结合起来。一些图书馆的空间与文献布局已经完全摆脱了多少年来习用的文献载体和文献类型的划分,重新按照内容主题来划分。如法国国家图书馆、里昂图书馆、纽约公共图书馆等都是如此。如法律阅览室,可以将法律的图书、期刊、工具书、缩微胶卷、视听资料、电子文本、网络资源等集于一室,将印刷文献和计算机检索融为一体,这样可以免去读者包括残疾读者的来回奔波之劳。

3.奠定品牌化服务的基础——特色图书馆

提高图书馆的服务质量,就要提倡品牌服务。这里的品牌,包括受用户欢迎的标志性产品,也包括得到读者承认和信任的高水平馆员。一个图书馆要在未来的服务与管理中得到持续的发展,要提高其核心的竞争能力,就要保持并推出其品牌服务。

服务要形成一种品牌,强调的是一种服务社会的形象与口碑。品牌化服务突出的是服务的特性与特色。品牌化服务是服务品牌的延伸与深化。图书馆品牌化服务的基础主要是特色馆藏。在网络化、数字化不断发展的今天,数字资源是网络服务的基础,具体到每一个图书馆就是特色馆藏的数字化和特色数据库的建设。

如何把有限的经费用在刀刃上,如何吸引住读者,如何使有限的资源充分发挥效益,从20世纪80年代中期开始,许多图书馆便不约而同地在开展特色服务方面寻找突破口。我国公共图书馆界关于图书馆的特色服务以及更进一步升华为特色图书馆的实践探索,便是在这一时代背景下产生的。集中力量在读者需求相对突出、集中的某一方面建立自己的特色形成自己的优势,做到"人无我有,人有我优",是图书馆在现实条件下可以办到且行之有效的办法。因此,特色图书馆也是随着读者的需求变化而产生发展的,它使得公共图书馆出现向专业化发展的趋势。

应区分"特色图书馆"与"图书馆的特色"这两个概念。这些年来,理论工作者普遍强调图书馆要办出特色,包括图书馆的藏书特色问题、图书馆的建筑特色问题、图书馆的管理特色问题、图书馆的人才特色问题等。但这种特色只是各图书馆内局部的变革,因此我们不能将这种现象称之为"特色图书馆",称之为"图书馆的特色",更为妥帖。无论从理论上还是实践中,办出"有特色的图书馆"和"特色图书馆"都是不能等同的概念,我们不能以偏概全,不能因为一个图书馆在某个方面或某些方面有特色,就将其称作"特色图书馆"。

对于特色图书馆这一概念的提出及界定,目前仍有许多争论,意见并不统一。在这里,我们取一种大家都认同的说法。即特色图书馆是以系统组织与管理特定学科(主题、领域)的知识信息,为特定用户群提供特色服务的图书馆。要正确理解特色图书馆的概念,还应从如下几点入手。

第一,特色图书馆不隶属于公共图书馆。20世纪80年代中期,我国图书馆事业,尤其是公共图书馆事业发展处于相对低潮时期。公共图书馆为了更好地吸引读者,开展了一系列特色化服务活动,"馆中之馆""专藏室"等十分红火,"特色图书馆"称谓因此在公共图书馆界频频使用。

据统计,全国80%县级以上的公共图书馆建设具有某方面的特色,上海市公共图书馆100%具有一定的特色。如果80%～100%的公共图书馆是特色图书馆,那么以后特色图书馆是否可以完全取代公共图书馆? 答案无疑是否定的。其实,这只是"特色图书馆"的滥用,是把图书馆特色化当作特色图书馆而已。图书馆特色化,是包括公共图书馆在内的所有图书馆追求可持续发展的新举措。自然,特色图书馆也不是公共图书馆的专利,不应当隶属于公共图书馆。

第二,特色图书馆也绝不是专业图书馆。专业图书馆,即科学与专业图书馆,亦称专门图书馆。社会教育与科研的需求,是专业图书馆存在的前提,而这种需求无疑是巨大的,因此专业图书馆的数量极多并且自成体系。即使是同一专业的专业图书馆,在全国也构成了本专业信息资源共建共享的图书馆网络。而特色图书馆是特别的或特殊的图书馆,是以特色馆藏资源为特定对象进行特色服务的图书馆。在全国乃至全球,同样的特色图书馆极少,就是那么一两家。显然,特色图书馆与专业图书馆有质与量的区别。

第三,特色图书馆不等于图书馆特色化。特色图书馆是指有"特色"的图书馆,是独特的而不是普通的图书馆;图书馆特色化是指普通图书馆具有某方面的特色。因此,特色图书馆是全国或全球数量极少的个别化图书馆;图书馆特色化则是图书馆为了更好地为公众服务,追求在某一方面的特色化建设,所有的图书馆都能够而且应当力所能及的"特色化"。例如,韶山毛泽东图书馆、网上孙中山图书馆、湖南女子大学图书馆、美国历届总统图书馆和苏联木头图书馆与泰国水上图书馆等都是特色图书馆;而"馆中之馆""专藏室""特色服务部"以及"一套班子,两套人马"的图书馆都不是特色图书馆,而是图书馆特色化的具体形态,例如甘肃省图书馆(敦煌文献与西北少数民族文献)、南京图书馆(太平天国文献)、北京东城区图书馆(北京服装图书馆)、北京东城区图书馆(包装图书馆)、天津市少年儿童图书馆的"绿色环保阅览室"以及湖北、上海、广东等某些"特色化"的公共图书馆。

第四,特色图书馆相对普通图书馆而存在。多元经济、多元文化,必然要求多元的图书馆。社会分工向专业化方向发展,公民对图书馆需求日益多样化。图书馆类型,在不同国家、不同时间和不同情况下有不同的划分方法,一般以如下标准来划分图书馆类型:按隶属关系、按藏书成分、按读者对象、按主要任务、按所有制等。但特色图书馆不是按这些标准划分的。它是以图书馆的功能与作用为标准,划分为拥有普通功能与作用的普通图书馆和超常规功能与作用的特色图书馆。特色图书馆是一个"独立""独特"的图书馆,用"特殊图书馆"或"特别图书馆"称谓或许更为恰当。普通图书馆,尤其是公共图书馆,是保障公民平等地享受教育权利的公益性组织,因而不可避免地存在"千馆一面"的现象;特色图书馆是以特定服务对象为目标,因此拥有独特的馆藏、服务对象和服务方式,特色图书馆永远不可能也不应当代替普通图书馆。

特色藏书与特色服务是特色图书馆工作的核心。藏书之特殊主要表现在它系统、全面地收藏特定学科(主题、领域)的文献信息,做到一新二用三适用。它强调文献信息类型的齐全,注意各种载体的收藏。尤其是为了配合科研、生产实验,它在收集文献资料的同时,还要求对相关实物的收藏。

服务之特殊主要表现在要突破传统服务模式、服务范围,要取得独特的服务效果。这种服务除了通常的借借还还、定题服务、跟踪服务、参考咨询之外,还要求视其条件与需要,参与其中,与科研、生产融为一体,如医药图书馆可同时设立医疗门诊、医疗咨询点等。通过利用图书资料与实际运用相结合,进行研究实验,这种服务在某种程度上已不是为他人作嫁衣,而是在为自己服务,因此,它应该是更加主动的服务。特色服务需要专门人才,也为专门人才的培养提供了机遇和环境。专门人才的培养导致服务方式的改变,服务水平的提高。图书馆的"特",服务对象的"广",藏书的"精",人才的"专",成效的"显",互为因果,互相促进。从外界讲,它们可以丰富读者对公共图书馆的认识,增强读者对图书馆服务的信心,从而扩大对图书馆凝聚力的影响。

4.图书馆教育职能的体现——远程教育

教育职能是社会赋予图书馆的基本职能。学校教育只能伴随人生的某一阶段,而图书馆提供的教育则可以贯穿人生的每一个驿站。在21世纪的今天,面对知识经济的时代,面对急需终身教育的学习型社会,面对与"信息社会"具有同等含义的"网络社会"的出现,面对我国教育资源的短缺,必须大力兴办现代网络远程教育。图书馆应该肩负起历史的使命,抓住这一有利时机,扩展图书馆的教育职能,大力开展现代远程教育,带动图书馆网络化、数字化建设,以求在信息社会中占据举足轻重的位置。

治学离不开图书馆,现代网络远程教育的实质是教育者与被教育者之间的知识传递和信息交换,其成功取决于教材、学习辅导材料、传递和交流手段以及技术应用等。对此,图书馆与远程教育不谋而合,它在资源、技术、设备、场所上有着得天独厚的优势,其前景是令人鼓舞的。

(1)现代图书馆在远程教育中的作用

长期以来,图书馆对大量的文献资料进行收集、整理和存储,将知识和信息组织化和有序化,形成了丰富而有特色的文献信息资源,这是其他的社会机构所不能比拟的。另一方面,虽然在网上能获得的用于远程教育的文献和信息越来越多,但由于网上信息来源复杂多样,有价值和无价值的资源混杂在一起,真实性和可靠性无法保证,而且网上信息组织化程度不高,基本上处于一种无序化状态,对于那些没有学习过信息检索的人来说,想要准确快捷地检索到所需的信息,反而是越来越难了。而传统图书馆的职能之一就是对知识及信息进行组织和整序,因此图书馆不但能合理地筛选和组织网上的信息,而且能对信息用户进行检索能力的培训。基于以上两个原因,图书馆必然成为信息交流和传递的中心所在,成为远程教育中的重要支撑体系,对推动我国教育及信息化进程起到相当积极和重要的作用。图书馆在远程教育中应起到如下几方面作用。

现代图书馆在远程教育中的作用首先是信息的组织和整序。我们知道能够成为远程教育信息资源的有三种:一是本馆的馆藏信息;二是利用资源共享,共享到其他大学图书馆的数据库;三是因特网上的所有信息。图书馆应当用科学的方法和技术组织这些信息资源,尽快地从大量信息资源中收集和筛选出对用户最有价值的信息,把无效的知识排除掉,使其成为真正的资源,并使之有序化,充分为用户所用。

另外,现代图书馆在远程教育中还可以提供信息服务、文献及信息的发送、创建本馆的主页(HOMEPAGE)进行服务、聘诸学科权威开展在线讲座和在线咨询、开展有特色的网络导航服务。

（2）对信息用户进行信息素质的培养

对于部分信息用户来讲，网络还是一个相当新的环境，要达到自如地运用检索工具，查找特定内容还存在着一定的困难。因此，必须对信息用户进行信息素质教育，使其掌握网络信息的知识，基本的检索、选择、评估方法和技巧，以及常用的信息资源，使其既要知道信息资源的所在，又要知道如何去获取。

（3）图书馆远程教育面临的问题

第一，远程教育的技术性引发的图书馆自动化问题。图书馆的远程教育要求图书馆必须实现自动化。图书馆的自动化可划分为数据库建设和网络建设。数据库建设首先应当注意要先用一套功能先进又经济的数据库建设软件，其次应当注意图书馆员在建库时不应只求速度不重质量，一定要把数据库建得规范化和标准化。最后，网络建设离不开高性能的硬件设备和传输速率高而收费低的通信线路。而在我国目前情况正好相反，是上网交费高而传输速率低。因此，我们应当争取更多的资金支持，加大对图书馆网络系统建设的力度。

第二，图书馆远程教育的开放性引发的知识产权问题。远程教育和文献资料的数字化已经成了未来发展的必然趋势，可是以数字化为核心的信息技术都对知识产权制度提出了严峻的挑战。图书馆远程教育过程中涉及知识产权的大致有两个方面：一方面是图书馆对文献资料进行数字化，事实上是一种对作品的复制行为，既然数字化属于复制行为，那么归属图书馆在复制时就应得到著作权人的允许。因此，图书馆在制作数据库时应处理好与其版权所有者的关系；另一方面，图书馆建立起数据库之后，也应注意其他人或机构非法利用图书馆的数据进行商业活动。但是，我国著作权法及实施条件中尚未对数据库问题做出专门规定，而由于世界各国在数据库问题上利益不同，意见也不一致。因此，高新技术尤其是数字化技术已经使知识产权陷入了前所未有的复杂关系中。值得期待的是在国家自然科学基金项目"高新技术知识产权保护及其传统知识产权制度的影响"的研究中建立知识产权与社会公共利益，包括知识产权与图书馆、公共信息机构、教育与社会公众之间的利益平衡问题已被当作了重点研究的目标。服务是图书馆存在的理由。而服务质量的提高则需要不断地创新。我们要用"一切为了读者"的服务理念,用网络化、数字化、个性化、国际化的发展理念来重新审视图书馆现在的服务理念、服务内容、服务布局、服务流程、服务方式、服务设施、服务戒律、服务行为、服务形象。平时,我们在工作过程中多问一下为什么这样做或必须这样做,多思考一下目前这样做是否以读者为本,是否方便读者,是否能够满足读者的需求,是否能够引领读者走向未来。这种思维角度的转换和创新,必然会给我们许多有益的启示和发展的动力。

第二章 图书馆阅读推广概论

第一节 阅读推广的内涵

一、阅读推广的基本概念

阅读推广,作为人类特有的社会活动与行为,属于社会科学的学科范畴,是由阅读学与推广学的领域交叉而成的边缘性新兴学科。从其推广的目的性而言,则属于非营利性的"服务型推广"与"教育型推广"相融的理论范畴。从其推广的内容与对象而言,包括语言、文字、符号、图像等所负载的知识、技术、情报、信息、数据以及人类所有文化艺术的总和。本节将论述阅读推广的基本概念、阅读推广的目的与功能、阅读推广的类型与特点以及阅读推广的现代理念。

(一)阅读推广的概念

"阅读推广"一词译自英文"Reading Promotion","Promotion"除可译为"推广"外,还有"促进、提升"的意思,所以也有人将"Reading Promotion"翻译为"阅读促进"。

自联合国教科文组织于1995年确定每年的4月23日为"世界图书与版权日"以来,"Reading Promotion"一词频频出现在联合国教科文组织、美国国会图书馆、国际图书馆协会联合会、美国国家艺术基金会的"大阅读"项目等倡导全民阅读的组织、机构的网站和工作报告中。1997年后,"阅读推广"逐渐成为国内图书馆界、出版界的一个常用词和高频词。然而,无论是国内还是国外,关于阅读推广,都没有特别明确的定义。究其原因,也许是因为阅读推广的字面意思很简单清楚,就是对阅读进行推广或促进,因而无须再做具体的定义。可是往往越简单的东西越复杂。近年来,学界开始关注阅读推广的定义,并试图给出周全的答案。如学者张怀涛综合各家观点,给阅读推广做出定义:"'阅读推广'顾名思义就是推广阅读。简言之就是社会组织或个人为促进人们阅读而开展的相关活动,也就是将有益于个人和社会的阅读活动推而广之;详言之就是社会组织和个人,为促进阅读这一人类独有的活动,采用合理的途径和方式,扩展阅读的作用范围,增强阅读的影响力度,使人们更有意愿、更有条件参与阅读的文化活动和事业。"

学者王波从国家战略的高度给"阅读推广"做了一个国际化的定义:"阅读推广'就是为了推动人人阅读,以提高人类文化素质、提升各民族软实力、加快各国富强和民族振兴的进程和战略目标,而由各国的机构和个人开展的旨在培养民众的阅读兴趣、阅读习惯,提高民众的阅读质量、阅读能力、阅读效果的活动。"

以上两个具有代表性的相对全面的"阅读推广"定义,其共通之处在于,两者都认为"阅读推广"是一种关于阅读的文化活动,并且可以作反向理解,即"推广阅读"。

既然"阅读推广"可以理解成"推广阅读",那么,"阅读"就成了推广的内容,它就与技术推广、产品推广、成果推广、经验推广一样,都属于推广学的范畴。于是,我们就可以从推广学的视角给阅读推广下定义:"推广是一种由机构部署的职业性的有组织的沟通干预活动,以引导具有变革行为者(推广者)所认为的公共或集体效用的自愿行为的改变。"我们认为,"阅读推广是一种由机构部署的职业性的有组织的文化型沟通干预活动,以引导具有变革行为者所认为的阅读效用的自愿行为的改变。""文化性"是阅读推广区别于技术推广、产品推广等商务型推广的标志属性。

对于这个新的定义,乍一看似乎有悖常识,其悖论点聚焦于"机构部署"与"职业性"两个关键词。我们必须回答这样两个具体而常见的问题:①如果阅读推广是一种由机构部署的活动,那么"个人将自己阅读过的好书向他人推荐,并鼓励其阅读"算不算阅读推广。②如果阅读推广是一种职业性的行为,那么"医生向抑郁症患者推荐其阅读《生命的重建》《人性的优点》《生之礼赞》等书籍以辅助治疗抑郁症"算不算阅读推广。下面,就让我们来仔细分析。[①]

---

① 缪建新. 志愿者与图书馆阅读推广[M]. 北京:朝华出版社,2020.

第一个问题:个人向他人推荐阅读好书,毫无疑问是一种阅读推广行为,但却是一种零星的、散落的、偶发的阅读推广行为,其推广力度几乎可以忽略不计,特别是在"阅读"尚需推广的国家和社会。也许有人会说,星星之火,可以燎原! 可是,点点星火必须在同一时间段内同时点燃才有可能成为燎原之势;即使是"明星"也必须聚集"粉丝"的力量才有可能发生明星效应。因此,只有当许多个体聚在一起组成团体,并建立组织机构时,团体推广阅读的行为才有力度可言,才可以上升到"推广学"的概念范畴。

第二个问题:医生的职责是治病救人,当其用推荐阅读的方式辅助治疗疾病时,其行为具有职业性,属于医生职业的范畴,不属于推广职业的范畴,其推荐阅读的目的是治病而不是推广阅读。只有当医院承担阅读推广的责任和义务时,医生推荐阅读的行为才有可能是出于培养阅读兴趣和习惯、提高阅读质量和能力的目的,才属于推广职业的范畴。

据此,我们可以认为,个体无意识的偶发的、零星的、非职业性的推广阅读的行为,其力度还够不上推广学的概念范畴;如果从国家战略的高度看,阅读推广一定具有机构部署性,因为只有机构部署,阅读推广经费才有保障,阅读推广行为才能持续,阅读推广活动才有规模,才有可能谈及阅读推广效益。如此,从推广学角度给阅读推广下的定义便具有了合理性。

(二)阅读推广的特征

根据推广学视角的"阅读推广"定义,阅读推广除了具有干预性、沟通性、自愿性、公益性、机构部署性等"推广"属性外,还具有推广主体的多元性、推广客体的丰富性、推广对象的明确性、推广服务的活动性、推广效果的滞后性等特有属性。

1.阅读推广主体的多元性

阅读的重要性决定了阅读推广的重要性,阅读推广的重要性决定了阅读推广主体的多元性。阅读推广主体是特定阅读推广项目的策划者、组织者、实施者和管理者。凡是负有提高国民素质责任的机构、企业、团体都有开展阅读推广活动的责任。近年来,从国际组织到各国政府、图书馆界、出版界、非营利机构、教育机构、医疗机构、大众传媒机构等均推出了相应的阅读推广项目,因而都是阅读推广主体。其中阅读推广的国际组织主要有联合国教科文组织、国际图书馆联合会、国际阅读协会、国际儿童读物联盟等;阅读推广的非营利机构包括基金会(如韬奋基金会)、志愿团体(如网络公益小书房)、民间组织(如万木草堂读书会)、行业协会(如中国图书馆学会)等。不同阅读推广主体对个体阅读引导的效果也会不同。当前全民阅读推广工作的长期性、艰巨性决定了多元阅读推广主体之间长期共存、合作共赢的关系格局。

2.阅读推广客体的丰富性

阅读推广客体指阅读推广的内容,主要包括阅读读物、阅读能力和阅读兴趣三个部分。图书、报纸、期刊等文献资源是阅读推广的基础。从全球范围看,阅读推广的读物不只限于纸质资源等传统出版物,电影、音乐、游戏、网页等都属于推广的范畴。提升阅读能力是阅读推广的主要目标,可通过识字能力、内容理解能力、阐释能力、批判分析能力和创新能力等多个方面体现,较容易通过量化的指标和方式进行评估和测试。阅读兴趣则是一种持续的阅读意愿和欲望,增强阅读意愿是阅读推广较难达到的目标。阅读读物的海量性、阅读能力的参差性、阅读兴趣的内隐性成就了阅读推广客体的丰富性。

3.阅读推广对象的明确性

阅读推广对象是指阅读推广项目的目标群体。在阅读中,人是主体;而在阅读推广中,全体国民是社会阅读推广的对象。从微观个体的阅读推广项目看,都有一个共同的特点,那就是目标群体明确。比如在英国,"阅读之星"项目面向的是不爱阅读却喜欢足球的5—6年级小学生和7—8年级初中生,"夏季阅读挑战"项目鼓励4—12岁的儿童在暑假期间到图书馆阅读六本书,而其"阅读六本图书"项目则主要针对不爱读书或者阅读方面不自信的成年人,"信箱俱乐部"面向7—13岁的家庭寄养儿童邮寄装有书籍、数学游戏以及其他一些学习材料的包裹,"Book Up"项目面向所有7年级学生发放免费图书;美国的"触手可读"项目面向6个月至5岁的儿童进行阅读推广,"力量午餐"项目通过志愿者利用午餐时间到附近的小学给来自低收入家庭的小学生进行一个小时的志愿阅读;挪威推出了面向13—16岁孩子的Aksjon txt项目、面向16—19岁高中生的阅读推广项目以及面向运动员的"运动和阅读"项目;新加坡的"读吧,新加坡"每年都有明确的推广对象,如出租车、美容师等。总体来看,各国都十分注重以未成年人为对象的阅读推广;此外,低收入人群、进城务工人员、老年人、残疾人等弱势群体也是被重点关注的阅读推广对象。

4.阅读推广服务的活动性

阅读推广是一种关于阅读的文化活动。阅读推广服务通常是以活动的形式提供的。每一个阅读推广项目都离不开阅读活动的开展,且项目规模越大,活动就越丰富多彩。例如2012年澳大利亚国家阅读年项目,邀请了43位宣传大使与20多家企业合作,开展了4000多项活动,分布在从首都到中部山区的广大区域,面向各种不同的年龄段,其中包括"我们的故事""我们到了吗""什么时候开始读都不晚""读这本""描写工作中的人""保存土著文化""加入图书馆""读书时间"等大型活动;美国的"一城一书"阅读推广项目以一本书作为活动的基点,发展相关活动如读书讨论会、学术研讨会、作者访谈、作者见面会、作品展览、电影放映、演讲、游览、作者演唱会等,以贴近生活的形式,促进人们之间的交流。我国的全民阅读活动,形式更多样,如"源远流长的中华典籍"大型广场活动、"书香中国"电视特别节目、图书馆阅读服务宣传周以及图书银行、送书活动、读书知识竞赛、微书评、读图、真人图书馆等常用阅读推广形式。因此,与图书外借阅览等传统服务相比,阅读推广是一种活动化的服务,而且是一种受益读者相对较少、服务成本相对较高的活动化服务。

5.阅读推广效果的滞后性

阅读推广效果是指开展阅读推广产生的影响和结果。阅读推广主体开展阅读推广活动,不能只满足于完成计划,阅读推广的质量如何更为重要。阅读推广的效果通过阅读推广对象的变化体现出来,这些变化主要表现在个体的知觉、态度、行为、习惯等方面。学者张怀涛认为:阅读推广的知觉效果是指通过阅读推广是否使人们对"阅读"有了初步认知和感觉,是否增加了有关"阅读"的知识量,这是一种浅层效果;阅读推广的态度效果是指阅读推广是否激发了人们对于"阅读"的热情,是否产生了热爱阅读的主动态度,这是一种中层效果;阅读推广的行为效果是指阅读推广是否使人们在行动上有所实施,是否能够理性地将一定精力和时间投入到阅读之中,使自己的阅读能力和文化素养不断提高,这属于深层效果;阅读推广的习惯效果是指阅读推广是否让人们养成了良好的阅读习惯,使阅读生活化、常态化,这属于最佳效果。由于个体的知觉、态度、行为变化的渐进性与内隐性以及习惯养成的长期性,使得阅读推广效果具有了滞后性,难以观测和量化。

二、阅读推广的目的与功能

(一)阅读推广的目的

阅读推广目的是指开展阅读推广所期冀的各种教育作用和社会价值。一种事物的作用和价值实际上是人们对这种事物的情感赋予,因而凡是"目的"都具有引导性和主观性。阅读推广目的也不例外,它会因阅读推广主体的不同而不同。比如联合国教科文组织、国际图书馆联合会、国际阅读协会、国际儿童读物联盟等国际组织开展阅读推广的目的旨在提高全人类的文化素质与阅读水平;国家政府倡导阅读推广的目的是提升国家的文化软实力,加快国家富强和民族振兴的进程,很多国家甚至将阅读推广作为国家战略和国家工程来开展;出版机构和书店开展阅读推广的主要目的是提高图书的销售量;图书馆开展阅读推广活动的目的则是提高馆藏资源的利用率。

由此可见,不同的阅读推广主体因其社会职能、专门对象、资源拥有情况的不同,其阅读推广目的也会有微观和宏观之分。出版机构、书店、图书馆开展阅读推广的目的属于微观目的,也是直接目的,国际组织、国家政府开展阅读推广的目的则属于宏观目的。对于具体的阅读推广项目来说,宏观目的只能作为间接目的和长远目的,它需要通过一系列的直接目的才能实现。无论是宏观目的还是微观目的,都有培养读者阅读兴趣与阅读习惯,提高读者阅读质量、阅读能力、阅读效果的作用。

从推广学的视角看,推广的最终目的是引导人们的行为自愿变革,因此,阅读推广的最终目的是要引导人们的阅读行为自愿变革。对于"引导人们阅读行为自愿变革"的理解,可以用范并思教授简洁而富有感染力的表述来阐释:"通过阅读提升公民素养,使不爱阅读的人爱上阅读;使不会阅读的人学会阅读;使阅读有困难的人跨越阅读的障碍。"这是开展阅读推广的终极目标。

从阅读与推广的双重视角观察,其目的无外于:传播科学知识,培育人文精神;指导阅读路径,掌握阅读方法;激发兴趣、养成习惯,发展阅读能力;扩大阅读交往,加强社会协作等方面。

（二）阅读推广的功能

功能，即功用和效能。阅读推广的功能来源于阅读的功能。人类阅读带来的积极影响涵盖政治、经济、文化、社会等各个方面。对个体而言，阅读的基础功能是增进知识、提升智慧、愉悦身心、修养品行、成就事业，即古人所说的致知、诚意、正心、修身。人作为社会的成员，个体的进步最终必然促进社会整体的发展，其表现出来的功用和效能就是传承文化、教化民众、促进创新、助力生产。阅读推广作为机构部署的一种推广阅读的文化活动，其功能也主要表现在传承文化、教化民众、促进创新、助力生产四个方面。

1.传承文化

阅读是传承文化的唯一手段。书籍作为人类文化的主要承载物，无论其保存在个体还是群体手中，如果没有阅读，书都是"沉睡"的书，文化也不会自动传承。正如阿尔贝托·曼古埃尔在其著作《夜晚的书斋》中所言：保存在图书馆里的各种各样的图书，无论稀有或者普通，古书或者新书，它们的性质和品质都没有它们的在场和流通重要。现代的读者阅读过去的书，书在阅读的过程中就变成了新的。每一个读者都使某一本书获得了一定程度的不朽。在这个意义上，阅读就是使书籍苏醒的仪式。

对于曼古埃尔的观点，领悟最早也最为深刻的恐怕要数古埃及国王托勒密了。他不仅建立了当时世界上藏书量最大的古亚历山大图书馆，而且为了提高藏书的利用率，托勒密还想出了一个妙招：邀请当时许多国家的名流学者（如欧几里得、阿基米德等人），请他们住在亚历山大里亚，付给他们可观的费用，只要他们好好使用图书馆的藏书就行。这一创举的直接结果就是新的图书和注解的不断诞生，古亚历山大图书馆因此而成为全世界智慧和学问的储藏室，引领风骚长达700年。无独有偶，20世纪20—30年代，曾任江苏省立国学图书馆馆长的柳诒徵先生开创了"住馆读书"制度。在他主持制定的图书馆章程中，列有"住馆读书规程"：凡有志研究国学之士，经学术家之介绍，视本馆空屋容额，由馆长主任认可者，得住馆读书。如今阅读变成了一件需要推广的事情。因此，阅读之传承文化的功能也就顺其自然地植入到了阅读推广中。

2.教化民众

书是用来读的。从古至今，图书的最大功能莫过于它的教化功能了，而这种教化功能却只有通过读者的阅读才能实现。古代先哲、伟大的科学家和教育家亚里士多德曾经希望无论是官府藏书还是私家藏书，都能用于教学，并对其弟了们开放。我国近代思想家、改革家、教育家梁启超先生在图书馆这一新生事物还未传入中国之时，就与康有为等维新派人士于1895年在北京成立了"强学会"，其目的是"群中外之图书器艺，群南北之通仁志士，讲习其间，推行于直省"，并建立了新型的图书机构——强学会书藏，采取对广大民众开放之姿态，以普及新学、启迪民智为己任。由于当时的国民还不懂得利用图书馆，强学会成员要四处求人来看书。《梁任公先生年谱长编》中记载：强学会书藏成立后，"备置图书仪器，邀人来观，冀输入世界之智识于我国民。该书藏中有一幅世界地图，会中同人视如拱璧，日出求人来观。偶得一人来观，即欣喜无量。"这种传输知识、开发民智的热忱，令人感动。强学会诸公之行为，与今日之阅读推广无异，阅读推广之教化民众的功能由此可见一斑。

3. 促进创新

创新是推动人类进步和社会发展的不竭动力，阅读则是创新的摇篮。所谓"站在巨人的肩膀上前进"，指的就是人类的创新需要基础，这个基础就是前人的知识和智慧；只有先继承前人成果，并在此基础上发展和提高，创新才可能实现；那种无源之水、无本之木、凭空捏造的创新是不存在的。此外，创新成果的推广也离不开阅读。"任何一种思想、理论、方法、技术、发现、创造等，问世后若被禁闭于其发明人、发明地，那么，它的作用几乎可以忽略不计。只有记录于载体，推广于社会，其价值才能得以实现。"

正如有识之士所言："阅读习惯和阅读能力的欠缺将极大地损害人们的想象力和创造力，而想象力和创造力是一个国家、一个民族永葆活力的源泉……我们更多的是扮演了一个学习者和追赶者的角色。在此背景下，全民阅读的重要性怎么强调都不过分。"按此逻辑，在"大众创业，万众创新"的时代背景下，阅读推广之促进创新的功能也就不言自明了。

4. 助力生产

知识经济时代，科学技术是第一生产力，而且是先进生产力的集中体现和主要标志。科学的本质是创新，创新的关键在人才，人才的成长靠教育，而教育离不开阅读。因此，阅读对生产的促进作用主要体现在通过阅读文献来获取先进的技术、提高劳动者的素质上。曾任国家新闻出版总署署长的柳斌杰先生指出："只有通过广泛的阅读，才能在继承前人经验和了解最新科学技术资料的基础上有所创造、有所前进。只有站在巨人的肩膀上，才能够以更加高远的立意，找到改革和创新的途径，掌握改革和创新的能力或技术，解放和发展生产力。发展经济的关键是生产力，而作为生产力核心要素的人必须是有知识有能力的人。这就决定了阅读直接关系到生产力的发展水平和人的素质的高低。"可以这么说，"一国国民的阅读能力强，则科学技术普及程度高，则生产力强；一国国民的阅读能力差，则科学技术普及程度低，则生产力弱"。

书籍的力量要通过阅读的力量才能体现，因此，个体可以通过阅读优秀作品走向卓越，国家可以通过阅读推广倡导国民阅读优秀作品来间接提升国力。"阅读能力作为一种被忽视已久的特殊'生产力'，需要我们高度重视，积极养成"。

三、阅读推广的现代理念

什么是"理念"？《辞海》认为"理念"即"观念"：一是看法、思想，思维活动的结果；二译自英语idea，通常指思想，有时亦指表象或客观事物在人脑中留下的概括的形象。有学者对"理念"的学术含义进行了多层次分析。

综合地说，理念应是一个具有能反映一类事物中每个个体或一类现象中每种个别现象共性之能力的普遍概念，是诸理性认识及成果的集大成。其中既包含了认识、思想、价值观、信念、意识、理论、理性、理智，又涵盖了上述思维产品的表现物，如目的、目标、宗旨、原则、规范、追求等，而后者使理念这一抽象的概念具有了直观的形象。具体地讲，"理念"是一个精神、意识层面上的综合性结构的哲学概念，是主观见之于客观地科学反映，是人们经过长期的理性思考及实践所形成的思想观念、精神向往、理想追求和哲学观点的抽象概括，是理论化、系统化了的，具有相对稳定性、延续性和指向性的认识、理想的观念体系。简言之，"理念"是指人们对某一事物或现象的理性认识、理想追求及其所形成的观念体系。

基于上述对于"理念"内涵的认知。我们认为，阅读推广的现代理念可以概括为五个关键词：全民、服务、自由、权利、创新。

（一）阅读推广的"全民"理念

"世界图书与版权日"（简称"世界读书日"）的设立是希望通过"读书日"的设立，期待"散居在世界各地的人，无论你是年老还是年轻，无论你是贫穷还是富裕，无论你是患病还是健康，都能享受阅读的乐趣，都能尊重和感谢为人类文明做出过巨大贡献的文学、文化、科学、思想大师们，都能保护知识产权"。细心的读者应该都能从这一"期待"中解读出"全民"的含义。"全民阅读"一词由此也迅速传播开来并被各国政府所接受。在我国，早在20世纪20—30年代，留美归来的图书馆学家李小缘先生就曾发出"人皆有资格为读者""使全国民众，无论男女老幼，皆有识字读书之机会""能使公开群众……皆能识字读书，享受图书馆之利益，则方可谓图书馆之真正革命，之真正彻底改造，之真正彻底建设者也"的呼吁。李先生的呐喊也充分体现出"阅读，一个也不能少"的全民理念。从阅读推广所具有的"社会公益性"来看，尽管某一个具体的阅读项目都有明确的阅读推广对象，不可能涉及"全民"，可综合整体的阅读推广工作，则应该要让所有的公民都能享受到阅读推广的"益"处。21世纪初叶以来，"全民"阅读理念更是深入人心。恰如学者所言："'全民阅读推广'这个概念，不仅意味着要倡导'全员阅读'的学风，还意味着'终身阅读'，再次，对于图书馆和书店来说，还意味着一种'全品种的读物推广'"现代阅读推广的"全民理念"由此可见一斑。

（二）阅读推广的"服务"理念

范并思教授提出"阅读推广是一种服务"，无论是编制导读书目还是组织读书活动，其目的都是为读者的阅读和学习提供服务。尽管"推广"是一种沟通干预活动，但是阅读推广干预的目的是帮助读者喜欢阅读、学会阅读，而不是对读者进行价值观与品行方面的教育。尽管"推广"还具有教育属性，许多人也认为阅读推广应该对读者的阅读内容、阅读形式甚至阅读习惯进行教育。然而，这种教育多半是针对不爱阅读、不会阅读以及阅读有障碍的人群而进行的，对于大多数普通读者而言，只需提供中立的、非干扰的服务型推广即可。同时，阅读推广作为一种公共文化服务，其公共产品的公益性与非排他性还要求阅读推广需要保持服务的公平性,不得将具有党派教义的"教育"掺杂其中。即使是在具有教育职能的图书馆,也强调"图书馆员仅仅承担传递文献或咨询服务,不介入读者挑选文献的过程,不指导读者阅读,将知识与信息的选择权完全交给读者,甚至保守读者秘密,不让他人知道读者阅读的内容";图书馆也因其保持服务价值的中立性而受人赞美,认为它的存在是社会民主制度的一种安排。当下,阅读推广服务已成为图书馆的一种主流服务,尽管这种服务具有活动化和介入式的特征,却丝毫也不影响其平等、包容、专业的优质服务理念,阅读推广人的行为也应该遵循图书馆的核心价值体系:"开放、平等、包容、隐私、服务、阅读、管理、合作。"

(三)阅读推广的"自由"理念

"自由"一词,既是一个法学名词、哲学名词,又是一个日常用语。《现代汉语词典》给"自由"提供了三个释义:①在法律规定的范围内,随自己意志活动的权利,如自由平等;②哲学上把人认识了事物发展的规律性,自觉地运用到实践中去,叫做自由;③不受拘束,不受限制,如自由参加,自由发表意见。阅读推广秉持的自由理念既不是哲学意义上的"自由",也不是日常用语中的"自由",应该属于法律层面的"自由",主要包括阅读自由、藏书自由、信息自由三个方面。其中阅读自由是整个现代社会文明尤其是图书馆应该奉行的宗旨。美国前总统奥巴马曾在以"隐私与自由"为主题的演讲中将图书馆员誉为"保障我们自由思考和接受外界信息权利的全职捍卫者,应该受到全国人民最深切的感激"。程焕文教授明确提出"图书馆在藏书建设和服务上必须保持客观中立,不受任何思想意识和社会势力的干扰和影响,不越俎代庖地替任何意识形态、团体和个人判断藏书的优劣好坏或者收藏与剔除。"信息自由包括信息获取自由和信息表达自由。《国际图联因特网宣言》规定:"知识自由是每个人享有的持有和表达意见以及寻求和接收信息的权利;知识自由是民主的基石;知识自由是图书馆服务的核心。信息利用自由是图书馆和信息职业的主要职责。图书馆和信息服务机构提供不受阻碍的因特网入口,以支持社区及个人的自由、繁荣和发展。"阅读作为知识习得的方式,要想实现知识自由,首先要实现阅读自由。只有实现真正的阅读自由,才会有阅读之后的自由之国与自由之民。

(四)阅读推广的"权利"理念

通常意义上的"权利"是指权力和利益,与"义务"相对。

阅读是一种权利,这是现代公民社会应该遵守的一条铁律。阅读推广遵循"权利"理念是指任何阅读推广主体开展任何阅读推广活动时都应该保护公民的阅读权。所谓"阅读权"是指每个人依法享有的阅读权力与利益;它以阅读的自尊、自主、自由为主要内容,以体现读者的个性为特征,突出反映了"天赋人权""天赋价值"的人本主义精神。"公民阅读权利的概念是从文化权利、信息权利、图书馆权利、受教育权利、读者权利等相关概念演化而来,利益、主张或要求、资格、力量、自由是公民阅读权利的五要素"。具体来说,每个公民都拥有利用图书资源和阅读空间的权利、参与组织阅读的权利、开展创作和创造的权利以及阅读成果受到保护和推广的权利等。

为了保障公民的上述阅读权利,2013年以来,全民阅读立法进入国家立法工作计划,深圳、江苏、湖北、辽宁、四川等省市相继出台了地方性的阅读法规。设立全民阅读组织或机构、规范基金经费、指导公共服务、关照特殊群体、细化新闻出版方面的职责,是各地立法中的高频词汇;从组织架构到基金经费,从公共服务到部门职责,这些关于全民阅读推广的"主干"和"枝节",在五部地方性阅读法规中都有明确表述。由此可见,阅读立法既保障了社会立场上的公民阅读权利,又保障了机构立场上的推广主体的职业权利,体现的是一个国家的文化梦想与追求。

(五)阅读推广的"创新"理念

阅读本质上是一种个性化与私密性的体验活动,阅读推广秉持的全民理念、服务理念、自由理念、权利理念,都必须遵循推广的逻辑前提——自愿行为的改变。即使是阅读立法,其出发点也仅仅只是为阅读权利的实现创造更好的法律制度环境,而不是对公民的阅读行为进行限制或者强制。这就要求阅读推广的方式只能是"吸引",不能是"强迫"。如何"吸引"呢?让我们先来看一串有关"新旧"的成语:除旧布新、革旧鼎新、舍旧谋新、辞旧迎新、破旧立新、忘旧恋新、吐故纳新、涤故更新、弃故揽新、温故知新、推陈出新、耳目一新……

从中可以看出:"旧"乃"新"生的土壤,新事物总比旧事物更有吸引力。喜新厌旧乃人之常情,阅读推广也不例外。现代阅读推广尤其要秉持"创新"理念,在温故知新的基础上实现推陈出新。开展阅读推广活动更是成为图书馆这个实体空间中最能吸引读者、与图书馆使命最为贴切的工作。近年来,围绕阅读推广,重新设计图书馆服务空间、添置设备、进行服务场所改造的话题日益成为图书馆学界和业界关注的焦点。此外,阅读推广人作为阅读推广服务的具体提供者,其服务创意和服务能力也被提到了空前的高度。"一位优秀的阅读推广人至少应该具备三方面的素质:一是工作的主动性,二是创新能力,三是具有调动社会资源的能力。"然而,一个未经培训的阅读推广人是不太可能全面具备这些素质的,但一群阅读推广人或者说一个阅读推广团队使得具备所有这些素质的可能性大大提高。因此,开展阅读推广人培训、设立阅读推广组织机构已成为社会共识且正在付诸实践,也使得阅读推广"创新"理念的执行有了切实保障。

第二节 图书馆阅读推广基本条件分析

图书馆读者服务是指图书馆利用馆藏和设施直接向读者提供文献和情报的一系列活动,有时也称图书馆读者工作。现代图书馆不仅通过阅览和外借的方式向读者提供印刷型书刊资料,还提供文献缩微复制、参考咨询、编译报道、情报检索、情报服务、定题情报检索以及宣传文献情报知识的专题讲座、展览等服务。图书馆开展图书馆读者服务依赖于图书馆的基本条件,同时图书馆读者服务的类型内容、深度广度、理念成效也受到这些基本条件的影响和制约。与图书馆读者服务关系最紧密的图书馆基本条件包括图书馆资源、图书馆馆舍、图书馆馆员和图书馆管理。

一、馆藏资源与阅读推广

丰富的馆藏资源是中国图书馆阅读推广的重要条件和独特优势。馆藏资源为图书馆阅读推广提供了重要的内容保障,同时,推动读者对馆藏资源的充分开发和利用也是图书馆阅读推广的最直接目标之一。进入21世纪以来,中国图书馆的馆藏资源结构进一步调整完善,为图书馆阅读推广的迅速发展提供了重要的基本条件。

(一)收藏范围扩大,资源普及性增强

馆藏建设一直都是中国图书馆工作的重中之重。20世纪,受到当时图书馆定位和服务理念的影响,我国图书馆的馆藏建设主要围绕"经典"和"专业"两个主题展开。这里的"经典"并不只是指文学文化意义上那些具有重要影响力的、经久不衰的著作,其更重要的是指那些符合当时主流价值取向的思想观点。图书馆试图通过建设这样的"经典"馆藏,来为读者提供"正确""健康"的阅读选择,这也就催生了以阅读辅导为主要内容的图书馆阅读推广活动。重视收藏专业文献、服务专业研究者是当时图书馆馆藏建设的一大特点,图书馆围绕这些"专业"馆藏的开发和利用而组织的阅读推广活动,主要服务对象是专业研究者和工作者,对普通读者的适用性较差。

21世纪以来,随着图书馆读者服务定位和理念的转变,我国图书馆馆藏资源建设逐步从"经典"走向"广泛",从"专业"走向"普及"。一方面图书文献的收藏范围逐步扩大,内容不断丰富,对不同思想观点、不同形式类型的图书文献采取兼容并包的态度:既有孔孟思想、西方经典著作,也有都市武侠小说,有的图书馆甚至开辟了日本漫画借阅专区,深受当地青少年读者的欢迎。因而图书馆阅读推广活动在内容上也呈现丰富化、多样化的发展,阅读推广活动的主要目的也逐渐从"辅导读者正确阅读"转变为"帮助读者爱上阅读",引导读者找到他们想要读的书;另一方面,图书馆对专业文献的收藏比例逐渐减少,开始更多地重视普及性图书文献的收藏建设,图书馆在加强针对普及性图书文献阅读推广的同时,尝试转型原有的专业阅读推广服务,扩大专业阅读推广服务受众范围,使对该专业内容有兴趣或业余爱好的普通读者也能享受和使用这些专业阅读推广服务。

(二)更新速度加快,资源类型丰富化

21世纪图书馆馆藏建设的另一大特点是馆藏资源更新速度不断加快,资源类型不断丰富。一方面,随着我国出版事业的发展,每年出版的图书、文献、期刊种类不断增加;另一方面,随着国家对图书馆的重视,我国图书馆的馆藏资源建设经费逐步得到保障,我国图书馆图书文献更新

不断加快,要求图书馆的阅读推广活动要将新书推介作为其重要内容之一,及时有效地将最新的馆藏资源推荐给需要的读者,同时也要求图书馆的阅读推广活动内容、形式紧跟资源步伐,不断推陈出新。21世纪,纸本资源图书馆资源结构逐渐被纸本资源、电子资源、网络资源、多媒体资源等多类型综合资源结构所取代。我国图书馆为了迎合我国读者不断上涨的电子阅读需求,不断加大电子图书资源建设,但令人尴尬的是图书馆在大部分读者心中仍然仅仅只是一排又一排的大部头纸本书形象。因此,多类型资源为图书馆阅读推广提供了更加灵活的资源基础,为阅读推广、扩大读者群体数量和丰富读者阅读方式提供了条件,也向阅读推广如何改变图书馆在读者心中的固有形象,培养读者使用图书馆的新方式、新习惯,提出了挑战。①

(三)重视读者需求,馆藏建设特色化

21世纪公共图书馆在建设馆藏资源时,更加重视本馆读者的阅读需求,而阅读推广则是公共图书馆获取本馆读者需求信息的重要渠道之一。有的公共图书馆开设专门的阅读推广活动,征求读者对图书馆图书采购、期刊订阅、数据库购买的需求和意见,而更多的公共图书馆则是通过对不同类型、不同内容阅读推广活动读者的参与情况或是现场读者访谈、问卷等形式,统计分析读者的阅读需求。不少公共图书馆在面对图书文献获取日益简便化、无差异化的现状下,选择建设特色化馆藏和专长馆藏,以此增强图书馆价值,加大图书馆对读者的吸引力。为了扩大特色馆藏的影响力、价值和意义,针对特色馆藏的多层次、多角度阅读推广也成为各公共图书馆阅读推广的重要特点和独特标志。特色馆藏使得各公共图书馆的阅读推广活动呈现内容和形式的差异化和个性化发展,能够更好地吸引不同类型群体的读者,但也因为特色可循经验前例较少,为阅读推广的策划和实施提出了更大的挑战。

二、馆舍建设与阅读推广

中国公共图书馆的大部分阅读推广活动都在图书馆馆舍内举办,因此图书馆馆舍的建设和发展是中国公共图书馆阅读推广发展的基本条件之一。我国使用中的图书馆大都建成于20世纪80—90年代初期的图

---

① 曾玲. 均等化服务视角下公共图书馆阅读推广研究[D]. 哈尔滨:黑龙江大学,2020.

书馆建设高潮之中。这一时期的图书馆馆舍设计"重藏而轻用""重书而轻人",书库面积占据图书馆总使用面积的一半甚至一半以上,读者可以使用的活动场所比较有限。以20世纪80年代建设的两个图书馆为例,北京图书馆馆舍总面积14万平方米,书库8万平方米,占总面积的57.1%,读者活动场所仅4.464万平方米,占总面积的31.9%;甘肃省图书馆馆舍总面积1.9万平方米,书库1.05万平方米,占总面积的55%,读者活动场所面积仅0.71万平方米,占总面积37.2%。同时,这一时期的图书馆,强调在有限的预算下,满足功能上的要求,大都采用"固定功能型"(书库、阅览室和办公用房位置固定,降低设计和建设费用,缺乏灵活性)为主,结合"模矩型"(将图书馆的部分区域分成等份的长方形,灯光、空气、地板等设计完全一致)的封闭式设计。这样的图书馆馆舍设计,虽然能够比较经济顺利地满足图书馆为读者提供基本的图书阅览和出借归还服务的需求,但无论是在空间规模还是灵活性、适应性上,都大大限制了图书馆阅读推广活动的发展。

进入21世纪以来,我国的图书馆新馆建设进入了新一轮的高潮。在这些新馆的建设中,"以人为本,服务第一"的理念成为图书馆设计的核心。第一在图书馆馆址选择上,新馆大都选址在人口集中、交通便利的城市中心地区,附近具有一定的文化氛围。例如,南京图书馆坐落在城市中心地标"总统府"对面;苏州图书馆选址在城市中心商业区,毗邻众多初高中学校以及文化市场、工人活动中心。这样的选址极大程度上方便了读者前往图书馆,提高了图书馆人气,为图书馆阅读推广活动的读者参与提供了基础。第二是图书馆建筑。21世纪的新馆在建设过程中比较起20世纪的图书馆拥有更加充沛的资金。据统计,图书馆新馆的建设费用大致都是原有旧馆建设费用的两倍以上,这一方面是由于国家政府对图书馆事业的日益重视支持,政府投入仍然是图书馆建设资金的主要来源;另一方面是图书馆管理更加灵活积极,通过开展与本地地产集团以及企业的融资合作,保障了建设资金、资源的及时到位,资金的保障使图书馆新馆可以在保证功能性的同时兼顾图书馆的建筑美观性与人文环境性。

就功能性来说:第一,图书馆总面积增加,读者可活动场所面积显著增加,图书馆日均接待读者能力提高。例如,2008年国家图书馆新馆落成,总面积达25万平方米,日均接待读者能力提高8000人次,成为世界第三大国家图书馆。第二,图书馆内部多采用大开间、大层高设计,大部分馆舍设有专门的展览厅、学术报告厅、多功能厅以及读者活动室。读者可使用空间的面积增加以及多样性的增强,使得图书馆可以更便利地利用馆舍资源,开展不同类型、不同规模的馆内阅读推广活动。同时,越来越多设计独特美观的图书馆新馆正逐渐成为城市的新地标、新景点。2006年建成的沈阳市图书馆新馆外部采用生态建筑的设计理念,斜坡绿化屋顶、椭圆形采光天窗与延伸至西侧的绿化广场上的椭圆形灯光,衬托了象征着引导城市文明的知识灯塔的图书馆办公塔楼,构成了一幅美轮美奂的人文景观,成为沈阳市民假日休闲的好去处。沈阳图书馆的馆员称,很多进入图书馆的读者一开始都是抱着"游客"的心态来的,但是很多时候都被大厅的展览吸引,或者刚好发现了一个自己感兴趣的讲座正在进行,停下了脚步。有的读者说,因为眼前的阳光和草地,他不自然地就拿起一本书,静静地坐了一个下午。这些图书馆建筑,不仅提高了图书馆在市民中的知晓度,为图书馆的宣传阅读推广提供了便利,同时本身也成为吸引读者回归图书馆、重拾阅读的重要阅读推广方式。

21世纪,我国图书馆馆舍发展和建设的另一个突出重点是分馆的建设。近年来,图书馆分馆的设立大致可以分为以下四类:第一类是少年儿童分馆的建立。随着图书馆儿童阅读服务的发展,一些省、市级公共图书馆在新馆建成后,基本把旧馆改造为少儿分馆如山东省图书馆、陕西省图书馆等。第二类是城市社区分馆。主要是大中型城市图书馆,为了适应城市面积不断扩大、城市读者人数不断增加的需求,在离图书馆本馆较远的新型发展区域或者人口集中区域设立分馆,例如上海图书馆浦东分馆。第三类是农村与偏远地区分馆。例如郑州市图书馆惠济区南阳寨村分馆,广东流动图书馆饶平分馆等。第四类是特殊人群、机构分馆。例如首都图书馆北京公安收容教育所分馆、杭州图书馆盲文分馆、温州市图书馆老年分馆等。一方面,这些分馆扩大了图书馆总馆阅读推广活动的受众总量,使得图书馆的阅读推广活动能够真正做到就在读者身边;另一方面,各个分馆根据自身优势以及读者特点,能够设计推出更加亲近本馆读者生活、满足本馆读者特殊需求的人性化、个性化阅读推广活动,例如盲文图书馆的志愿者图书朗读活动、老年图书馆的养生讲座活动,使得阅读推广活动在读者中取得更好的效果和反馈。

三、馆员素养与阅读推广

公共图书馆馆员是图书馆阅读推广的规划者、设计者和执行者,公共图书馆馆员的素质与水平直接决定和影响图书馆阅读推广的能力。比较我国其他公共服务行业,图书馆员普遍拥有较高的学历水平,并且随着图书馆对新进馆员学历要求的不断提高以及图书馆员在职教育的发展完善,当下图书馆阅读推广的主力馆员大都拥有本科及以上学历水平。同时,图书馆员知识背景的多样化,既为图书馆阅读推广工作模式提供了多样化的灵感和思考方式,又为图书馆针对特征读者人群进行阅读推广提供了支持和保障。我国公共图书馆馆员作为阅读推广者的一个不可忽视的优势是他们丰富的图书馆工作以及与读者交互的经验。我国的很多公共图书馆工作者将图书馆员作为他们的终生职业,他们在几十年的工作中,熟悉图书馆的众多环节以及他们所面对的读者,他们能够更好地利用图书馆的特长优势,设计出适应本馆读者的阅读推广活动,他们通过长期服务在读者群体中建立的友谊与声望也能使他们的阅读推广服务更具影响力和说服力。

除了专业素质以外,以下素质与素养也是一个好的阅读推广馆员所必需的。

(一)人际交往能力

阅读推广的过程其实就是图书馆通过与读者的交互,影响和改变读者的阅读习惯,提高读者阅读能力的过程。因此,与读者之间良好的人际交往能力对阅读推广馆员尤其重要。馆员与读者之间的人际交往能力主要包括以下3个方面:①表达理解能力。即意味着馆员能否将想要推广的阅读理念和阅读方法准确清楚地表达出来,让读者理解以及馆员能否理解读者的阅读需求以及对阅读推广的反应和反馈。②人际融合能力。即馆员能否在与读者的交流中互相尊重、平等待人、谈吐得体,使读者觉得既亲切又可信可靠。③解决问题能力。即当阅读推广活动中出现问题,或者当读者提出疑问、寻求帮助时,馆员能否及时、独立、有效地处理解决问题。同时,良好的人际交往能力还有助于阅读推广馆员与其他馆员、领导以及合作方进行阅读推广项目的其他单位组织,保持友好、高效的协作关系,使阅读推广项目能更顺利地进行。

(二)项目管理能力

不同于借阅、咨询等流程化的图书馆服务,图书馆阅读推广活动更多地采用项目管理模式。阅读推广馆员作为项目主管,需要拥有领导、组织、用人、计划以及控制五项主要的项目管理能力。在阅读推广项目管理过程中,阅读推广馆员会发现其中的一些管理过程和理念与传统图书馆的工作模式有较大的不同,却对阅读推广项目的顺利进行有着至关重要的作用。

1.时间管理

图书馆作为一个文化服务机构,长期形成了比较宽松和缓和的工作节奏,然而阅读推广作为一个项目,有计划的开始时间和结束时间。因此,如何合理地安排阅读推广项目各个环节时间流程,协调和督促图书馆各个职能部门,按时、保质地完成阅读推广项目,是阅读推广馆员项目管理的重点。

2.成本管理

每项阅读推广活动作为一个独立的项目,都有图书馆计划划拨的预算。阅读推广馆员使阅读推广活动的成本控制在计划预算之内所做的预测、计划、控制、调整、核算、分析和考核等管理工作就是阅读推广的成本管理。小部分馆员由于之前长时间从事文化研究性工作,对项目的资源投入和产出效果比缺乏一定的敏感性,成为阅读推广馆员后,略有些"锱铢必较"的项目成本管理模式会带给他们较大的挑战。

3.压力管理

不同于传统图书馆借阅、咨询服务的重复性工作性质,每一个阅读推广活动对图书馆和阅读推广馆员都是一次全新的挑战。时间的紧迫性、资源的有限性、工作模式的改变以及与图书馆其他馆员、部门在沟通合作中可能产生的冲突,都会成为阅读推广馆员压力的来源。阅读推广馆员必须掌握有效的压力管理方法,应对压力情况下的生理、心理反应。

4.危机管理

大型阅读推广活动不仅需要图书馆多个职能部门的协作,涉及众多参与读者,还受交通、天气、环境等诸多其他因素的影响。这些要素中的任何一个出现意外,都会为阅读推广活动带来突发的危机状况,例如大型广场活动日突然出现雷阵雨天气,讲座活动意外爆满,很多读者无法入场等。提前针对各种可能发生的危机情境做出防范和预案,在应对突发危机时果断决策、动态调整,化解处理危机,尽量使伤害损失降至最低点,是阅读推广馆员保证阅读推广活动能安全顺利进行所拥有的重要管理能力。

(三)创新能力

阅读推广活动的丰富、新颖和多样性是吸引读者进入图书馆参与阅读推广活动的重要因素。一个全新的阅读推广活动类型当然能够极大程度地吸引读者的眼球,但是策划、组织一个完全没有前人经验和规律可循的活动,不仅要求组织者能力高超、经验丰富,而且会耗费较长的时间和较多的资源。并且这类活动是否能被读者接受,是否能到达阅读推广的效果也难以预估,一些阅读推广馆员因此抵触创新,笔者也认为这种类型的创新能力并不是所有阅读推广馆员都必须具备的。但是,阅读推广的创新并不只有这一种。2011年,首都图书馆第一次将社交网络融入传统图书交换活动中,利用新浪微博宣传、组织和展示"图书交换大集"活动,引起读者的热烈讨论和支持,活动当天1000多名读者来到图书馆,共交换图书4000余本。这一利用新技术,支持改良传统阅读推广活动的创新,不仅使这一次阅读推广活动取得巨大成功,提高了首都图书馆的声望和人气,在被其他图书馆和阅读组织学习改进后,使社交网络成为我国图书交换的重要新平台。

浙江图书馆与宝丽眼镜合作,创新性地在图书馆的13个阅览室摆上了200副免费的老花镜供读者借戴。此举受到了到馆看书读报的大批中老年读者的热烈支持,《都市快报》对图书馆的这一活动做了连续报道,很多读者也纷纷告知自己的中老年亲朋这一消息,来浙江图书馆的中老年读者人次明显增加。有的老年人告诉馆员说,"要不是看到报纸,已经很久没有想起还有图书馆这一个去处了。""倒也不是自己没有老花镜,不过看到图书馆这么为我们老年人着想,怎么也得多来看看书,不枉费图书馆的一片用心啊。"浙江图书馆这一小小的创新之举,不仅为读者带来了方便,更大大拉近了图书馆与读者的距离。

四、图书馆管理与阅读推广

(一)政策与法规

作为我国公共图书馆的义务投资主体,我国国家的意见、政策和法规对我国公共图书馆的管理起着主导性和决定性的影响,从而也就对我国公共图书馆的阅读推广的发展起着导向性和决定性的重要作用。近年来,我国颁布的与图书馆阅读推广相关的意见、政策和法规大致涉及以下几个方面。

1.《全民阅读促进条例》

2013年全国人大和全国政协会议期间115位政协委员联名签署并提交的《关于制定实施国家全民阅读战略的提案》。在提案中,明确提出了"由全国人大制定《全民阅读法》、国务院制定《全民阅读条例》(后改为《全民阅读促进条例》)"的建议。

提案认为,世界主要发达国家都将其视为国家综合实力的核心要素之一,以国家战略的高度推进国民阅读,其推进阅读的方式,主要为政府立法保障阅读、设立专门机构推动阅读、国家元首亲自倡导阅读等三个方面。提案建议制定实施国家全民阅读战略,并提出五项具体建议:一是成立国家全民阅读指导委员会,以加强领导、统筹协调各地各部门资源,形成合力;建立长效机制,形成国家长远战略,解决全民阅读工作中的重点难点问题。二是设立国家全民阅读节,可把孔子诞辰日9月28日确定为"全国阅读节"。三是进行全民阅读立法,由全国人大制定《全民阅读法》,国务院制定《全民阅读条例》(后改为《全民阅读促进条例》),以法律法规的形式推动全民阅读工作纳入法制化轨道。四是制定全民阅读规划,作为开展全民阅读的指导性文件。五是建立国家阅读基金,建设全民阅读重点工程。

2017年6月,国务院法制办办务会议审议并原则通过了《全民阅读促进条例(草案)》,自2017年6月起实施。

2013年11月,江苏省曾举办"书香江苏"建设座谈会。江苏省人大将制定"关于促进全民阅读的决定"列入了2014年立法项目,建立具有江苏特色的全民阅读地方性法规。为制定推进全省各地"书香江苏"建设有关指导性文件,2013年全年间,江苏省新闻出版局组织多方力量历时6个多月,数易其稿,研究制定了《关于加快推进书香江苏建设的意见》《关于实施农家书屋提升工程的意见》,其中提出了实施"书香江苏"的六大工程,即:阅读文化培育工程、阅读精品引领工程、阅读阵地提升工程、阅读分众服务工程、阅读活动示范工程、阅读推广参与工程。此外,江苏省还提出实施30个配套项目,明确了组织领导、财政投入、考评机制、舆论引导四项保障措施。

2017年江苏省首个全民阅读规划《江苏省"十三五"全民阅读发展规划》(以下简称《规划》)印发。《规划》提出,到2020年,全省居民综合阅读率将达到90%,各项主要阅读指标位居全国前列。同时实现"四个更加",即阅读氛围更加浓厚、精品供给更加丰富、公共服务更加高效、组织机制更加完善。

《规划》明确,"十三五"时期江苏省全民阅读工作的主要任务是全面实施"书香江苏"品牌建设行动、聚力推进全民阅读"六大工程"、逐步完善全民阅读公共服务体系。"十三五"期间,江苏将围绕这三个方面的主要任务,实施一批重点工程、重点项目。为确保政策的延续性,《规划》仍将《关于加快推进书香江苏建设的意见》中提出的"2020年以前全民阅读工作重点实施的'六大工程'"列为"十三五"重点工程。《规划》提出"十三五"时期重点推进全民阅读重大活动品牌项目、书香江苏平台建设项目、全民阅读宣传推广项目,旨在引领和带动"书香江苏"建设创新发展,不断增强创新的优势。

作为首个明确提出将对全民阅读进行专门立法的省份,江苏省紧跟国家全民阅读立法政策,力求在细化具体化国家全民阅读条例的基础上,分析本省读者特点,体现本省阅读和阅读推广特色。

全民阅读是一个系统工程,专门针对全民阅读和阅读推广的立法工作,对规范和保障各类阅读活动的进行,推动和促进阅读推广的全面健康发展意义重大。公共图书馆一方面作为全民阅读与阅读推广立法的积极推动者和参与者,通过丰富的阅读与阅读推广理论基础和实践经验,全面支持和完善立法工作;另一方面,公共图书馆作为全民阅读和阅读推广法律法规的最直接影响者之一,应该积极调整和完善图书馆阅读推广服务,为即将到来的全民阅读与阅读推广法律法规的正式颁布与实施做好准备。

2.图书馆免费开放

2011年,国家文化和旅游部与财政部联合发布了《关于推进全国美术馆、公共图书馆、文化馆(站)免费开放工作的意见》(以下简称《免费开放工作意见》)。落实了《2010年政府工作报告》中提出的"进一步推进美术馆、图书馆、文化馆、博物馆免费开放,丰富人民群众的精神文化生活"的要求,提出为了充分发挥美术馆、公共图书馆、文化馆(站)保障公民基本文化权益、提高公民鉴赏能力的重要作用,加强公共文化服务体系建设和公民思想道德建设,到2011年底,全国所有公共图书馆、文化馆(站)实现无障碍、零门槛进入,公共空间设施场地全部免费开放,所提供的基本服务项目全部免费。

同年,江苏省、浙江省、广东省、安徽省、北京市等多个省市相继发布了关于美术馆、公共图书馆、文化馆(站)免费开放的具体工作方案、促进条例和服务规范。公共图书馆免费开放的根本目的是让更多的人民群众更方便地走进图书馆,利用图书馆资源,参与图书馆文化活动。这一《免费开放工作意见》显而易见地为图书馆阅读推广活动带来了更多的读者参与,特别是对价格比较敏感的老年读者、城市中低收入读者以及农村及边远地区读者。因此,2012年图书馆纷纷乘势扩大对其阅读推广活动的宣传,树立品牌活动形象,吸引读者到馆参与活动。同时针对快速增长的特定读者群体,图书馆还推出了相适应的阅读推广内容,例如老年读者养生讲座、农民工夜读辅导等。《免费开放工作意见》指出图书馆必须"坚持公益,保障基本",图书馆、文化馆(站)组织举办的公益性讲座、展览、群众文化活动以及普及性的文化艺术辅导培训、时政法制科普教育、群众文艺作品创作指导等基本公共服务应全部免费,因此如何在有限的预算下组织低成本、高效率的免费阅读推广活动也成了图书馆阅读推广发展的新方向。

3.数字图书馆建设

2011年,文化和旅游部、财政部发布《关于进一步加强公共数字文化建设的指导意见》,指出数字图书馆推广工程是公共数字文化建设的核心内容之一。作为公共文化服务体系建设的重要组成部分,数字图书馆是数字化、信息化、网络化环境下文化建设的新平台、新阵地,是利用信息技术拓展公共文化服务能力和传播范围的重要途径,对于消除数字鸿沟、满足人民群众不断增长的精神文化需求、提高全民族文明素质、构建社会主义核心价值体系具有重要意义。各省市也相继颁布了关于图书馆电子阅览室建设、图书馆数字资源建设、文化共享建设等方针意见。从对图书馆阅读推广的影响来看,一方面,为了帮助读者更好地知晓、了解和使用数字图书馆资源,图书馆推出了一系列与数字图书馆相关的宣传讲座,开设数字图书馆使用辅导课程,开设或增设了基础电脑网络使用课程;另一方面,以数字图书馆平台为依托的阅读推广活动也正在逐渐兴起,例如网页设计比赛、视频展播等。

4. 少年儿童阅读推广

2010年,文化和旅游部发布《关于进一步加强少年儿童图书馆建设工作的意见》,指出少年儿童图书馆是我国图书馆事业的重要组成部分,图书馆应提高认识,切实加强少年儿童图书馆建设;加大投入,积极构建覆盖城乡的少年儿童图书馆服务体系;丰富文献信息资源,逐步建立资源共建共享体系;发挥教育职能,深入开展阅读指导和服务工作;推进公共电子阅览室建设,努力为未成年人提供安全、绿色的公益性上网服务;加强人才培养,不断提高队伍的专业化水平;扩大宣传,为少年儿童图书馆事业发展营造良好的社会氛围。浙江、江苏、宁夏等省份也颁布相关未成年人保护条例,要求图书馆对未成年人免费开放,为未成年人设置专门的阅读场所,开展丰富的适合未成年人的阅读活动,保护未成年人在图书馆的安全,保障未成年人在图书馆的权益。就图书馆阅读推广而言,少年儿童图书馆、公共图书馆要大力开展各种阅读指导活动,把思想道德建设内容融于读书之中,充分发挥图书馆的教育职能。要区分不同年龄段未成年人的特点,创新服务理念,引入新媒体等现代信息技术,积极开展图书推介、讲座、展览等活动,精心设计和组织内容鲜活、形式新颖、吸引力强的读书活动,吸引未成年人走进图书馆、利用图书馆。要积极与中小学校开展合作,共同开展阅读指导、信息素养教育。要始终把社会效益放在首位,对未成年人实行免费开放。少年儿童图书馆、公共图书馆要配置流动图书车及有关设备,开设盲文阅览室,坚持阵地服务与流动服务相结合,组织面向残障儿童、城市流动儿童、农村留守儿童等特殊群体的服务活动,切实保障特殊未成年人群体的文化权益。

5.农民读书活动

2005年,文化和旅游部在《关于进一步加强农村文化建设的意见》中提出:要搞好县级图书馆、文化馆,乡镇文化站及村文化室建设;进一步推动"万村书库"建设,动员社会力量,帮助农村建立图书室;积极开展农民读书活动,倡导农民读书,传播科学知识,大力发展流动性的汽车图书馆,在农村开设书刊流动服务点,发动社会各界捐书助农。支持农民自发成立群众性读书组织,开展读书活动,组织引导农民读书致富奔小康。包括苏州在内的多个地级市积极响应,展开了农村图书室、农家书屋、党员远程教育、文化信息共享四位一体的农村综合信息服务体系建设工作。图书馆与此同时积极推动针对农村的阅读推广建设:县镇图书馆组织专家选定适合当地农家书屋的出版物目录;组织馆员、志愿者深入村户,对村民进行图书馆与阅读的普及推广;利用省市级图书馆经验和资源,开展小规模的讲座、展览、比赛等阅读推广活动;省市级图书馆组织社会集资赠书,开展送书下乡和流动图书馆活动;组织大型阅读推广活动时在乡镇设立分站点,扩大阅读推广辐射范围。

6.特殊人群的图书馆权益

《中华人民共和国残疾人保障法》规定,"在公共图书馆设立盲文读物""组织和扶持残疾人开展群众性文化、体育、娱乐活动","文化、体育、娱乐和其他公共活动场所,为残疾人提供方便和照顾"。

随着我国政府对特殊人群文化事业发展的关注,图书馆除了从硬件设施上不断完善满足对特殊人群的阅读需要,除盲文图书室、老年人阅览室、少数民族专藏外,在图书馆阅读服务和阅读推广中也给予这些特殊群体额外的关注和关怀,例如组织专门的志愿者为残疾人和老年人进行书报朗读,阅读活动开放工作设少数民族语言专场或者安排少数民族语言翻译,设置专门针对特殊人群的读书会等。在阅读推广理念越来越普及以及成熟的今天,关注阅读推广的平等性,正逐渐成为图书馆阅读推广的一个新方向。

（二）组织与领导

公共图书馆阅读推广作为一项涉及公共图书馆多个环节的,具有一定整体性和复杂性的图书馆读者服务,其能否顺利开展和健康发展与公共图书馆的组织结构和领导方式有着直接的关系。

1.馆长的选择

进入21世纪,我国公共图书馆对馆长的选择有了新的要求。在经历了20世纪末关于图书馆馆长更需要图书馆学专业背景还是学者背景的讨论之后,21世纪我国图书馆在选择馆长时,更多地学习了美国等西方发达国家的模式。图书馆希望馆长有较高的学历,最好是硕士以上学位,并且同时拥有图书馆学和理、工、文、管等学科中的一门的专业背景;馆长最好能够既拥有在图书馆实践岗位的工作经验,又有一定的组织领导经验。越来越多这样的馆长的出现,显然对图书馆的阅读推广起着巨大的推动作用。由于拥有图书馆学背景和图书馆实践经验,这样的馆长能够更好地理解阅读推广活动的意义和重要性,支持图书馆阅读推广活动的举办和发展;馆长可以利用本身另一门专业学科的特长、背景和人际网络,有方向有侧重地鼓励和帮助图书馆相关阅读推广的发展;馆长较强的组织领导能力也能更合理有效地调配图书馆资源,保证阅读推广活动顺利、有效地实施。

2.从"收藏研究"到"阅读服务"

图书馆对自身的定位决定了图书馆发展的方向。近年来,我国越来越多的公共图书馆逐渐将自身的定位从"收藏研究"的"学术性机构"转换为"阅读服务"的"文化性服务机构"。阅读推广作为图书馆大众文化服务的重要方面得到图书馆前所未有的重视,阅读推广活动无论是活动经费还是项目数量规模都有了大幅提升,与图书馆其他部门乃至与学校、社区等其他相关单位的合作也发展迅速。

3.图书馆的扁平化发展

我国公共图书馆组织结构正逐渐从传统的"金字塔型"向扁平化发展。图书馆组织扁平化的优势已经在我国一些中小型私人和企业图书馆中有较突出的体现,虽然由于公共图书馆受本身体制限制,但"分馆长责任制""项目负责制"等扁平化管理的雏形逐渐出现。图书馆阅读推广作为一个以项目为主体的图书馆活动,在扁平化的图书馆结构和管理中,能够得到更多的控制权和主动权,更好更快地与上层进行沟通,有效地加快阅读推广活动从计划到实施的进程,也给予创新性阅读推广活动的开发更多的机会。

第三节 图书馆在阅读推广中的定位与特点

阅读通常是一种个人的自发行为,而阅读推广则是对阅读这种个人行为进行指导的过程,阅读推广是一种专业行为,需要由专业化的队伍去组织和实施。

一、定位政府,为阅读推广建设提供制度保障

阅读推广,从国家层面上来讲,已连续多次写入政府工作报告,并陆续出台相关的推进政策。以简阳市图书馆为例,目前仅仅是图书馆借鉴学习先进馆的做法,主动以"全民阅读,从图书馆开始"为理念,已连续几年以"倡导全民阅读、共建书香城市"举办各类阅读推广活动。图书馆一方面要加强在馆馆员作为阅读推广人对自身阅读推广能力的提高,另一方面也需要主动争取政府的关注和支持。简阳市图书馆于2016年2月向市委思想文化工作专题会议提交了有关阅读推广建设的现状和思考,重点提及阅读推广人的培养,建议政府成立全民阅读推广活动组委会,探索建立相关制度,争取党和政府的重视,转变公众认识,共建阅读推广人群体,拓宽阅读推广范围。

二、定位主体,为阅读推广建设提供方向保障

阅读推广工作需要专业队伍与专业机构的支撑。首先,图书馆作为阅读推广工作的重要阵地,具有天然的使命与优势,图书馆应当作为阅读推广人建设的首支队伍,每一位馆员都应该是阅读推广人;其次,将校园纳入阅读推广体系之中,教师是校园阅读阵地的阅读推广人;最后,应注重借助政府力量整合社会各方优势资源,与培训学校、书店、文化馆等其他社会机构广泛合作,为阅读推广培训和阅读推广活动提供最优质的教学及活动资源,促进全民阅读良好氛围的形成。图书馆可根据实际情况,明确阅读推广人主体地位,建立"阅读推广人才库"。

三、定位活动,为阅读推广建设提供空间保障

阅读推广活动中,其对象,应当主要集中在青少年,目标是培养他们

的阅读兴趣,传授基本的阅读技巧,提供必要的阅读帮助。深圳举办"亲子阅读工程",邀请国内知名专家举办亲子讲座及系列阅读推广活动;坚持举办"亲子阅读周""亲子阅读论坛",有效促成了儿童阅读示范基地的出现,让更多的人加入阅读推广,充实阅读推广人的队伍。阅读推广人好比是"鱼",而阅读推广活动就是鱼儿畅游其中的"水",阅读推广人只有在阅读活动中才能发挥其作用。

四、定位培训,为阅读推广建设提供人才保障

阅读推广需要积极培养专业人才队伍。深圳少年儿童图书馆馆长宋卫讲道:阅读推广人是一群为了别人阅读而努力的人们,不光要有热情,还要努力让自己变得更加专业。阅读推广人应具备以下基本素养:一是懂阅读,自己要先阅读,并经常思考,保持一定的阅读量增长速度,否则难以说服其他人去阅读;二是懂孩子,阅读要从孩子抓起,在培养孩子阅读过程中,我们更要了解孩子;三是懂教育,与孩子有良好的沟通,相信孩子的学习能力,给孩子一些合理的阅读建议;四是懂家长,家长如同孩子,作为一个"阅读推广人",在阅读推广中可能会碰到形形色色的家长,有些赞同你的观点,有些觉得你行为荒谬。阅读推广人不应该见前者喜、见后者气,而应该心平气和、平等对待。

图书馆阅读推广的建设是一个长期的系统工程,必须制定详细的阅读推广人培训计划,建立完善阅读推广人管理办法,不断扩大阅读推广人影响,壮大阅读推广人队伍,提升阅读推广人素质,规范阅读推广人行为,只有高素质的阅读推广人,才能办好高质量的阅读推广活动,从而让读者受益。

五、图书馆阅读推广特点

(一)活动主体多元,社会化力量参与程度较高

公共图书馆阅读推广主体范围扩大,从传统公共图书馆阅读推广主体范围扩大,从传统的单一图书馆机构逐渐走向以图书馆为主的多元主体广泛参与,社会化合作与参与程度提高的发展方向。

作为社会信息交流的重要机构,社会化合作和开展延伸服务是公共图书馆职能和功能的重要组成部分。

充分调动和利用社会资源是公共图书馆提高阅读推广活动效果的重

要途径。在阅读方面,公共图书馆社会化合作包括经济与经费资源合作、智力和人力资源合作、空间资源合作、行销与宣传资源合作等。近1/3的公共图书馆与其他社会机构进行合作,典型的有上海浦东图书馆、广州图书馆、长沙图书馆等。浦东图书馆与包括科协在内的多家社会机构及企业通过设备短期租赁、器材引进等合作降低了图书馆推广活动的成本。广州图书馆通过大学生志愿者提供人力和知识、社会机构提供编程知识来扩展图书馆的知识服务能力。长沙图书馆通过与非营利性社会机构合作开展社区公益信息延伸服务。

(二)活动类型丰富繁多

活动类型体现着开展活动的主客体之间的关系。从关系的连接方向看,主要包括双向互动型活动和由主体开展的单向型活动。其中双向交互型活动包括:①交互类活动,包括读书会、访谈、亲子活动以及学术沙龙等。②科普读物诵读类活动,包括科普绘本朗读、科学家故事朗诵等。③竞赛类活动,指运用竞技或者比赛的形式,为活动参与者提供学习、理解以及实践所学知识的平台,包括科学征文比赛以及科普知识竞赛等。④手工类活动,即动手操作的活动。⑤表演类活动,包括舞台剧、绘本表演以及科学小剧场等。⑥新媒体与数字阅读类活动,即利用数字信息技术及相关媒体形态进行的科学知识及科学数字读物的推广。单向型活动包括:①书目推荐类活动,图书馆根据读者阅读需求,有选择性地进行科学文献及读物的推荐。②展示类活动,指通过视觉效应将文字、图像等直观地传达给读者,形式有摄影展、绘画展、科学成果展等。③宣讲类活动,是推广者运用口头或肢体语言传播科学知识和方法的群体性活动,包括科学知识讲座、授课、培训等活动方式。

(三)活动对象区分明确

公共图书馆阅读推广活动的对象群体特性明显,对象范围呈纵深扩大之势,表现为:未成年人成为活动服务的重点对象,弱势群体不断得到重视。目前公共图书馆开展阅读推广活动的重点对象是未成年人。在57个案例中,有34家(占比60%)活动对象为全部人群;重点服务对象按照年龄和特殊性分为未成年人、农民、弱势群体、老年人等,其中有12家(占比21%)"专门"针对未成年人开展活动,22家(占比39%)"重点"面向未成年人开展服务。

弱势群体是一个相对性的概念，"弱"源自社会地位弱势、低等次经济收入以及缺乏获取知识的能力。对于公共图书馆来说，弱势群体主要是指"知识贫困"（knowledge poverty）群体，即由于自身知识存量的匮乏而缺少发现知识、获取知识、交流知识、利用知识的能力。公共图书馆是根据知识贫困和生理性、社会性贫困混合在一起确定服务人群。逐渐重视农民及外来务工人员（社会性+知识贫困）、残障人员（生理性）以及老年人（生理性）和未成年人（生理性+知识缺乏）。无论从覆盖度和深度上看，公共图书馆对于弱势群体的阅读推广都有不同程度的提高。阅读服务逐步扩展至几乎所有弱势人群。湖南省衡阳市珠晖区图书馆专门针对乡村留守儿童进行赠书、知识竞赛等科普活动。湖南省衡山县图书馆除留守儿童之外，也为服刑人员建立流动借阅站。阅读服务也逐渐走向更为偏远的乡村或其他区域。山东青州图书馆通过青松鼠科普书院活动，先后在其所辖范围500公里内的乡村设置20多处农村图书室。每个图书室提供约1000册左右关于农业类书籍供农民免费阅读。北京通州区图书馆和广州图书馆也有科普进农村、科普进乡镇活动。

（四）活动内容以书目推荐、数字阅读为主流

阅读推广的根本目标即书籍和读物的推荐以及读者的深层次阅读。从科普阅读推广活动的内容来看，形成两个主要特点。[①]

1.书目推荐和其他活动形式融合

书目推荐类活动是阅读推广常见的形式，但是如果仅仅进行单一书目推荐，读者参与度不高，效果不好。因此，近80%的图书馆将书目推荐与其他活动形式相结合，采取让其他活动先行以激起读者阅读需求与兴趣再进行书目推荐活动的方式。广州图书馆将推荐书目与展览相结合，在展览书架设计上加入书目创意摆件，根据内容制作书目PPT在馆内大屏幕播放宣传，这些创意和活动提高了该馆图书的借阅率。

2.数字阅读活动越来越受欢迎

数字阅读的蓬勃发展为阅读推广提供了良好的外部环境。统计显示，70%的公共图书馆利用数字阅读进行推广活动，并取得了良好效果，其中的典型代表是上海浦东图书馆、金陵图书馆和秦皇岛图书馆。上海

---

① 杜坤，迟辉. 国内图书馆阅读推广长效机制研究[J]. 科技风，2021（10）：152-153.

浦东图书馆在数字阅读方面采用"听+看+读+活动体验"相结合的模式，为读者提供全方位的服务，包括音频书(与喜马拉雅FM合作)，将科普读物内容编写成剧本并拍摄成影片，Kindle及各类电子书、电子报刊阅读机等。金陵图书馆的"I•金图"微站将中文在线10万种手机电子书、3万种手机听书、读览天下500种手机电子期刊等资源推送给读者阅读使用。秦皇岛图书馆基于微信公众号，将《诗经》《楚辞》《红楼梦》等经典中涉及的植物进行知识推送，使读者从科学的角度认识文学作品。

第四节 图书馆阅读推广活动的策划原则

图书馆开展阅读推广活动的目的是要吸引群众的注意及参与，活动需精心创意与策划。详尽细致的策划方案是阅读推广活动顺利开展的保证。

一、针对性与整体性的协调

每一项阅读推广活动都是针对一定的目标群体的。图书馆开展阅读推广活动，需要设定明确的目标群。不同对象的阅读倾向和规律因其所处的年龄以及知识积累程度的不同存在明显差异，应针对不同群体开展不同内容形式的阅读指导活动。客户细分是客户关系理论的重要组成部分，特别强调需求的差异性。推广对象分层越细，所做的工作越有针对性，就越能满足特定群体的需求。

以大学图书馆为例，大学生读者可分为本科生、硕士生、博士生，这个分类还可进一步细化，本科生还可分为新生、老生及毕业生。阅读推广的对象主要是本科生，而针对新生的活动与针对老生的活动却大有不同。新生到校后，一个重要任务是要了解图书馆，提高信息素养，而老生则在这方面已有基础，他们更希望找到自己想看的图书，大三、大四的本科生则更希望获得写论文、考研、找工作等方面的指导，即使是同一年级的学生，人文学科和理工学科的学生，需求也是很不一样的。

阅读推广还要考虑整体性。包括：与图书馆服务宗旨协调一致，兼顾图书馆各个读者群体,阅读推广工作中的各个环节均具有整体性。

以大学图书馆为例,大学生层次不同,在策划活动时,要统筹考虑,不能只考虑某一个群体的需要,如不能只考虑新生的需求,也不能只考虑老生或毕业生的需求。在布局阅读推广活动时,要做通盘考虑,再做适当倾斜。例如秋季,考虑到新生入学,可以多布局一些面向新生的活动,也可以适当地布局一些针对高年级学生的活动。到了春季,活动内容可以适当向高年级学生倾斜,适当地布局针对低年级学生的活动。

二、科学性与前瞻性的结合

阅读推广活动策划第一要确保导向正确、宗旨明晰,意在引导阅读和促进阅读;第二,阅读推广活动的策划内容和形式是具有可操作性的,图书馆在人财物上能保障活动顺利实施。

阅读推广活动的策划也要有前瞻性。除针对纸质图书等开展活动外,要时时关注网络化环境下新技术的发展及读者阅读习惯的变化,要跟踪数字阅读、掌上阅读、新媒体等的发展,创新活动形式,不断策划新的主题活动。[①]

三、兼顾计划性与可持续性

阅读推广每一项活动都要进行很长时间的筹备。为保证活动质量与效果,一般情况下,要未雨绸缪,策划之初,就要考虑人员、经费、资源、甚至时间和空间等条件,提前为未来拟筹划的活动创造相关条件。

通过推广阅读来促进读者阅读习惯的养成、阅读文化的建设,是一个长期的过程,非一两次读书活动就能做到,所以阅读推广不应是应景、应时的节日型、运动型活动,必须建立起长效机制,在人员、经费、资源等方面做出整体规划和安排。在策划时,可以考虑将有些可反复开展的活动做成品牌,形成口碑。读者经阅读推广活动的反复刺激,可提高参与的欲望。例如,"一城一书"这样的活动就可持续性开展,可以以年、季、月、周等不同周期开展,周期不同、书籍不同,这样可以大大提高书籍的阅读率。在高校图书馆,也可以持续打造"一校一书"的立体阅读模式,让阅

①蒋丽敏. 图书馆界阅读推广活动的顶层设计研究——《中外图书馆阅读推广活动研究》荐读[J]. 情报理论与实践,2021,44(03):206.

读成为习惯。

四、创意性与常规性的平衡

阅读推广活动的开展是希望引导更多的人参与,宣传推广活动具有创意,能极大地提升宣传效果。衡量宣传推广活动是否具有创意,要看它是否引起了读者广泛的共鸣,是否给读者留下了深刻的印象及取得广泛的关注。

图书馆可定期策划一些创意性活动,阅读推广的策划,要打破常规,寻找创意上的突破,要能够抓住读者的眼球。在策划活动时,要求方案新颖、个性化、趣味化、富有挑战性,达到"惊异效果"。

但创意性活动要耗费更多的人、财、物,对技术也有更高的要求。图书馆也不可能所有活动都是创意性活动。阅读推广活动本就有常规与非常规之分。常规性活动,在图书馆内经常性地开展,较利于营造品牌和口碑。

图书馆阅读推广活动的策划,特别要注意在创意性和常规性间寻找一个平衡,将常规活动打造成品牌,在人、财、物条件合宜的情况下,开展创意性活动,达到锦上添花的效果。

第五节 图书馆阅读推广的意义

阅读是人们获取知识的主要方式之一,从2006年我国开始提出"全民阅读",2014年"全民阅读"被写入《政府工作报告》,2015年提出"建设书香社会",到2016年全民阅读活动被列入国家重大文化工程和2017年国务院颁布《全民阅读促进条例(草案)》的发展历程可以看出,阅读对提升国民的个人修养和国家文化软实力具有非常重要的作用。图书馆作为文化的集散地和传播中心,在开展阅读推广服务方面具有优越的条件,同时,通过开展阅读推广活动可以提升图书馆的服务质量和读者的阅读能力、阅读水平和生活追求。因此,图书馆开展阅读推广活动既是国家的要求也是读者的需要,具有十分重大的意义。

一、提升国民的个人修养和国家文化软实力

从2006年首次提出"全民阅读"到2017年《全民阅读促进条例（草案）》的颁布,说明我国已将全民阅读活动列入文化体系建设的宏伟蓝图之中,目的是有效推广全民阅读。人们通过阅读可以获取更多的知识,既提升了自身品位,又开阔了视野。开展阅读推广活动可以提升国民的个人修养和整体素质,从而推动国家与民族的可持续发展,有效增强我国的文化软实力。[①]

二、提升图书馆的服务质量和读者的阅读能力

图书馆开展阅读推广活动不仅可以提高馆藏资源的利用率,而且能够提升图书馆在市民心目中的形象和地位,扩大图书馆的社会影响力和号召力。

通过开展阅读推广活动,馆员积累了丰富的服务经验和服务方法,图书馆也可以根据读者的反馈不断改进阅读推广活动中存在的问题,从而提升图书馆的服务质量和服务能力。例如,高校图书馆阅读推广活动的受众群体是大学生,他们的阅读目标非常明确,图书馆开展阅读推广活动可以使他们有针对性地进行阅读和学习,大一、大二时主要阅读文学、英语、考级类图书,大三、大四时则倾向于论文写作、考研、就业等图书;公共图书馆通过开展阅读推广活动,将知识性、趣味性和挑战性相结合,可以培养读者良好的阅读习惯,促使他们养成多读书、读好书的习惯,进而提升广大读者的阅读能力。

三、开展阅读推广活动能够提升读者的阅读水平和生活追求

随着社会的进步和科学技术的飞速发展,人们的生活节奏也在不断加快,速读、缩读、读图、读网成为读者进行碎片化阅读的有效方式,但这种阅读方式使阅读过程变得简单、肤浅,久而久之容易使读者养成浮躁的阅读习惯,丧失了深入阅读和思考性阅读的能力,特别是对于正在积累知识的大学生来说,这种阅读习惯容易使他们的学习研究能力退化、创新能力被削弱。因此,高校图书馆开展阅读推广活动,加强纸媒阅读

---

①郭秋燕,蒋琦. 公共图书馆经典阅读推广策略研究[J]. 图书馆学刊,2021,43(02):68-71.

的推广,能够培养大学生良好的阅读习惯,干预他们的浮躁行为,将他们带到深阅读的正确轨道上来,提升他们的阅读水平;公共图书馆通过推广纸媒阅读,可以使读者远离城市的繁华和喧嚣,能够放慢生活的节奏,静下心来认真思考生活和规划未来,使他们找到更好的发展方向和人生坐标,最终提高生活质量和人生的幸福感。

第三章 图书馆不同群体的读者服务

第一节 图书馆儿童读者服务

少年儿童是祖国的未来、民族的希望,是社会主义现代化事业的建设者和接班人。"少年智则国智,少年强则国强"。作为未成年人思想道德建设基地的图书馆,应充分发挥社会教育职能,重视青少年社会教育建设工作,针对青少年读者身心成长特点,积极探索未成年人读者活动规律,利用图书馆资源,为未成年读者创造一个健康阅读、快乐生活的"绿色空间"。

一、图书馆服务少年儿童现状

(一)专业少儿馆数量不足、分布不均

少儿图书馆作为我国图书馆事业发展的重要组成部分,由于历史和认识等原因,滞后于整个图书馆事业的发展水平。截至2009年底,我国公共图书馆统计数为2820家,独立建制少儿馆统计数仅91家。绝大多数公共图书馆的服务对象都集中在城市,30%的城市孩子拥有88%的少儿图书,地区差别、城乡差别十分明显,呈现出"南强北弱,东快西慢"的局面。东部沿海与经济发达地区的发展态势良好,西部偏远与经济欠发达地区的则与之形成强烈反差。根据国家图书馆调研,截至2009年底,在全国91家独立建制的少年儿童图书馆中,东部有56家,中部有19家,西部有16家,东部地区少儿图书馆的建设情况远好于中部和西部。从馆舍面积来看,东部约是中部的4.5倍、西部的5.5倍;从馆藏量来看,东部是中部的3.7倍、西部的5.7倍;从财政支出来看,东部是中部的6.9倍、西部的10.3倍。

（二）少儿文献资源匮乏

除专业少儿馆外，公共图书馆少儿文献藏量不高。2009年统计，少儿文献的总藏量占公共图书馆文献总藏量的比例不到30%，与发达国家相比，明显不足。俄罗斯仅有人口1.45亿，但拥有4500所专门的儿童图书馆，并在《公共图书馆标准》中明确规定了30%～50%的馆藏应为儿童文学。在美国，根据2007年财政年度统计，共有9214所公共图书馆为儿童提供服务，仅少儿读物馆藏就达到了81248万册。在丹麦公共图书馆系统3300万册藏书中，儿童读物有1100万册，占1/3，年度借阅的8000万册总量中，有将近一半文献为儿童读物。

（三）信息化服务程度不高

我国图书馆的少儿服务目前还是以印刷型服务为主，数字化服务水平不高，少儿文献数字化建设存在信息不全、信息资源比较匮乏。电子资源和服务项目较少的问题，大部分公共图书馆网站没有少儿服务板块。随着网络信息技术的飞速发展，获取知识信息的渠道增多，利用数字图书馆技术开展少儿服务既是符合少年儿童的需要，同时，也是用优秀的数字资源占领网络阵地的需要。

（四）馆员素质成为发展瓶颈

少年儿童服务有特定的规律，馆员不仅要具备图书馆学专业知识，还要具备教育学、儿童心理学等多方面知识。目前，各图书馆都非常重视馆舍建设、设备的更新、技术的提高和藏书量的增加等，在"硬件"方面的投入基本上达到了现代化图书馆的标准。但在图书馆馆员素质"软件"方面还有待进一步重视，馆员的培训力度不够，专业人才匮乏，无法满足图书馆少儿服务的基本要求。

二、图书馆为青少年读者服务的必要性

（一）图书馆为少年儿童服务关系国运

我国有少年儿童3.67亿，一个孩子的健康成长关系到一个家庭甚至几个家庭的和谐，也影响整个社会的和谐。特别是在社会经济高速发展的今天，大量"留守儿童"以及"流动儿童"的出现，图书馆作为文化传承、素质教育基地、阅读活动的组织者和服务者，肩负应有的责任。因此，为少年儿童提供服务的图书馆，是关系国家、民族命运的希望工程，是关系到亿万家庭切身利益的最大民心工程。

(二)图书馆为少年儿童提供服务是社会进步的重要标志

少年儿童作为无劳动能力和依赖性群体,成为弱势群体中重要的组成部分之一。正确对待弱势群体问题,是衡量社会精神文明进步程度的衡量标准之一。图书馆作为社会文化服务公益性的重要窗口,关注少年儿童群体,尤其是关注城市社区、农村、贫困地区的少年儿童,建立健全服务网络,使广大少年儿童都能享受到图书馆服务,保障享有在图书馆平等获取信息知识的权利,成为图书馆责无旁贷的社会责任。

(三)图书馆的教育性决定了为少年儿童服务的"不替代作用"

图书馆作为社会教育基地,在少年儿童成长中有着学校难以替代的作用,它是专门为少年儿童提供书刊资料服务的社会公益性教育机构,教育的目的并不限于文化知识和专业进的传授,而是注重人的整体素质、促进人的全面发展,在学习范围上更具广泛性,在学习方式上更具灵活性,在学习内容上更具个性化,少年儿童通过在图书馆学习潜移默化地影响着思想观念、道德情操,对他们心灵的塑造、价值观的形成有着不可替代的作用。

(四)图书馆引领少年儿童读书的重要媒介作用

一个不读书的民族是没有希望的民族,少年时代是人生读书的黄金时期。这一时期儿童知识匮乏,经验甚少,判断能力差,致使周围的一切事物都会对他们产生影响,因此读好书对孩子十分重要。尤其在全球化、东西方文化相互交融相互影响、信息传播多元的时代,网络快餐文化的兴起,各种外来文化的冲击,电子游戏、"动漫书"的盛行。使得当代少年儿童接受中华民族文化传统文化教育计划越来越少。图书馆要为少年儿童创造一个良好的读书环境,倡导读书、指导读书,成为丰富少年儿童精神生活,弘扬中华民族优秀文化的重要载体。①

---

①陈晨艳.关于公共图书馆儿童读者服务的几点建议[J].兰台内外,2020(32):73-75.

三、图书馆为儿童读者服务举措

（一）为儿童读者创建"第三空间"

少年儿童是特殊的群体，他们有自己的需要，因此不管图书馆的空间有多大或资金是否有限，为他们设立一个独一无二、友好的空间都是可能和必要的，这一空间要使他们感到舒适。少年儿童服务空间不仅对孩子们有益，也会令其他读者感到开心，特别是少年儿童家长，他们希望除了家庭和学校之外，能够为自己的孩子找到一处安全的"第三空间"。

1.建立少年儿童服务区的目的和功能

图书馆工作人员要仔细研究少年儿童读者需求，确定服务区如何使用。少年儿童服务区应具有以下功能：社会教育中心与少年儿童户外活动点；研究与作业中心；技术实验/体验中心；信息共享空间；游戏廊（电脑游戏和桌面游戏）；提供收发电子邮件和聊天服务的区域；视听区；自由阅读区；报刊浏览和阅读区；少年儿童俱乐部聚会区；辅导区；计算机培训区；在线学习中心（远程教育服务）；艺术和工艺品区；图书讨论区；少年儿童社团集会区；家庭聚会区等。

2.少年儿童服务区地点的选择

从地理位置考虑，服务区应选择少年儿童一进入图书馆就能看到，并能方便到达的地方。可以从外部为少年儿童服务区提供一个单独的人口，但要确保人口得到有效的监管，并且是安全的；或者在图书馆主入口放置清晰的指示标志，指引少年儿童读者快速找到专用服务区。

从安全因素考虑，少年儿童服务区应高度可见，但也要有私密性。少年儿童需要有私密感，但出于安全考虑，无论他们在服务区的任何位置，都必须让图书馆工作人员可以随时看到他们。

在选择区域时还要考虑其他因素，如光线、电源插座、无线信息点、与休息区和饮水区的距离等。

3.少年儿童服务区的环境

少年儿童服务区的环境应对少年儿童友好和让他们感到舒适，但这一区域也应与传统图书馆设计有所区别，这意味着可能要放弃标准的图书馆家具，采用一些与少年儿童喜爱的活动场所类似的家具。例如，在自由阅览区，家具应该是比较舒适的，耐用和易于挪动的沙发和椅子；应配备良好但没有干扰的照明;各种资料应易于获取,资料的封面应向外;设置有吸引力的展示;馆藏管理要方便使用,技术应遍布服务区内等,这样少年儿童读者就可以不花费太多努力而从一个任务快速转到另一个任务。总之,少年儿童服务区应传达出一种私密与舒适的气氛,同时鼓励个人使用和团体互动。

要将少年儿童服务区当作一个行程而不是一个目标,因为要不断地改变以满足青少年用户的需要和期待,使少年儿童读者每次进入图书馆时,都无法预料会遇到什么,因此会对接下来发生的什么保持好奇,这种多样化和惊奇会使少年儿童服务区充满活力。

(二)建立针对少年儿童读者服务的特色馆藏

少年儿童的人生观、价值观和世界观的树立,直接影响其行动、行为。图书馆必须深入研究少年儿童读者群需求,建立和发展特色资源库,为少年儿童读者的健康成长提供科学系统的文献资源体系保障。

1.传统文献资源建设

利用图书馆藏书资源,可以使少年儿童开阔视野,增长知识,培养良好的自学能力和阅读能力,在阅读的过程中,能够潜移默化提高少年儿童修养,形成稳定的人生观、价值观,对于正在认知世界的少年儿童来说,显得尤为重要。图书馆应关注少年儿童读者群阅读需要,收集、整理与他们当前在校学习相关的课外读物,能扩展其视野的优秀图书等文献资料,建立特藏检索目录系统和使用制度,有目的地引导少年儿童读者阅读取向,培养阅读习惯,促进少年儿童独立、自然地成长。

2.数字文献资源建设

随着网络技术的迅速发展和计算机的日益普及,人们的阅读习惯和阅读方式发生了翻天覆地的变化,特别是少年儿童群体,利用图书馆免费的数字资源进行网络阅读,已经成为一种潮流和必然趋势。数字图书馆应针对少年儿童信息需求的多样化、个性化,对多元化的网络信息资源进行合理的选择、科学的整合和深层次的加工,建立专门为少年儿童服务的特色数字资源库。在提供大量数字化资源的同时,还要注重孩子们上网安全,倡导绿色上网。

（三）少年儿童服务区工作人员的素质要求

1.工作人员要具备良好的思想政治素养和职业道德素质

少年儿童读者服务工作人员,必须加强政治理论学习、思想道德建设,树立科学的人生观、价值观和世界观,热爱祖国、热爱图书馆事业,热心公益事业,有爱心,特别是对待少年儿童要有耐心,具备敬业精神,具有开拓创新的工作作风。

2.工作人员要有广博的知识面

除了掌握图书馆专业知识外,还应结合本职工作,对于未成年读者教育相关的专业知识及其发展规律有一定的了解,如儿童心理学、教育学、管理学等,还要掌握一定的计算机和网络技术。

3.工作人员要具备良好的沟通能力

少年儿童时期是一个特殊的时期,孩子的情绪波动会非常大,这个时期,他们有非常突出的心理变化,就是自我意识高涨,具有强烈的独立意识。做好少年儿童读者服务工作,首先要了解少年儿童读者的心理,知道他们的阅读需要,在与其沟通、交流的过程中,要掌握技巧,要与孩子们做朋友,使孩子们充分信任自己。

4.工作人员要具备策划、组织少年儿童读者活动的能力

图书馆应以"读者第一,服务至上"的理念,以关心爱护少年儿童健康成长为目标,活泼孩子们的课余生活为目的,策划和组织未成年人读者活动。活动内容要健康向上,活动形式丰富多彩,针对未成年人特点,寓教于乐,指导少年儿童正确认识图书馆,合理利用图书馆文献资源,充分发挥图书馆在社会教育中的积极作用。

（四）提供适合少年儿童的图书馆服务与活动

图书馆的活动应有助于少年儿童发展图书馆利用技巧,成为独立和有能力的图书馆用户,使他们更好地利用图书馆的传统信息和文化娱乐项目:①提供满足少年儿童及其家庭成员需要和兴趣的活动,为他们提供图书馆建言献策的机会以增强他们的主人感,提供他们可以分享自己的知识与感受的机会。②创设各种活动来促进少年儿童成长,如社区服务、志愿机会和有助于责任感形成的项目。③通过组织各种活动引起少年儿童兴趣,引导少年儿童成为能自我满足的图书馆用户。④积极邀请少年儿童参加服务和活动的设计与实施,参加方式可以是建立顾问团、特别任务组或通过一些非正式的渠道,如调查、面对面访谈、焦点小组等。⑤以技术和延伸服务等方式组织活动和服务,满足不能访问图书馆的少年儿童群体的需要。

（五）与其他少年儿童服务机构或团体合作

图书馆的活动与服务不能复制其他机构的活动与服务,但能与其形成互补效应。了解少年儿童社区组织和团体;与学校的合作领域包括课堂作业、阅读推荐与书目指导等,以更有效地服务于少年儿童学习上的需要;与其他少年儿童服务组织合作;与学校和本地组织在图书馆活动和服务方面形成伙伴关系。

综上所述,图书馆为少年儿童提供全方面、高质量的服务,充分利用丰富的馆藏文献资源,吸引了越来越多的少年儿童走进图书馆、利用图书馆。同程、同类高校图书馆之间还可以取长补短,共同打造凸显自身学科专业特色的图书馆馆藏资源。

第二节 图书馆老年读者服务

一、图书馆对老年读者服务概述

（一）老年读者的定义

笔者查阅大量文献和资料,在国内外尚未对老年读者的这一细分概念加以定义,笔者认为,即是老年读者就代表着这一群体是老年人组成,根据国内外对老年人的定义,笔者试图对老年读者的定义加以说明。国际上公认的是在年龄上超过65周岁的人为老年人。而在我国,根据我国特殊国情,在生理年龄和年代年龄,超过60周岁的人为老年人。即笔者认为,老年读者是那部分超过在生理年龄或年代年龄超过60周岁的老年人。

（二）图书馆对老年读者的服务

在我国,公共图书馆服务作为社会公共文化服务体系中的重要有机组成部分,它奠定了公共文化服务体系的基础。公共服务是在公共财政所提供的基础上,运用公共权力为广大人民生活和社会运行提供便利。

公共图书馆在我国由于它的公益属性,其服务是面对广大的读者,其社会公益价值的体现直接反映在其服务的质量和水平上。同时,广大读者对图书馆的认知很大一部分程度上要归于公共图书馆服务在图书馆和读者之间建立起来的交流和互动的关系,公共图书馆为读者开展的服务是读者对于图书馆认知很重要的一方面。而老年读者作为读者比重中越来越大的一个群体,其服务水平的服务质量的好坏很大程度上影响着整个图书馆的认知。同时老年读者由于身体和心理的双重复杂性,这就要求公共图书馆在对老年读者服务的时间上更加注重细节、人性化和特殊性。公共图书馆要做点对老年读者服务的贴心和人性化就必须首先搞清楚老年读者是什么样的群体?老年读者为什么要到图书馆?老年读者需要图书馆为他们提供什么?为了对老年读者有更加深刻和全面地认识,下面笔者就对老年读者的定义、特点、类型和需求进行分析。

(三)老年读者的特点分析

1.时间长而稳定

老年读者往往有较为闲余的时间来规划,因此老年读者常常日复一日、年复一年地到图书馆阅读、咨询,形成了较为稳定的时间规律,而且老年读者由于自身的原因,对书刊资料往往细细品读,同时很大部分的读者有携带记事本的习惯,常常摘录自己感兴趣的内容以便回味和咀嚼。这样一来,老年读者会花费很长的时间在图书馆"滞留"。

2.人数逐渐上升且性别比失调

笔者从以往的数据不难发现,从20世纪80年代老年读者占整个阅览人数的四分之一,而目前这一数据逐年增加,达到百分四十左右。老年读者已经成为公共图书馆的主力军。同时据统计,男性老年读者的比例远高于女性老年读者,造成这一原因主要是女性读者文化素质普遍低于老年读者,再者家务活花费了女性读者大量的时间,女性读者没有多余的时间来"关顾"图书馆。

3.渴望被尊重被关爱

就笔者查阅和观察而言,目前老年读者群体主要是退休后的离开了原来的工作岗位或者待业在家的老年人,他们失去了原来的工作岗位和社会交际的圈子,尽管在生活上无忧,但是参与社会事务和融入一个新的圈子的热情较高,希望同其他志同道合者结成新的社会群体,来抚慰心中的孤寂感。同时,这部分老年读者由于之前在工作和生活中一直处于被尊重被关心的状态,到图书馆后同样希望能找到当年的感觉,渴望被其他人尊重和关爱,甚至有些老年读者之前一直处于上位者的态势,退休后更是没有改变这种状态,这就更需要图书馆工作人员在细节和服务上加以考量。

(四)老年读者的类型及需求分析

1. 老有所学型

之所以称为老有所学,是因为这类老年读者很大一部分是退休的工作人员,在科技、文化行业体现得尤为明显,还有一部分是退休的领导干部,此类读者的读书的目标很明确,就是为了获取更多的知识,是自己的生活更加充实,是自己的学习状态继续保持下去,有一颗活到老、学到老的精神。他们阅读的主要内容包括自然科学、社会科学的相关期刊和文献,始终对最新的文化成果保持着极大的兴趣,还有一部分老年读者因为在还没有退休的时候,没有大量的时间去图书馆学习,现在有了大量的空闲时间来学习自己未完成的心愿,学习自己感兴趣的领域,或者学习一门新的技能来适应不断变化的社会。比如计算机和网络方面的知识。

2. 老有所乐型

顾名思义,此类老年读者去公共图书馆的目的就是为了寻找快乐和陶冶情操。由于大多数图书馆室内环境较好,又有大量的图书资料、杂志报刊可供阅读,特别适合老年读者放松娱乐休闲,感觉这里是他们人生的下一个精神寄托点。因此,会有大量的老年读者来图书馆寻找属于自己的那份乐趣,已经成为他们人生的一个重要部分,这样既可以了解国内外大事和天下趣闻,又可以放松心情,陶冶情操。

3. 老有所为型

这类老年读者往往把图书馆当作一种工具,来解决工作中和生活中出现的一些问题和困难,有针对性地获取和利用现有的知识和技术。例如对花卉盆景感兴趣的老年读者会来图书馆查阅花卉盆景方面的资料;对家电感兴趣的老年读者,在遇到问题时,就专门跑到图书馆查询关于安全家电方面的书籍,来有针对性地解决生活中和工作中的问题。还有很多老年读者为了了解子女教育和培训的问题又或者是在婚姻、财产分配问题上对法律方面的问题进行咨询和查阅也是经常所见。

二、图书馆老年读者服务的建议及对策

图书馆在老年读者服务的过程中表现出来了很多不足的地方,有根本的原因如:服务意识不足,没有重视老年读者群体;也有其他方面的原因,比如没有了解老年读者这一特殊群体的需求和自身的特殊性,造成没有具体问题具体分析,但是不管如何作为一名图书馆专业的工作者就必须始终意识到为读者,为老年读者服务的重要性和必要性,要更加贴心地把握到老年读者这一弱势群体的心理特征和特殊需求,加强提高业务水平和理念。笔者在走访图书馆的过程中看到目前省图和市图书馆的现状,百感交集。笔者认为要想使老年读者群更好地融入图书馆,进一步更好地融入社会大生活中,从实际出发,从以下几个方面做起,以下几点是笔者的一点想法。

(一)加强老年读者服务的环境和设施建设

就笔者走访的图书馆而言,老年的读者尽管目前人数不是很庞大,但随着社会的进步,会有越来越多的老年读者走进图书馆,省图和市图书馆必须做好这方面的准备,尤其是对老年读者服务的阅读环境和设施建设提出了要求,省图书馆和市图书馆应该开辟专门的老年读者活动阅览室,在老年读者活动阅览室里面可以摆放一些老年读者用上的工具,如放大镜、不同度数的老花镜急救箱、雨伞等工具,尽管有些老年读者不会用到,但是可以体现为老年读者体贴服务的真情关怀,必要时也可以解决有些老年读者的燃眉之急。除此之外安徽省图书馆和合肥市图书馆可以借鉴国内外优秀的老年读者服务经验,在图书馆阅览室里面为老年读者提供一些急救箱、雨伞等工具来解决老年读者不时之需。

(二)为老年读者提供合适的期刊和报纸杂志

笔者认为只有投其所好才能做到真正的图书馆老年读者服务人性化,而不是以报纸、期刊的多寡来以量取胜,有些图书馆的期刊、报纸多大几千种,但是真正满足老年读者需要的却少之又少。在这里笔者并不是想说要满足所有老年读者的阅读需求,只是希望省图和市图书馆能真正关心这部分老年读者的阅读需要,比如在图书采集和期刊、报纸订阅

的时候可以以调查问卷的形式多提供读者想要的文献。笔者通过调查问卷了解到合肥市图书馆的读者最喜欢的期刊、报纸杂志类型分别是自然科学类、养生保健类、历史文化类和盆景栽培养殖类。而省图书馆的老年读者更多的是喜欢阅读养生保健类、花鸟鱼虫养殖类、琴棋书画类和戏曲音乐类的期刊、报纸杂志。笔者希望我国的公共图书馆能多增加和老年读者的沟通渠道,有的放矢,满足老年读者的需求,形成一种长效的沟通机制,这样才能时刻地关注到老年读者,照顾好老年读者。[①]

(三)从细节做起,重视对老年读者的人文关怀

公共图书馆,特别是省级和市级的公共图书馆要想在老年读者服务方面起到先锋模范带头的作用,必须在思想上重视老年读者的服务工作,把公共图书馆打造成为老年读者的文化精神港湾。首先,公共图书馆的工作人员必须转变思想观念,强化老年读者服务意识,把服务好老年读者作为图书馆服务工作的重点;其次,从细微入手,从小事做起,老年读者是个需要被社会认可,被社会尊重的群体,公共图书馆的工作人员要主动嘘寒问暖。比如早上的"您好""需要我为您做点什么"简单的一句话,朴实真诚的一个微笑,都可以让老年读者有种宾至如归的感觉,拉近老年读者与工作人员的心理距离,让人心生感动。对来图书馆休闲娱乐的老年读者,要时刻为他们提供方便。对来图书馆专业研究学习的老年读者,要热情主动地帮助查找资料文献,当他们在阅读的过程中遇到困难,我们要热情主动地为他们找到解决问题的答案。最后,如果一时还找不到解决问题的方法,我们一定要有所记录,等老年读者下次再来时在告知对方。总而言之,图书馆工作人员要尽量地去让每一位来过图书馆的老年读者再想来,让没有来过图书馆的老年读者充满兴趣地主动走进来。我们从表中都可以看到,公共图书馆里不乏年龄在八十岁以上的老年读者,这就更要求我们的图书馆工作人员耐心、细致、热情、微笑地为他们服务。"老吾老以及人之老",我们图书馆工作者要像对待自己的亲人一样让老年读者老有所依、老有所学、老有所乐。

---

①杨敏怡. 对"文化养老"下公共图书馆老年读者服务的思考[J]. 文化产业,2020(36):150-151.

(四)开创老年读者服务新方式,打造老年读者特色服务

1.积极开展老年读者喜欢的读书活动、讲座和培训班

笔者了解到,省图和市图书馆之前都有过针对老年读者开展的活动,但是都比较单一,且持续性不久,合肥市图书馆仅仅举办了一个电脑培训班,这让很多老年读者觉得远远不够。公共图书馆作为社会的一个大学校,应该定期地为老年读者举办一些读书、知识竞赛活动。国内的像山东省图书馆的之前在这方面就积累了很多经验,经常举办像电脑知识讲座、书法绘画展览、灯谜竞猜活动、诗词朗诵会等等。只有通过经常地举办各种老年读者活动,才能更好地调动老年读者的学习和休闲娱乐的兴趣,才能更好地促进老年读者相互之间的交流,使老年读者的精神生活得到满足。可以考虑是否增加一些老年读者感兴趣的健康养身讲座、或者书法、绘画展览。同时也可以适量增加一些针对老年读者的培训班,学习班,一方面可以增加老年读者对生活的情趣,另一方面让老年读者可以学习到更多的实际操作知识。

2.逐步提供全面的馆外服务

我们知道,在很多地区还有的老年读者没有走进图书馆,我们可以换个思路,我们公共图书馆是否可以"走出去",像合肥市图书馆附近就有很多老年公寓,老年读者比较集中,公共图书馆完全可以根据老年读者的需求,有针对性地定期进行馆外服务。不如在国外就很流行送书上门服务和电话咨询服务,这部分读者群体主要是行动不是很便利的读者,特别是残疾人读者,可以起到很大的关心和关怀作用,公共图书馆应该在老年人相对集中的区域开展老年读者服务上门,也可以在图书馆内专设老年读者电话咨询的服务,耐心和细心地帮助老年读者解决生活中和工作中的难题。

3.利用现代技术手段提供老年读者特色专题服务

笔者了解到,来访图书馆有一部分的老年读者是为了专业研究,对某个领域非常感兴趣,前来公共图书馆查找相关资料和文献,但是有一部分老年读者由于时间和地域的限制不方便亲自经常前往,这就需要我们公共图书馆在文献服务上必须通过网络技术的手段,将安徽省优秀的文化成果向社会公共开发。例如,安徽省图书馆可以利用自身馆藏优势,大力开展徽州文献的专题服务,可以利用现代网络技术手段进行文献传

递服务,通过E-mail/QQ等现代传播技术手段来为老年读者开展专题服务,同时可以将优秀的文化成果和文献资料在图书馆网站上进行展示,老年读者凭借老年读者证可以免费下载和浏览。

(五)大力宣传老年读者服务

图书馆的注册老年读者毕竟有限,究其原因是目前老年人对公共图书馆的认知度比较低,没有强烈的参与感,就算知道图书馆的存在也会望而生畏,由于老年读者的特殊性,身体机能不如普通的读者,他们去图书馆的概率就更小了,同理,知道省图和市图书馆开展读者服务的更是少之又少。因此,省图和市图书馆的工作人员和宣传部门应该充分发扬"宣传"的文化功能,使老年读者走进公共图书馆,让更多的老年读者认识到公共图书馆的老年读者服务是多么吸引人,把更多的潜在的读者纳入现实的老年读者群当中去。

笔者认为,一方面,安徽省图书馆和合肥市图书馆要充当文化宣传的先锋队,通过各种现代化的技术手段,如平面媒体、网络媒体、流动媒体各种手段来宣传公共图书馆,使越来越多的读者,特别是"宅在家里"的老年读者认识到公共图书馆的好处,以及对老年读者来说的各种优惠措施,让更多的老年读者走进图书馆,享受社会主义文化事业的福利。另一方面,省图和市图书馆应积极与政府的文化部门和宣传部门沟通联系,与社会上的老年服务机构联系,形成庞大的老年读者服务信息库,老年人在退休时可以建议直接办理附近公共图书馆的借阅通行证,是老年读者的工作场所发生转移,直接过渡到另外一种学习状态和生活状态,引导老年读者去发现新的文化乐趣,同时在老年大学或者老年公寓集中地区域可以拉上条幅和宣传海报,或者直接在老年人较多的社区门口直接宣传,让更多的老年读者加入这个大家庭中来,只有这样才能不断地壮大老年读者群,更好地开展老年读者服务。

(六)颁布针对老年读者服务的法律法规

我国国内公共图书馆在法律法规制定方面一直是比较薄弱的环节,而笔者更是在走访过程中感受到为何公共图书馆开辟少儿阅览室成为文明城市的指标,而老年读者为何在这方面还迟迟没有任何政策,而国外公共图书馆早已走在我们前面,这点值得我们深思。到目前为止,我国还没有制定专门为老年读者服务的法律法规,现有的也只是一些描述性的规定,没有任何实质性的指导作用。因此,要想做好公共图书馆老年读者服务,要想使老年读者服务更加规范化、制度化,建立和完善老年读者服务方面的条例就显得迫在眉睫。"路漫漫其修远兮",作为一名图书馆工实践者,深知服务的不易,服务好老年读者群体更是需要慢慢地摸索和实践,在此呼吁图书馆和社会各界共同关注这个被遗忘的弱势群体。

第三节 图书馆盲人读者服务

一、国内图书馆面向盲人服务现状

我国图书馆向盲人服务历史起步较晚,在20世纪80年代后才相继建立了向盲人服务的图书馆(室),因此我们主要讨论国内图书馆盲人服务的目前状况。

国内图书馆面向残疾人开放目前处于发展阶段。在e线图情上搜索"盲人"关键字,可以搜索到有关图书馆面向盲人开放情况的2385条信息。其中很多条搜索结果是有关地方图书馆针对残疾人开展活动的新闻消息。可以看出,在一些地方性地图书馆,盲人服务受到一定的重视,图书馆将盲人服务项目办得有声有色,如江苏省"点明杯"盲人戏曲大赛在南京图书馆举行;重庆市渝中区图书馆举办"关爱盲人朋友,宣传智能设备"的2018年"国际残疾人日"活动;广西图书馆的盲人数字阅读推广活动,提供外借听书机服务。此外,一些图书馆如温州市图书馆开展为盲人免费送书到家等活动;贵阳市图书馆实行盲人借书免押金、免工本费、免注册费的服务。在盲人服务受到重视的地域,面向盲人的服务开展得如火如荼。

在盲人服务开展较为完善的发达省份,如浙江省图书馆,提供了以下服务内容:配有电脑、CD机、收录机等设备供盲人读者免费使用,有不同学科的点字图书和推拿、按摩、小说、电影录音、广播剧、诗歌、乐曲、相声、教育法规类有声读物免费供盲人读者借阅。制定了适应盲人读者特点的规章制度,为盲人读者提供各种方便,提供全程陪同服务、个性化服务、代办服务、上门服务。免证阅览,凭身份证及残疾证复印件免费办理外借。

2012年由浙江图书馆牵头联合省内各级图书馆、盲校、残联成立了浙江省视障信息无障碍服务联盟,联盟成员抱团共同推进全省视障文化服务工作,在基础设施建设、资源共建共享、视障阅读推广等方面取得一定成绩。

其他不发达省份公共图书馆的盲人服务相对逊色,或者盲人服务处于空缺,如河南、陕西、宁夏等。

二、国外图书馆对盲人服务对我国的启示

(一)物理无障碍与信息无障碍

信息无障碍广义上包括物理环境的无障碍,而网络信息无障碍主要指网页内容可被任何人访问和理解。信息贫困问题指的是获取、利用和交流信息的能力或途径的匮乏,原因有主观与客观,主观原因主要有获取信息主体的能力限制,客观原因包括经济、政策以及网络的易访问性等等。信息贫困往往导致经济贫困,因为获取信息主体的知情权没有得到保障。

在国外,随着技术水平的发展,标准的制定适时跟进。当盲人读者到馆阅读时,物理无障碍为他们的主要需求;当盲人读者访问图书馆网站时,信息无障碍为他们的主要需求。物理无障碍减少盲人的行动障碍,而信息无障碍使盲人能同常人一样地获取和利用信息。应对于盲人的需求对物理环境与信息环境分别予以投入建设。

我国应效仿国外的图书馆建设的长处,根据国际通行的规范标准来制作图书馆网站,大力发展网络信息的无障碍建设,以消除信息超载下的信息贫困。

(二)服务意识与法制建设

第一,图书馆服务应建立在法制基础上。我们应建设全国统一的服务章程,统一服务标准,使服务水平制度化、规范化。

第二,图书馆工作人员应懂法、用法。图书馆工作人员不应只对图书馆服务章程深入了解,更应对相关的法律深入理解与运用,法律原则是一切工作的基础原则。开展服务要在深入贯彻法律精神的同时,提升服

务意识,形成良好的服务态度。

第三,法制建设应与时代接轨、与时俱进。法制建设首先应与时俱进,成为可供人们利用的利器。内容的设定须与时代接轨,并通过宣传使人们周知。

(三)技术手段与法律

法律规范必须体现法律之于技术的与时俱进,这是国家现代化建设不可或缺的规范体系。

有关图书馆复制权利最初仅限于纸质图书,而到了数字化的时代,需要不同格式如音频格式、电子书等方式存储下来受到版权法保护的内容进行合理使用的规范措施,个人非商业目的的格式转换当予以允许,并且对于盲人可接触内容的格式转换条件予以免除或放宽。法律之于技术应当与时俱进,落后的规范与条例应当得到替换。

(四)建筑标准与法律

建筑标准应与法律规范建设并行。

我国无障碍事业起步较晚,对于无障碍环境的认识落后于时代。因此不应仅仅重视建筑标准的制定,标准的实施应当更多地引起注意。在建设任何标准前,需要完善法律以促进规范的应用实施。我国的建筑标准不应仅仅以条例的形式进行规范,而需要形成硬性的法律条文,像重视消防设施的设计一样重视无障碍的建筑设施。

建筑标准的建设中,首先应尽量根据盲人具体需求建立标准,应特别注意入口、阶梯和坡道、电梯、阅览区等关键部位的特殊建设需求。特殊功能的建筑物建设标准以例外的方式标注出来,如专门为青少年设计的建筑的扶手高低的设计将是统一设计标准中的排除项。此方法是对设计人员友好的编排方式,因为可以明确各层次不同需求盲人的需求特点,使得建筑设计的目的性凸显。[①]

三、图书馆为盲人读者服务的必要性

(一)有利于更好地发挥其社会职能

图书馆是一所没有围墙的大学,是知识的宝库,是为社会读者服务的

---

① 李斌. 公共图书馆盲人服务的探讨——以山西省图书馆为例[J]. 太原城市职业技术学院学报,2017(10):169-170.

公益性科学文化教育机构。读者是图书馆的上帝,全心全意为读者服务是每个图书馆和图书馆工作者的职责。弱势群体要克服工作和生活中遇到的种种困难,适应快速发展的信息时代,需要补充精神食粮、丰富文化生活、提高知识水平和认知能力。搞好弱势群体服务工作,特别是盲人读者的服务工作,使其充分发挥公共图书馆社会教育职能。

(二)为弱势群体服务是公共图书馆的神圣使命

盲人读者是残疾人中的特殊群体。《中华人民共和国残疾人保障法》指出,残疾人在政治、经济、文化、社会和家庭等方面享有与其他公民平等的权利。缩小社会差距,均衡社会利益取向是党和政府关注民生、关注社会的一贯理念,图书馆是公益性的社会文化事业机构,承载着保存人类文化成果、开展社会教育、传递科技信息、开发智力资源的基本职能,服务和帮助弱势群体是其神圣的使命。人人都有享有公共图书馆提供服务的权利,因此公共图书馆在贯彻《残疾人保障法》方面有着义不容辞的责任和义务,为大众提供学习场所和各种文化资源是图书馆的重要使命,但盲人读者由于特殊原因在享受公共图书馆服务中存在许多困难,作为特殊群体,他们需要图书馆提供特殊的关怀和服务,使盲人读者能够在图书馆里享受阅读带来的快乐。

四、对我国图书馆改进盲人服务的合理化建议

(一)取得国家政策支持

根据对比国内外盲人服务现状及实地调研,得到我国图书馆面向盲人服务应首先取得国家的政策支持。我国在《公共图书馆法》中对于盲人的诉求有所涵盖,《残疾人保障法》更是对盲人文化生活予以了法制保障。对于盲人来说,能够吸取知识是他们能够立足社会的基础,因此在政策法规中应该保障他们的基本文化权利,就像对于正常人的义务教育的权利一样。缩小不同人群的差距是相关政策制定的主要目标。

我国的公共图书馆法规定政府设立的公共图书馆应向盲人服务,但是缺少统一的服务章程,法律也没有对国家应对图书馆的盲人文献资源建设拨付的经费来源与比例予以明确规定,也没有对经费的管理与使用监督进行规范。这些问题需要图书馆界的一致努力,赢得社会的关注和重视,以使得民间的呼声推动立法的执行,加强顶层的制度设计,形成自

上而下法律与规章制度。

(二)加强文献资源建设

加强对文献资源的建设力度。根据不同盲人群体的需求采购盲人文献,尽量对盲人读者的需求进行调查研究,了解他们的阅读倾向,针对不同阶段、不同年龄的服务群体,采取不同的采购策略。在积极采购资源的同时,对已有馆藏资源的借阅量进行分析,以了解文献资源的利用情况,适时调整文献资源建设的整体方向。

文献资源的来源可以是多样的。由于盲文出版社在我国仅有一家,图书馆也可自制盲人文献。可以将印刷品制作成盲文图书,也可以制作有声读物。地方图书馆制作有关本地区的盲人文献,可以将身边的杰出盲人事迹传播开来。也可以增加有关身体健康方面的文献,进行积极的引导与教育。录制有声读物,并制作出适合盲人读者阅读的有声格式读物,也能补充纸质馆藏文献的不足。

补充文献资源的一个前提是有对于盲人读者适用的版权法的支持。我国应向先进国家制定的法律规范学习,结合国情制定出我国适用的法律制度,明确读者应当具备的权利和版权所有者权利的界限。

(三)提升服务水平

1.宣传阅读理念与文化

对于盲人来说,养成良好的阅读习惯是十分重要的。无论是有目的的获取信息,还是随意地浏览书籍,均应形成有规律地阅读习惯。图书馆是连接书籍与读者的桥梁,阅读资源丰富,因此宣传阅读理念与文化是图书馆义不容辞的责任。阅读推广方式多样而灵活,比如提供送书上门,邀请盲人进馆参与活动,或者到盲人所在单位开展活动。在图书馆各类活动的耳濡目染之下,可以达到宣传阅读理念与文化的目的。同时,图书馆的阅读活动应充分利用图书馆工作人员,甚至通过吸纳志愿者来更好地为盲人服务。阅读文化在我国的历史虽然源远流长,但在当今快速发展的社会,仍应得到大众化的普及与发展。

2.建设专业的服务团队、提升服务人员素质

应建设有专门对盲人服务能力的服务团队。增加馆员接受服务能力培训的机会,使他们具备专业服务与盲人用户的水平和能力。促进服务

形式的多样化,建立盲人读者档案,以便提供跟踪服务,根据需求特点提供服务内容。应以馆员的服务能力为基础开发服务模式,促使馆员的作用得到充分发挥。服务内容由以图书馆为核心转向用户为核心,开展深入社区、家庭的服务,以人为本、各司其职。同时,图书馆可以招募志愿者为视障人士服务,补充馆员数量的不足,建设面向盲人服务的团队。

服务人员素质一定程度上影响了盲人读者是否到馆阅读。服务人员的素质包括良好的服务态度、服务针对需求、服务专业性及服务主动性。要从根本上提升服务水平,首先应端正服务态度。应增加盲人读者对服务效果的反馈渠道,使服务质量的优劣得到有效的测量评估,这同时促进激发了馆员的服务意识和主动性。

3.增进盲人自身的认识与接纳知识的能力

由于盲人视力上的问题,他们的认识能力也变得有限,需要让他们认识与接纳新的信息。对于盲人来说,语言是他们获取信息的主要方式,因此应注意运用语言的方式与盲人沟通。

盲人往往易于表现出独立性差、果断性差、坚定性差和自制力较弱的特点。在了解盲人的心理特点的基础上,促进盲人与盲人、盲人与普通人的交流,使盲人自身的认识提升,并提高对于知识与信息的接纳能力,更好更深地理解他人以及社会中的现象。这些对于是否能够普及图书馆服务具有重大的意义。

4.增强图书馆人员的平等服务意识

应加强对图书馆服务人员的专业培训,让图书馆员具备服务盲人的专业素养,能够开展无差别的平等服务。平等服务体现在很多细节,图书馆服务人员的平等服务意识不应流于表面。态度、声音和举止均应恰到好处。大部分盲人愿意在公开场合求助于人,因此对于他们的求助及时地反馈会使得残疾人更愿意表达他们的需求,形成良性的求助、服务的循环。同时在服务的过程中,应注意时刻保持良好的态度,因为可能需要反复地确认盲人读者所提出的问题。另外服务要针对需求,不能随意打发,对于不能直接回答的问题,应指引他们到其他合适的部门询问。还有服务的专业性是服务人员是否准确规范地进行服务,图书馆人员的服务专业与否影响了图书馆的形象。最后服务应该主动,因为很多时候盲人是否需要帮助可以被图书馆工作人员及时发现,此时主动对其服务是图书馆工作人员的良好素质的体现。

5.创新阅读模式,丰富阅读内涵

对于盲人阅读模式较单一的阅读现状,图书馆应开发新的模式,如中国盲人图书馆开展口述电影活动的积极尝试,类似的活动使阅读方式多样化,弥补了盲人阅读条件差,方法单一的不足,并且使阅读活动成为多方共同参与的文化盛宴。为了扩大盲人读者的阅读范围,丰富他们的精神世界,并且使图书馆真正做到每一位读者有其书。

图书馆还可以通过开展新书推介、书评活动以及阅读交流活动,增加读者之间的交流沟通机会,同时将优质的图书推荐给潜在的盲人读者,使阅读从被动接受转向主动参与,从接收知识转变为贡献所得。并且,阅读活动的开展可以形式多样,可以在图书馆开展,也可以走向社区和家庭,通过在盲人与正常人之间建立交流,让社会更加包容和接纳盲人群体。

图书馆应开创不同的阅读模式,使得盲人能从不同的角度感知书籍、感知阅读、感知文化。通过建立阅读社区,使他们沟通机会与渠道增加;拓展阅读领域,拓宽他们的兴趣面;形成集学习、生活于一体的资源平台,使图书馆真正成为盲人生活中举足轻重的一部分。

(四)完善技术手段

图书馆网站技术建设对盲人是否能够无障碍获取信息具有重要意义。在对技术进行改进时,我们应注意并重视下述内容。

第一,应加强对网站开发人员开发便于视障人群利用的网站的意识,使信息无障碍建设原则落到实处。网站开发人员是图书馆网站建设的施行者,开发人员良好的无障碍服务意识是建设图书馆网站无障碍服务的前提。提升无障碍服务意识,应明确无障碍设计的基本原则,即可感知性、可操作性、可理解性与鲁棒性,还应将对原则的应用贯穿于整个设计过程中。应当使无障碍规范的应用普及到各大网站,使互联网的整体建设离不开无障碍设计。或者可以制定具有普遍强制性的网络建设规范标准,使网络信息开发建设处处体现无障碍设计的精神。

第二,应加强网站开发的总体意识,系统地设计网页的结构、交互和内容呈现。应页面呈现的结构、前后顺序以及跳转方式能够被使用者理解和感知。网页结构应尽可能简洁,但网页的标签及属性应尽可能完整定义,以便使用者在视觉上不能完整接受信息时知道网页内容,或者知道网站将跳转到什么页面。交互应便于理解和操作,不应采用可能造成使用者疑惑的操作方式。向前或向后翻页时,翻页按钮应在页面上方与下方分别设置,使操作更方便快捷。

第三,采用盲人接受的替代方式进行浏览和操作。比如盲人无法使用鼠标进行操作,需要网站在操作过程中能够完全由键盘替代。验证码的输入也是盲人使用者不希望的,可以在设计中采用声音验证码代替图形验证码。在浏览页面过程中,图片需要用文本替代,超链接需要用字段来描述指向的目标页面。盲人使用替代方式访问图书馆网站,并不会大幅增加设计难度,但益处十分显著。

(五)建设无障碍建筑环境

无障碍的建筑环境的建设离不开资金的投入。国家和地方政府应加大投入,这种投入一次性见效,且社会效益不容小觑。在建设中,应促使图书馆、建筑师和盲人使用者三方参与,吸收盲人使用者对建设所提出的意见建议,并使设计人员走出思维定式,设计出对用户友好的图书馆建筑。

建筑的设计应注意细节,注意各个空间环境的对接。不但符合相关规范的规定,更体现以人为本的设计目的。同时应注重设计的安全性,桌椅采用无棱角设计,并在卫生间增加求助按钮。应在各个部门中使用标识牌,以明确各房屋建筑的使用功能,使用户能够区分和识记不同区域。

设计合理完整的建筑会使用户形成良好的印象。盲人读者乐于进入熟悉的区域,因此优良的第一印象会使盲人读者乐于第二次访问和使用图书馆建筑。图书馆建筑如果设计合理,则已有设计被闲置的情况很难发生,图书馆设施的利用率会提高。

(六)加强图书馆界与盲人群体的合作

图书馆应与残联等机构展开合作,合作是改善图书馆服务的契机,合作不仅仅对于图书馆的发展有利,更对社会和个人的发展意义非凡。应组织盲人、盲人机构的工作人员到图书馆参与讲座、实地参观。使盲人了解图书馆能给他们生活带来提高和改变。

新的公共图书馆的建筑设计构建应在盲人人士的参与和监督下进行;图书馆应在充分调查盲人需求的基础上建立文献资源保障体制;图书馆应在与盲人读者充分沟通的情形下制定服务章程,并且所制定的章程应与一个总体章程一致;图书馆应在网站建设上体现无障碍,建设的初期应听取视障人士的建议和反馈,以便于改善设计的不完整性。

在进行盲人文献资源建设时,应注重福利、康复及就业方面亟需资源的建设,增加文献的种类、数量和载体形式。应在调查研究盲人需求的基础上进行资源建设。

在图书馆的各个方面的建设中,盲人群体可以起到监督、建议和完善的作用,让他们参与到建设之中,实现了图书馆功能利用的最大化。

(七)建设具有功能性与服务性的无障碍图书馆

图书馆建筑是其功能的物质化。建设具备功能性的图书馆应做到以下四点:①建筑功能结构合理,②建筑功能分区合理,③提供适于盲人使用的设施设备,④完备的设备管理与使用制度。

第一,图书馆建筑功能结构的构成应该合理,应完整地具备藏、借、阅的功能,并且兼顾各功能分区的需求程度来进行功能结构的设计和建设。根据盲人读者浏览的方式及特点,设置对应的功能区,如配备盲人软件的电子阅览室,书架高矮合适的开架阅览区,设有盲道的走廊等。建筑功能结构设计是否合理影响了图书馆功能的是否完整。

第二,应注重功能分区的合理性,应在图书馆内设有入口,信息服务区,阅览区,藏书区,公共活动区,技术设备区等,入口处应尽量少台阶,服务区和盲人阅览区应设置在位于一楼的位置,活动区应尽量设有电梯并且可以直达。合理的分区体现了图书馆布局的条理性。

第三,应该在馆内设有盲人使用的设备设施,如盲文点显器,盲杖等辅助设备。这些设备方便了盲人自主使用图书馆资源,能够使用这些设备是图书馆功能不可或缺的一部分。

第四,应提供完备的设备管理与使用制度。制度应包括图书馆设施设备的责任人规定,盲人借还和使用图书馆设备的规章,有关设备如何安全使用的说明等事项。管理与使用制度使图书馆提供的功能有章可循。图书馆具备功能性的同时,应注重相关服务的开展。图书馆服务的原则是"读者第一""用户至上",能够为不同人士提供平等而又有区别的服务。这也是盲人图书馆的服务宗旨。对于盲人与普通人利用图书馆特点的一致与不同,图书馆应以盲人读者需求为基础,建立以盲人用户为中心而非图书馆为中心的服务体系。提高图书馆对盲人读者的服务水平,第一要做到的是端正服务态度,第二是服务要针对需求,准确把握盲人读者需求是图书馆员的基本素养。图书馆功能的完备性以及服务的针对性均影响图书馆服务于盲人读者的效能。以功能为基础、以服务为依托,我们能够建设更加以人为本的图书馆阅读环境,提供更好的资源给一切需要的人。

五、关于建立我国盲人图书馆的设想

(一)建立盲人图书馆的必要性

视力是人类共有的财富,是人的心灵之窗。人是通过所见到的事物产生直觉的爱和恨,产生联想和思维的。对于人类来讲,拥有视觉的喜悦是一种与生俱来的本能喜悦,是生存所不可缺少的喜悦。如果丧失了视觉,无疑是对人生致命的摧残。人一旦失明,不仅丧失了观察周边的能力,还因没有视觉而难以接受文化教育和提高自身生存的能力。但盲人的心灵、人格和生活经验以及内在能力与正常人是无差别的,他们多么希望社会向他们伸出援助之手,帮助他们排除视觉障碍,为社会、为自己创造光明的人生之路。

图书馆是人类获取知识的宝库,它的服务对象是全人类,当然应该包括盲人。图书馆虽然无法让盲人重见光明,但却有责任和义务想方设法帮助盲人吸取知识,提高盲人的文化水平。据1997年的最新统计,我国现有盲人为900万。如何提高盲人的文化素质,使其成为社会的有用之才,已成为全社会普遍关注和研究的课题。我国上海残联协会主席王书培教授曾向全社会发出呼吁:希望青年盲人能够受到更多更好的教育,以使更多的盲人能够适应社会,并能与明眼人一样参与社会的公平竞争、取得成功。同时呼吁全社会都应创造条件,让盲人青年有机会接受较高层次的教育,拥有和健全人一样求学深造的机会。

笔者认为,为广大盲人建立图书馆,为其创造必要的阅读条件,使其不断地提高文化水准,进而成为社会主义建设的有用之才,这不仅是我国提高盲人人口整体素质的迫切需要,同时也是为广大盲人在市场经济条件下创造生存、发展环境的大好途径。因此,建立我国盲人图书馆,无论是对盲人的自身利益或对社会的整体利益都是具有现实意义的。

（二）国外盲人图书馆的概况

随着现代电子技术飞速发展,文献信息可以数字化形式进存贮和传递,而人类最早的盲文是通过数字码来表达意思的。早在1829年法国的路易·布郎就是在探索触读文字代码数字化的基础上发明了盲文。而人类于17世纪发明的第一台计算机也是在数字化的基础上诞生的。这就是说盲文与计算机的诞生均是通过数字码来实现的。而现代计算机技术的高速发展,自然为盲文的发展和完善创造了技术条件。当今世界先进国家盲人图书馆的书籍大都是把普通文字通过计算机译成数字化的盲文。例如,我国台湾地区目前不仅用计算机为盲人恢复了阅读能力,而且还利用计算机帮助盲人完成高等学业。

目前,国外先进国家的盲人教育是很发达的。为盲人服务的盲人图书馆无论是规模、服务范围和服务手段的现代化程度,都已达到了相当高的水准。例如,在美国有一个华盛顿录音盲文图书馆。这个盲文图书馆利用现代化设备,采用多种先进手段为盲人读者服务。如利用播放录音图书、电话网络以及盲人专用的计算机对盲人读者服务。盲人读者通过电话网络和盲人专用的计算机功能,可以独立检索盲文、录音图书目录;利用联机目录还可以检索国会图书馆的藏书,并通过华盛顿录音图书馆借阅自己所需要的录音书籍。美国国会图书馆藏有大约30万册盲文图书。在美国新泽西洲的普林斯顿还有一所为盲人服务的科技图书馆。这个图书馆在全国设有32个专业录音室,每年大约录制5000册专业科技书籍,其中3000册为新出版的书籍。这个盲人科技图书馆还承担对盲人进行多学科专业知识的教育。授课人除具备精通本学科的专业知识外,还必须通过对盲人服务的专门训练并取得合格证后,才能取得授课的资格。当前,除了美国之外,日本、德国、法国等多数发达国家已建立了类似的盲人图书馆,这种全方位地对盲人读者服务的图书馆的共同特点是采用高科技手段对盲人读者施行立体服务。

（三）国内盲人图书馆的现状

据有关方面1997年统计,我国现有盲人900万。目前尚没有一所专门为盲人服务的盲人图书馆。小型盲人图书馆只局限于盲人学校内部，不仅规模小，服务手段落后，而且盲文图书的数量也很有限。盲人的阅读方式仍旧以触摸文字为主，在技术设备上远远落后于发达国家。这种状况已严重影响了我国盲人教育和盲人文化素质的进一步提高。目前，这一落后状况已引起了有关部门的注意。为改变这种落后状况，有关部门已组织清华大学、上海铁道医学院等高等学校的科研部门联合攻关，为盲人研制出了把拼音转为汉字，最后能发出声音的具有特殊功能的计算机，这是我国目前最先进的有声读物技术。但因磁带质量差，经费不足等原因，现今只处于试用阶段，尚未得到普及应用。基于目前我国盲人图书馆一穷二白的落后状况，笔者认为，建立盲人图书馆已是迫在眉睫、刻不容缓的大事。但如何在我国盲人图书馆一穷二白的情况下，建立起我国盲人图书馆的体系呢？笔者提出如下不成熟的构想，希望能起到抛砖引玉的作用。

（四）建成盲人图书馆的构想

1.改造、充实盲人学校图书馆

办成任何一件大事，人、财、物是不可缺少的物质基础，创建盲人图书馆当然也不例外。这里所说的人、财、物的人是指盲人图书馆的馆员；财是指创办盲人图书馆所需经费；物是指为盲人服务的图书馆设备。具备了这三个基本条件，我们才有可能实现创建盲人图书馆的设想。

2.设立盲人图书服务部

在国家图书馆（北京图书馆）和全国各省、市、区有条件的图书馆设立盲人图书服务:部。国家图书馆盲人图书服务部除负责对全国各盲人图书服务部的业务指导外，应尽快完善自身的服务功能，在设备、盲人图书、人员的配置上，国家应给予充分的资金保证。因为国家馆的做法起着导向的作用，它是建设我国盲人图书馆的基础力量。它的成功与否，将影响全国各地盲人图书馆的建设的成败。

3.建立盲人图书录音中心

盲人接受教育、增长知识是靠手和耳朵。过去由于受科学技术不发达所限，只能主要靠用手触摸文字来阅读盲人图书。但盲人图书制造麻烦，不仅造价高，而且速度慢，这样就极大地限制了盲文图书发行的品种和数量。随着科学技术的发展和高科技进入图书馆领域，盲人吸收知识的能力得到了质的改善。具体地说就是盲人吸取文化知识已从手转移到了耳朵,即耳朵已成为盲人阅读文化知识的主要工具。国外盲人录音图书的大量发行和电话咨询服务;我国研制出的把拼音转为汉字,并能发出声音的具有特殊功能的计算机,都是盲人利用耳朵阅读文化知识的产物。可以说发展录音读物是加速对盲人教育,提高盲人文化素质的捷径。但在浩如烟海的图书世界里,应该录制哪些图书呢? 笔者认为,在当前我国盲人录音图书数量不多的情况下,应以科教图书为主,兼录一些其他类的图书。为了实现这一目的,必须建立国家盲人图书录制中心和若干个录制分中心,该机构应隶属国家出版局,业务上归国家图书馆盲人图书服务部指导。

4.建立盲人图书资金集资会

实践告诉我们,没有雄厚的资金,是无法完成建设我国盲人图书馆这一宏愿的。目前我国还是发展中国家,财力还是有限的,不可能拿出太多的钱投入盲人图书馆的建设。所以,笔者认为,建立盲人图书资金集资会是解决资金短缺的好办法。盲人也是我们社会的成员,帮助盲人是我们每个公民义不容辞的责任,每个公民都应该向盲人伸出援助之手。笔者相信,盲人图书资金集资会:定会得到全社会的鼎力相助,并且会起到相当大的作用。国家盲人图书集资会应是国家图书馆盲人图书服务部的下属机构。

5.建设高素质的盲人服务队伍

为盲人服务和为正常人服务是有很大区别的。因为盲人丧失了视力,个人的活动能力受到了限制,很多正常人自己能办的事情,对于盲人来说都需要别人的帮助。这就决定了为盲人服务的馆员必须具备更大的热情、更高的责任心、更强的同情心。

第四章 图书馆阅读推广模式

第一节 阅读推广模式构建理论基础

阅读推广模式作为阅读推广活动中最为基本的内容其理论基础也较为重要。阅读推广模式，顾名思义即为图书馆在进行阅读推广活动时所采用的基本运行规范。如果对阅读推广模式没有成熟的解释，阅读推广活动会长期处于缺乏组织、活动老套的阶段，难以使阅读推广活动走上有序、新颖的科学发展道路。

阅读推广模式主要是作为推广对个人或者组织有益的阅读活动的流程规范，通过这类流程使阅读推广活动组织更加规范，对阅读活动的开展起到积极意义。

而图书馆阅读推广活动模式主要靠规范的流程和广泛的宣传提高读者的阅读兴趣，靠舒适的空间和良好的氛围帮助读者养成阅读习惯，靠丰富的馆藏来扩大读者阅读效果。

一、传播学理论基础

阅读推广活动作为一种传播活动，需要借助、参考和利用传播学的理论，基于传播学来推进图书馆阅读推广活动的发展。基于传播学理论，任何阅读推广活动的组成要素均为：阅读活动推广主体、阅读者、阅读推广对象和推广媒介。

将这几要素聚合在一起，通过一定的设计、组合和搭配，使其相互作用，最终形成一个知识共享、提升层次的组合闭环。

（一）活动推广主体

阅读推广活动的主要承办单位即为活动推广的主体。本节主要讨论的是图书馆阅读推广，因此活动推广主体为图书馆。图书馆作为推广主体,主要承担着导向性的作用,通过活动的举办引导各类读者,例如成人、学生、儿童进行阅读,提高其阅读的积极性,增强活动效果。

(二)活动内容

图书馆作为阅读推广活动的主要承办单位,阅读对象决定阅读内容。现如今随着技术的发展,阅读对象也由传统走向数字。传统的纸质图书、期刊等已无法满足如今成人和高校学生的阅读量,因此以数字媒体为载体的信息逐渐被年轻人所喜爱。例如,在进行高校图书馆阅读推广活动时,学生作为参与的主体,应积极了解其阅读需求,在进行馆内纸质图书推广的同时,数字阅读也应得到重视,选取学生所感兴趣的内容提升活动开展效果。

(三)推广媒介

阅读推广活动进行推广的渠道即为推荐媒介,主要指该活动通过哪些渠道进行推广、宣传。现如今阅读推广活动的推广渠道较多,主要有访谈对话、讲座培训、参观实践、图书推荐、观摩展览、社团活动、文字网站、竞赛(征文、技能)、视频展播、电视节目、图书漂流等。随着新媒体的发展,微信公众平台、微博等社交网站也作为推广媒介,高校学生通过这两种媒介进行阅读活动的频率较高,因此高校图书馆在进行活动推广时应将推广重点集中在微信、微博等新媒体,以增强读者兴趣。

(四)阅读者

图书馆的阅读推广活动,阅读者主体多种多样。例如,图书馆在开展面对学生的阅读推广时,学生的需求是最主要考虑的因素,需要通过学生的需求来确定活动的内容和方式。同时通过性别、年级、专业等分类后,针对不同的类型进行不同的推广这才有助于推动个性化阅读推广活动真正实现。

(五)效果评价

效果是读者在参加阅读推广后,在心理、情感、认知等方面产生的各种反应。也基于此来判断阅读推广活动是否成功。仅通过活动入场人数、活动场次等简单的标准来衡量阅读推广活动,缺乏业界公认的评价标准。

二、营销学理论基础

市场营销一般是指企业或个人将所卖商品及服务通过营销的手段推荐给顾客。从中抽取四个核心要素，其中主体是企业，执行者是营销人员，受众是消费者，内容是商品及相关服务的推介及促销。

（一）面向产品分析

产品是指企业或个人针对某一产品确定其对消费者的吸引力同时制定其营销策略的要求。在图书馆阅读推广中，馆藏资源即为"产品"，如何最大地发挥馆藏资源的作用即为图书馆阅读推广活动开展初期最应注意的问题。

图书馆在进行阅读推广活动开展的初期，要对馆内现有资源包括纸质资源和数字资源进行细致的排查，掌握现有资源情况，基于此来大致确定阅读推广活动的主题。读者的需求和偏好也是确定活动主题一个重要因素，通过图书馆后台集成系统，初步总结读者的借阅历史，通过和馆内资源的对比和筛选，从而最终确定阅读推广主题。

（二）面向成本分析

成本是企业通过对顾客的需求量等一系列参数进行分析总结后所得出的较为合适的一种营销策略。在阅读推广活动中，"成本"即为图书馆举办一场成功的推广活动的所需策略。

读者作为阅读推广活动中最为重要的存在，考虑读者成本是阅读推广活动开展的重要因素之一。阅读推广活动应在人群密集、交通便利的地方展开，以此减少读者的乘车时间，活动应利用读者休息的时间，如周末、节假日，确保不会影响读者上班时间等。在考虑读者成本的同时，图书馆在开展阅读推广活动时成本和活动规模应由图书馆经费来决定。在活动开展时所需的展板费用、采购费用、场地费用、专家费等费用均要由图书馆承担，因此图书馆在举办阅读推广活动时，要充分考虑到自身经费问题，选择合适的规模举办活动。

（三）面向渠道分析

渠道对降低企业成本提高竞争力有着极大的影响作用。而在阅读推广活动中，渠道即为高校图书馆应尝试多方合作，拓宽活动范围。

图书馆可以与当地公共图书馆、其他高校图书馆或是民间社团组织联合,增加活动形式。在专业阅读推广人方面,公共图书馆在培养专业阅读推广负责人方面远比高校图书馆更为专业,通过馆际合作推广高校图书馆可以借鉴公共图书馆在阅读推广方面的优点,取长补短,同时也可获得更为优质的资源。

(四)面向促销策略分析

企业运用促销策略吸引更多顾客,以提高销售量。阅读推广活动中,图书馆的促销策略即为推出更多新形式和新的宣传方法以吸引读者。

图书馆应推出更多新形式。当前图书馆的推广形式较为雷同,缺乏创新,对读者吸引力不大,图书馆应创造新的推广形式,基于读者的需求从而提升阅读的阅读质量。现如今,微信公众平台、微博等社交媒体被学生广泛使用,图书馆阅读推广活动可以基于这两种社交媒体进行宣传,活动宣传的同时也在媒体上提供一部分馆藏资源,以提高读者的阅读兴趣。[①]

(五)面向人员分析

阅读推广人作为图书馆阅读推广活动开展中最为重要的一环,其选拔和培养则决定了图书馆阅读推广活动主题选择是否正确。图书馆应积极借鉴当地高校图书馆阅读推广人的培养经验与之联合,从而形成完整的阅读推广体系;另一重要人员即为读者,在阅读推广活动中,读者的参与感直接影响了阅读推广活动的效果,因此需要积极探索如何增加读者的参与感和互动感,有目的性地更改活动流程。

(六)面向服务特色分析

通过有特色的服务,使顾客对企业产生期待或产生回忆的能力。图书馆在进行阅读推广时,应突出本馆的特色,使读者在进入展馆后能留下较好的第一印象。馆员在回答读者问题时,也应积极热情,使读者对图书馆留下较好的印象,在回答问题的同时,馆员应通过具体问题来了解读者的需求,确保提供准确服务。

(七)面向过程分析

过程是指顾客在获得商品前所经历的一系列活动,通过这一系列活动,顾客最终才能获得商品。图书馆阅读推广中,阅读推广的流程即为

①杨敏.图书阅读推广文化探析[M].合肥:合肥工业大学出版社,2019.

过程,通过改善服务流程来完善阅读推广活动。

图书馆阅读推广活动中,各个部门的配合极为重要,加强各个部门的协作,才能确保活动稳定开展。在活动开展前,各个部门在准备服务流程时,应加强沟通,确保服务流程的完整性。在活动开展时,馆员应密切监控各个环节,提前考虑不利因素,确保活动顺利进行。

三、教育学理论基础

如果说传播学和营销学与阅读推广的结合侧重于"推广"一词的话,教育学则侧重于"阅读"。阅读与教育的关系是密不可分的,它们相互影响、相互制约。目前图书馆阅读推广的模式中,与教育学相关的借鉴集中在学习理论方面。研究显示,一个组织中至少有75%的学习是非正式的(碎片化学习就属于非正式学习的一种),而图书馆在辅助读者碎片化学习方面可以起到协助者、引领者和教学者的作用,基于此,周秀霞等提出了3L的阅读推广模式,具体指出图书馆在大学生的AL(Assistance-Learning)、TL(Teaching-Learning)、PL(Practice-Learning)三种学习状态中的资源保障路径和智力支持措施。

建构主义是当代学习理论的重要流派,而新建构主义则是随着网络时代的到来,学者对建构主义的更新。新建构主义认为学习最重要的不在施教者,而在学习者的自我知识构建,这种构建包含有情境、协作、对话、意义建构和共享五要素,有学者据此设计了盲人阅读推广模式,将其扩展成为主题设计、创设情境、学习指导、协作对话、成果分享和学习反思等六个方面。

四、阅读循环理论基础

20世纪末,"阅读循环理论"由阅读专家艾登在《打造儿童阅读环境》一书中首次提出,由选书、阅读、回应三个循环往复的环节所组成的阅读完整流程。

(一)选书

阅读推广活动中,选书即为选择活动开展主题,通过对图书馆馆藏资源的调查分析,选择出最为合适的主题,图书馆馆藏资源为阅读推广活动开展的基础。图书馆所需要推广的资源,均是通过对馆藏资源的总结从而选择出来加以推广,该类资源引领读者养成良好的阅读习惯、提高读者的阅读兴趣。因此,馆藏资源作为重要的阅读推广活动资源其选购和建设极为重要,要确保读者能读上好书,使高校图书馆的核心竞争能力逐渐提高。

(二)阅读

美国学者钱伯斯认为在认真读书时一定要心无旁骛,在安静的环境下,不仅仅基于眼睛看到文字。阅读推广活动中,环境不宜太过嘈杂,应给读者保留思考的空间,在进行阅读推广活动的子活动时,静谧的环境可以给读者带来更多消化、回味的空间,让读者在安静、轻松的阅读环境下,体会书籍最深层的含义。

(三)回应

回应即为阅读推广活动之后读者所提供的反馈。传统图书馆的阅读推广只重视活动的开展,忽略活动结束后的读者反馈,这一行为主要将图书馆作为阅读推广的主体,因此忽视图书馆与读者之间的互动性。随着时间的发展,读者逐渐取代图书馆成为了阅读推广活动中的主体,读者的反馈和参与感才逐渐被重视,只有不断吸取读者的意见,增加读者的参与感,图书馆才能吸引更多读者到来,提高阅读推广活动开展的效果。

第二节 图书馆阅读推广传统模式分析

近年来,随着全民阅读的热潮兴起,阅读推广在全社会广泛开展,各界各层都取得了相当多的实践经验。越来越多的人们逐渐认识到,阅读推广作为一项实践性极强的专业活动,要想发展得更好走得更长远,必须得到深入系统的理论支撑,由此学术界针对阅读推广的理论研究也开展得如火如荼。

一、用户—专家—推广者

用户—专家—推广者模式中专家作为该模式中的渠道,由图书馆作为推广者对学生等用户进行推广,该模式主要以专家进行各方面的讲座为主,学生参与为辅,由著名专家引导学生如何进行正确的阅读或对图书馆的信息资源进行讲解介绍从而提高学生的阅读兴趣。

(一)以高校图书馆部门专家讲座为渠道进行推广

由高校图书馆组织,与学校各部门联合,推动各层级学生积极进行阅读推广讲座。高校图书馆邀请部门专家讲述读书的方式方法、从读书中领悟到做人做事的道理、弘扬传统文化。由高校图书馆所举办的该类讲座,使读者更加深入地了解图书馆所具备的特色资源,使在校学生的阅读和信息使用能力明显提高,且已成为高校图书馆阅读推广活动中的重要组成部分。

"悦读人生·追梦中国"——南京大学第14届读书节闭幕式于2019年9月27日在仙林校区杜厦图书馆如期举行,该读书节目前已经持续至第十四届。讲座邀请了古籍特藏部的主任,对馆藏古籍的前世今生进行了详细的剖析讲解。该讲座有别于严肃的学术研讨会,讲座中老师会更加注重学生的参与感,使学生近距离接触古籍,将讲座作为提升阅读兴趣的开始。

深圳大学图书馆为提高图书馆文献资源利用率,满足全校师生在教学、科研和学习过程中对查询与利用文献信息资源的需求,图书馆参考咨询部会定期或不定期组织"信息素养教育"系列讲座,邀请各个图书馆的优秀馆员或是全国的各方面的权威专家作为主讲。

(二)以校外阅读推广专家为渠道进行推广

阅读推广方面的著名专家由高校图书馆邀请,对大学生的阅读行为、如何选择图书等一系列问题进行诠释和讨论,基于此次讲座使高校学生的能够积极地参与阅读推广活动,促进阅读行为,再通过媒体的报道,该次讲座的影响力会再次扩大。

河南省图书馆学会副理事长张怀涛老师在郑州财经学院做了题为《在经典中畅享阅读之美》的专题读书报告。该次报告围绕"在经典中畅享阅读之美",以生动活泼的演讲,将开展阅读推广活动的意义、经典阅读的意义等传达给在校师生,使其清楚地了解阅读推广活动。

二、用户—平台—推广者

用户—平台—推广者这模式将平台作为渠道进行阅读推广,该类模式是高校图书馆最为常用模式。高校作为推广者,将需要推广的内容通过以搭建好的平台进行推广,或是通过进行活动平台建设从而推进阅读推广,此举有助于营造校园的良好氛围,提高读者的阅读兴趣,同时一些高校图书馆也将其打造成独有的品牌。

(一)以构建校园文化中心平台为渠道进行阅读推广

读书节、读书月等活动是校园文化中心平台的重要组成部分。每届的读书节在保留原本较为经典的节目的基础上,创造性地加入新元素,使阅读推广活动在传承中继续发展。自1995年以来,每年的4月23日被确定为"世界读书日",围绕着"世界读书日"各所高校图书馆均会推出各式各样的读书活动,通过该项活动拟达到为全校师生推荐图书的目的。

郑州大学读书会作为郑州大学的校园文化品牌,从2010年起每年与多个院系联合举办各种读书活动,旨在促进学生阅读,提高阅读兴趣。读书会所承办的青椒书话是为全校师生打造的一个互动式的读书沙龙,以"菁英、经典、精品"为目标。"青椒书话"曾邀请优秀青年教师分享读书感悟,让同学们在话家常般的温馨氛围中得到启迪。

(二)以构建线上线下图书推荐平台为渠道进行阅读推广

于2003年11月在南京举行的首届"中国人文家教育高层论坛"。基于此次论坛,2003年11月以来,由河南省高校图书馆情报工作委员会发起的"阅读文化经典,建设书香校园"活动,已经在河南省内多个高校开展。截至2017年,河南省内高校不懈开展"阅读文化经典,建设书香校园",通过此次阅读推广活动,使省内高校学生进一步理解阅读推广活动,同时积极阅读文化经典,提升在校学生的文化修养和阅读兴趣。

河南师范大学的"阅享经典书香师大"好书推荐活动积极响应了高校图书馆情报工作委员会的号召,该活动的开展在全校也掀起了读书的热潮。通过院长荐书、学子荐书等环节鼓励全校师生积极参加,有效推动了师生之间的友谊。[①]

(三)通过构建读者演绎平台为渠道进行阅读推广

图书馆阅读推广方式中最为普遍的就是读书交流,虽然普通,却受到

---

①黄红梅. 图书馆移动阅读推广营销模式及其优化研究[J]. 图书馆工作与研究,2021(02):123-128.

广大师生的欢迎,并且在阅读推广活动中占有一席之地。一般的读书交流会被分为两种大的类型:①随意交流型。在举办交流会的前期,通过微博、微信公众平台发布交流会的主题,在现场由主持人作为主体引导交流。这种类型的交流会很容易出现交流深度不够等问题。②深度交流型。此种类型以参加交流会的学生为主体,采用PPT等形式加深交流程度、扩大交流范围。基于上述两种类型,情景演绎读书交流会是将情景剧表演、视频资料播放等一系列要素与交流会相结合,使阅读推广活动过程更加形象,加大对读者的吸引力。

郑州大学图书馆在阅读推广活动中加入了舞台剧表演、视频资料播放等要素,使得阅读推广活动更加深入人心,同时也加深了学生读者对阅读推广活动的兴趣,积极推动了高校图书馆阅读推广活动的发展。这种通过情景演绎平台为渠道的推广模式掌握了开展活动的主动权,从而使活动更加贴近生活,同时也因高校大学生对新鲜事物敏感,该种类型的读书会也受到高校学生的喜爱。

(四)通过构建图书互助平台为渠道进行阅读推广

源于20世纪60—70年代欧洲的"图书漂流",读者可以从多个地点找到所需要的图书,在阅读完毕后,读者可以将书随便放在公共场所,下一个读者可以将其取走,进行阅读。这种在素不相识的人之间传递图书的过程,旨在分享、传播。

2011年4月21日郑州大学图书馆在庆祝第16届世界读书日的同时,河南省首个规范的高校漂流图书阅览室正式开放,也使大学文化更上一个层次。漂流书的借阅非常方便,读者只需将已阅读完成的图书贴上标签,制作成书卡,投至图书漂流会,即可完成。

三、用户—网络—推广者

随着科技的发展用户—网络—推广者这一模式更加为学生读者多接受,现如今进入新媒体时代,高校阅读推广更多基于微信、微博等社交媒体,通过该类社交媒体潜移默化地影响学生阅读。该模式将网络媒体作为渠道,更好地深入学生读者生活。目前多家高校图书馆开通了微信公众平台,读者通过高校图书馆的微信公众平台掌握图书馆所推荐的新书、提供书评,使读者可以积极交流。社会媒体平台作为现如今最受学生欢迎的平台,高校图书馆应借助其影响力来进行阅读推广活动。微信、微博、百度百科等互联网交互平台均是现在学生的主要信息来源,而高校图书馆阅读推广基于这些平台发布数据则能起到较好的效果。目前,高校图书馆建立自身的网站和社交媒体平台的最主要目的是沟通,除了为读者提供最基本的阅读书目之外,该网站还作为一个平台,将在校大学生、老师等进行结合,以便双方进行阅读方面的心得交流。清华大学图书馆推出的虚拟实时咨询模式图书馆智能聊天机器人"小图"就是一个很好的例子,通过"小图",学生可以查询关于图书馆的知识、馆藏图书、百度百科等,在学习之余也可以和小图聊天、谈心。

第三节 融合读者需求的个性化交互阅读推广模式

运用合适的推广模式进行阅读推广是图书馆吸引读者参加活动的前提,本节基于传统的图书馆阅读推广模式,推出新型阅读推广模式。针对本节的研究主题,采用比较研究法、文献调研法和网络调研法对国内外的相关文献进行回顾,了解本研究领域的方向和现状。对阅读推广理论、传统的阅读推广模式进行梳理,总结出传统模式的不足,从而总结出新型的模式,同时对新模式的构建进行详细的分析,实现新模式的运行。

一、模式构建

传统的阅读推广总是被理解为"图书推荐"、讲座、读书节、读书月等一系列常规活动,有了这样的思维定式,图书馆在进行阅读推广时就有了较多可以借鉴的例子,或是根据往日的阅读推广经验,对活动的内容缺乏创意、活动的宣传缺乏力度,导致最后活动乏人问津。阅读推广活动本质上就是基于读者的阅读兴趣或是阅读爱好,再加入图书馆的创新,将阅读推广活动需要宣传的内容和主题有效地传递给读者,从而对读者的阅读产生积极的影响。创新在阅读推广工作中是最重要的一项,只有了解读者的阅读兴趣、掌握更新的技术,才能在传统的阅读环境下让读者有全新的体验。

在当下移动互联网时代,高校阅读推广活动在传统推广模式的基础上也应推出新的推广模式,高校学生因为处于新媒体时期,导致其需求发生变化,学生阅读时间也呈"碎片化"趋势。学生的阅读心理也因为新媒体时期发生了变化,学生需求呈现求趣、求精、求分享等特点,从阅读内容中寻求较为感兴趣的内容。阅读推广服务也应基于学生需求形成高校图书馆推广内容,形成具有针对性、关联性数据、信息等的智能推送,从根本上提升高校图书馆的阅读推广效率,也基于此构建出如图4-1的基于学生需求的个性化交互阅读推广新模式。

图4-1 基于读者需求的个性化交互阅读推广模式(主图)

(一)读者需求调查

1.读者需求的含义

广义的读者需求是指在读者在图书馆阅读时,所需要的一系列的事物,包括读者的信息需求、读者的休闲需求等,图书馆通过这一系列的需求为读者提供服务;而狭义的读者需求,基于本节而言,读者需求即为信息需求,通过对读者所需信息的收集,推进图书馆阅读推广活动开展。

2.读者需求的获取

读者需求即为读者的喜好,由图书馆的集成管理系统、微信平台和问卷调查三部分可以统计得出。通过图书馆的集成管理系统可以统计出读者对图书的借阅和利用情况,基于该统计情况可以得出各年度的图书借阅情况,从而更准确地分析出读者需求。如温州医科大学公布了2016年的阅读借阅的数据统计分析,得出了各院系、各年级学生所喜爱的图书排行榜。邯郸学院公布了2006—2014年的图书借阅数据统计,得出了历届学生的借阅数据,并给出了相应的分析。在进入图书馆的集成管理系统后,首先将通过主题词出现的频次对读者的需求进行总结,将总结出的主题词与读者的院系、专业进行结合,分出与专业相关的专业领域主题词和与读者自身兴趣相关的兴趣领域主题词,通过分析总结得出基本的读者需求。

微信公众平台作为近年来出现的一种新型的宣传平台,被全国多所高校图书馆广泛应用。微信公众平台可以通过主动邀请的方式发挥自身的优势,利用世界读书日等活动,宣传图书馆的阅读平台,利用世界读书日等活动,宣传图书馆的阅读平台。微信平台应将读者放在第一位,针对不同的读者,推广的内容也应进行调整,多发普及面较广、契合学生心理需求的信息。关于微信公共平台方面的读者需求获取可以通过平台发布文章的点赞率进行总结获取,在着手准备阅读推广活动时,将公众平台所发布的文章的点赞率进行统计,点赞率较高的文章类型即作为这一段时间内,读者的阅读需求较高的类型。

问卷一般分为身份信息、阅读习惯、阅读倾向和阅读需求四部分。基于读者需求的个性化交互阅读推广活动在活动准备初期,会发放关于读者需求的纸质或电子问卷,问卷主体即为上述四部分组成,但关于读者需求方面的问卷调查应该更加着重地询问读者关于阅读需求方面的问题,比如:对哪些领域较为感兴趣。通过前期所开展的问卷调查,初步确定读者的需求,从而更好地确定阅读推广的主题。在活动即将结束时和结束后,也会进行纸质或电子问卷的发放,对该次活动进行总结评价,从而能更好地开展下一次的活动。①

3.读者需求的分类

图书馆在建立个性化阅读推广服务的过程中主要的观测点为学生读者和其他读者,依照学生读者、其他读者需求合理设置各项阅读推广服

---

①孙海晶.基于用户小数据的图书馆个性化阅读推广服务模式研究[J].河南图书馆学刊,2021,41(01):4-6.

务的工作内容,积极提高工作服务质量。以高校图书馆为例,其阅读推广模式的个性化主要是基于学生、教职工群体的个性化,通过分类的方法,将不同专业、不同年级、不同性别学生的需求加以分析,而其他读者则分为教职工、临时工两类,通过其进馆的借阅历史等活动进行分析。

如本科生作为高校中的主力军,大多数是以自身兴趣爱好出发进行阅读,对情感方面较为敏感,在进行阅读推广方面可以多向其推荐当下流行的畅销书;硕博研究生相对于木科生在学术方面更上了一个等级,对专业材料内容的研究更为透彻,同时硕博研究生还存在论文发表的问题,因此可以基于这两点向硕博研究生推荐撰写论文方面的讲座或专业书籍。与学生相对的即为教师,教师的阅读推广应与自身的教学相符,故应推荐较为精深与学科服务高度吻合的图书。在进入图书馆的学生中间,相较于女生所喜欢的经典图书,男生更喜欢较为实用类型的图书。基于此研究,在之后图书馆进行实用阅读推广活动时,可以将宣传海报张贴于篮球馆等男生聚集的地方;在经典阅读推广时,为吸引更多女性读者,可以引入较多女性元素。高校学生在校专业不同,阅读的侧重点也会随之改变,图书馆应基于此联合各院系教师开展专业导读。

为此,图书馆的阅读推广需要从学生读者和其他读者两类读者的需求出发,形成个性化服务内容。积极运用读者所感兴趣的内容,为阅读推广活动所服务,提升读者阅读的积极性,加深阅读推广活动的效果。基于读者需求的个性化交互阅读推广模式在前期准备方面充分考虑到学生、教师等读者的需求,相比较于传统阅读的方式较为单一,阅读氛围较为私密,对读者的参与度考虑较少,而高校图书馆个性化交互阅读推广模式在活动开展的初期会将读者需求获取总结,更好地为活动服务。

(二)图书馆阅读推广活动的开展

1.活动主题选择

图书馆阅读推广服务前期调研较为重要,如想吸引哪部分的读者和这部分读者的需求等,如果只是一味模仿其他高校的成功案例并未与本校的具体情况相结合,就达不到应用的效果,还容易造成各方面的浪费,因此读者需求调查是阅读推广活动开展之前最重要的一环,但将读者需求确定之后,图书馆馆藏资源也对主题的选择有着较大的影响,将读者需求和馆藏资源相结合,从多个方面对主题进行选择,从而策划出独具特色的主题。

图书馆开展阅读推广活动图如图4-2所示。

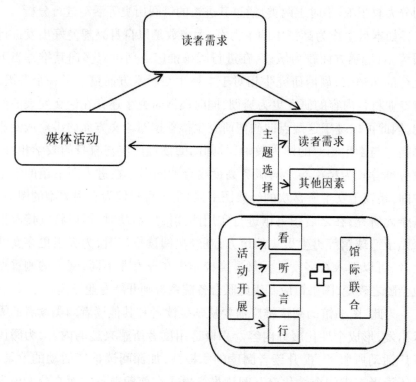

图4-2　图书馆开展阅读推广活动图

2.活动开展

基于读者需求的个性化交互阅读推广模式的图书馆阅读推广活动开展时主要分为:看、听、言、行四个部分。以高校图书馆为例,学生社团在阅读推广活动中也占有重要地位,高校图书馆可以与学生社团联合,通过学生社团对在校学生的阅读兴趣和阅读习惯进行调查研究,从而总结出优秀的阅读推广方案。

看:图书馆可以通过举办一系列基于活动主题的展览或将平时读者难以参观的一些馆藏资源珍品进行展览,以推广主题相似的图书组成的主题书架,与主题相关的电影放送会等以增加客流量;听:常规的基于主题的讲座,与主题相关的朗诵会,使读者去倾听书的深层内容;言:在读者进行过看、听两个部分之后,"言"这一部分主要由读者相互交流完成,举行读者沙龙等活动增加读者之间的交流;行:图书馆邀请知名作者与读者面对面的交谈活动等,推广活动应该注重读者的参与度,而行的方面就应确保读者能积极地参与到阅读推广活动中,加深该次阅读推广活动的效果。在图书馆开展活动的同时,为了让读者有较为良好的体验,图书馆的内部建设应更加符合读者的要求。就目前大众阅读尤其是大学生阅读行为习惯来看,尽管使用目的不同,但大多数读者都侧重于阅读空间的独立性,可以考虑开发出个人学习空间和合作学习空间,无论是单人使用还是供多人讨论使用的相对私密的设计可以让空间的利用率更高。

高校图书馆应与当地公共图书馆积极开展合作,公共图书馆在阅读推广活动方面经验丰富,高校图书馆应利用公共图书馆的优质服务经验,与其进行积极地合作,运用公共图书馆的专业阅读推广活动人才,有助于促进高校图书馆自身阅读推广活动的进展。在与当地公共图书馆合作的同时,高校图书馆也可与民间社团合作,基于民间社团的优秀文化资源,高校图书馆与其开展合作也可为阅读推广活动提供新的形式和内容。高校图书馆可以专门开展民间艺术阅读推广活动,邀请民间社团参加,通过其表演提高读者的阅读兴趣,促进阅读推广活动的发展。

(三)图书馆阅读推广活动开展后的媒体传播

图书馆的个性化交互阅读模式应基于社交媒体,将社交媒体与高校图书馆的阅读推广内容相连,从而形成新的阅读推广模式。云平台作为现如今大力推广的信息储存平台,在高校阅读推广中也应起到重要作用,将所要推广的资源上传到云平台上,使读者可以随时进行阅读活动,不受时间、空间的限制。

1.微信、微博传播

微信公众平台作为现如今较为流行的阅读推广平台在活动开展的后期可以作为活动成果展示的平台,将活动进行编写成文字或者进行拍照然后发布在微信公众平台之上,以供未参加活动却感兴趣的读者参考。在活动结束后,将活动评价问卷发布在平台上供参加的读者进行活动效果评价,最后进行数据统计。对下次阅读推广活动的主题,读者也可在下方留言,经公众平台筛选作为主题备选。

微博传播和微信传播的不同在于,微博可以即时进行传播,不论是活动的开始、活动的高潮或是精彩瞬间均可编写微博发布传播,而微信传播不仅可以对活动进行实时直播,也可发布活动感言、评价问卷,并对下次活动内容进行投票选择。

但在活动结束之后,图书馆的官方微博可以发起投票,对此次的活动进行评价,或允许读者在微博下方进行评论提出此次活动的不足,或是对下次活动的展望,通过读者的评论以完善活动的流程,确定备选主题。

2.微电影传播

微电影的制作主要基于新媒体平台,通过该平台制作或播放可以短时间移动观看,具有完整情节的电影短片。通过微电影将图书馆此次阅读推广的主题融入进去,形成一部10~15分钟的有情节的微电影,或是在活动即将开展作为活动的预告片,从一部或是一系列的微电影作品中突出活动的主题。

图书馆阅读推广和微电影相结合,可以通过微电影使学生能更加深刻直观的地了解所推广的书本内容,此举也更加贴近读者生活。微电影通过完整的故事情节、学生的演绎,进而引发读者的进一步思考,使读者可以将兴趣从电影转换至图书,也可与爱好相同的同学进行交流,达成二次传播。

在基于新媒体进行阅读推广活动中,高校图书馆阅读推广的服务不仅仅局限于馆内推广,读者在参加阅读推广活动后,也可以将对该次活动的意见或者建议反馈至新媒体运营平台上。简单来言,基于读者需求的个性化交互阅读推广模式,图书馆在了解读者需求后,进行的一系列服务均将读者作为阅读推广的主体,从而更好地推动阅读推广活动的后期进展。基于现在读者时间"碎片化"的原因,新媒体运营平台可以更好地将阅读推广活动进行宣传,通过各个运营平台简短的几行字,使读者轻松获取阅读推广活动最新的信息。随着新媒体运营平台利用读者"碎片化"时间的发布,高校图书馆阅读推广活动的信息可以更快、更准地传达给读者。

二、基于读者需求的个性化交互阅读推广模式特点

(一)以读者需求为基础

传统的阅读推广活动在前期准备方面对读者需求的了解不够,只是

单纯为了完成活动依附于当时的潮流,并不注重读者的阅读兴趣和爱好从而缺乏前期的调查,在活动结束后对活动的完成效果也并未进行评价和整改。在活动结束后,效果评价并未及时进行,活动效果也许达不到理想的程度。

基于读者需求的个性化交互阅读推广模式,在前期准备方面要充分考虑到各类读者的需求,相反传统阅读推广的方式较为单一,阅读过程较为私密,对于读者的需求关注还不够,参与度较低。图书馆在个性化交互阅读的开展过程中最需要读者的参与,活动开展的初期也会将读者需求获取总结,更好地为活动服务。在阅读推广活动准备的初期就进行图书馆的后台系统收集和读者需求的问卷调查,使活动的内容更加贴近读者,在选择活动的主题和活动形式的时候,也将基于图书馆的后台系统和问卷的信息,选择最为合适的内容和形式,使得读者能够获取更多信息。图书馆馆藏大量文献,在开展各式各样的主题的活动中将图书馆的资源加以宣传,一方面使读者了解图书馆,加深对图书馆资源的熟悉度;另一方面,通过这些各式各样的活动,读者可以了解学习新的文化知识,以提高自身的学习素养和文化修养。在个性化交互阅读活动开展的过程中,图书馆也会主动鼓励读者进行信息交流,从中加深感悟,获得收获。

(二)推广载体多元

以高校图书馆为例,大学新生在出入大学阶段,并不能很好地适应图书馆带来的服务,因此高校图书馆在积极地为新生进行入馆培训的同时,也应运用新生依赖网络的心理,加强数字阅读的推荐。传统的阅读载体一般为纸质,如报纸、书籍等出版物,也因此形成了单一的阅读形式,基于这种阅读形式,传统阅读形式难以激发读者对阅读的兴趣。相比较之下,交互式阅读则不一样,通过将单一的出版物转换为声、光、影等多种载体的集合,再由展览、讲座、导读、推荐等多种形式表现出来,加大读者的参与力度,使读者通过多种形式对图书馆所推荐的图书有具体的感知印象。与此同时,个性化交互阅读在满足学生心理方面也起到很大的作用,基于不同的载体,使学生的心理逐渐独立,扩大其交友范围。

(三)创新的推广途径

图书馆阅读推广活动的有序实施依赖于新的阅读推广渠道的使用。

传统的图书馆阅读推广对推广的途径并没有很好的认识,推广时间和推广途径并不是基于读者的阅读需求来进行,而是独自确定时间和途径,在推广的目标规划上还不是特别清晰,这就降低了阅读推广的最后效果。相较于传统的阅读推广,个性化阅读推广注重的是读者的需求和兴趣,随着人们生活节奏不断加快,碎片化的阅读已成为当代年轻人一种常见的阅读方式,微博、微信等社交媒体在当代大学生群体中的广泛应用,也促进了高校图书馆使用这些新型社交媒体进行信息传播的力度。基于微信、微博等社交媒体,图书馆可将自身馆藏完全地展现给读者,同时增加查询功能,将优秀的馆藏文献通过数字的形式展现,为读者增加阅读量。

(四)创新的推广形式

图书馆阅读推广活动应以创新的推广形式吸引读者。在个性化阅读推广中,推广形式相较于传统的阅读推广有了新的突破。传统的阅读推广只是运用简单的形式从而达到推广的目的,而个性化的阅读推广则在最基本的推广形式的基础上,并不浮于表面而是更加深入地探讨推广书籍的内部深意。运用创新的推广形式,高校图书馆才能积极地推进阅读推广活动有序的发展。

基于读者需求的个性化交互阅读推广模式相比于传统的阅读推广模式更加注重读者的参与度和读者之间的交互。传统的阅读推广模式在活动开展时,就只注重对书籍一类的推广,而对读者的参与度和交互程度并不注重。如若读者对推广活动的流程或是某一方面存有疑问,举办方在不注重读者的参与度、交互程度的情况下并不会对已有流程进行说明解释,这会导致读者对活动存疑的同时降低读者的参与度和交互程度,使活动开展效果大打折扣。基于读者需求的个性化交互阅读推广模式在开展阅读推广活动时,对读者参与度和交互程度有着严密的观察。在准备阅读推广活动时,举办方发放问卷调查读者需求,在发放的问卷中包括多种专业、年纪,从收回的问卷中总结出较为合适的活动主题,在活动开展时,传统阅读推广模式在这一阶段较为容易忽略活动参与者的需求,而基于读者需求的个性化交互阅读推广模式在这一阶段积极地开展交流会等活动,加深读者的参与度和交互程度,使读者在参与活动的同时通过交互获得更多知识;在活动结束后,传统阅读推广模式并不关注活动结束后的反响,活动结束就开始准备下一次的活动,并不进行经验总结,而基于读者需求的个性化交互阅读推广模式在前一次活动结束后,会再次进行问卷发放,对该次活动的各个流程进行评价,问卷收回后,由专人进行汇总,总结出该次活动的问题、应改进的地方,以便于下次活动开展时进行改进。

(五)创新的推广机制

为扩大阅读推广活动的规模与影响力,当地公共图书馆应积极配合当地高校图书馆以及学校内部各个部门开展活动。高校图书馆应利用专业的阅读推广人才组成专业的阅读推广团队或协会进行活动推广。阅读推广人才作为图书馆阅读推广活动的核心团队,阅读推广人才应与公共图书馆阅读推广专家共同学习,使图书馆阅读推广活动的影响更加深远。

相较于传统的图书馆阅读推广,个性化阅读推广,在活动主题选定方面:活动筹备初期积极分发问卷调查读者需求和读者兴趣,同时将读者进行分众、分级,不同的读者有着不同的爱好,基于此将读者的兴趣和需求与图书馆自身相结合,通过此举来确定推广活动的主题。在活动方式方面:图书馆传统阅读推广活动方式比较单调,如书目推介、读书节、读书月等传统的阅读推广方式,而高校个性化交互阅读推广打破了传统的阅读推广方式,在传统的读书节和读书月的基础上与社会上的文化力量进行合作,通过合作扩宽读者视野,进而有效地完成阅读推广活动。

基于读者需求的个性化交互模式的核心是"读者需求"。各个高校图书馆的具体情况不同,但这并不影响该模式在阅读推广中的运用。阅读推广活动不分大小、不分举办的时间和地点,只要举办方以"读者需求"为中心,积极运用分类分众的方法,都可以圆满地完成阅读推广活动。但在重视读者需求的同时,高校图书馆也应根据自身的馆藏,合理运用资源,选择恰当的活动主题。

图书馆在构建阅读推广服务模式时要对各类读者主体进行强调,依照不同读者使用状况全面分析阅读推广服务需求,形成明确的阅读推广服务方向;在阅读推广服务的大环境下,要加强监督、努力构建有序、智能的图书馆阅读推广服务体系;各部门应认真履行职责,积极完成各自工作,为阅读推广活动提供优质服务;在开展图书馆阅读推广活动时,要从阅读推广主题选择、阅读推广人员设置、阅读推广形式选择等方面协调全局,深化阅读推广活动;运用多种手段提高阅读推广活动的质量,促进图书馆阅读推广发展。

第四节 中外图书馆阅读推广模式的比较

20世纪90年代以来,知识经济蓬勃发展。在这种知识爆炸的时代,各种新知识、新观点不断涌现,让人目不暇接,而知识的换代更新速度在相当意义上标志着一个国家发展的步伐,阅读是一个自我学习新知识、新理论的最好方式。所以说,在这个时代,国与国之间在经济往来和文化交流等方面的博弈,最终将取决于这个国家的民众在多大程度上把阅读作为其基本生活方式的一部分。

一、中外图书馆阅读推广实践比较

(一)阅读推广目标人群

从关注的对象来说,由于青少年儿童是未来国家的栋梁,因此中外公共图书馆都比较关注针对少年儿童的阅读推广活动,英美两国和南非公共图书馆甚至从婴幼儿时期就开始进行早期阅读指导,很多图书馆在婴儿一出生就配发图书证或图书礼包,鼓励新生儿父母进行亲子阅读,从小培养阅读习惯、阅读兴趣,引导他们将来成为图书馆用户,这一做法得到了我国苏州图书馆的仿效。当然,针对成人读者,英美图书馆对失业人士提供诸如谋生技能方面的学习和培训,对于存在阅读困难、阅读障碍的读者提供相应的辅助。针对盲人、行动不便、住院病人以及监狱囚犯等弱势群体,也有不同的推广活动。中国很多公共图书馆也有开展针对特殊人群的推广服务拓展、配备了适宜的馆内设施和资源。

(二)阅读推广活动的覆盖面

英美两国公共图书馆体系比较完备,几乎实现了全覆盖,英美两国几乎每个村、镇都有公共图书馆,就近解决附近国民阅读问题。我国公共图书馆主要聚集在县级以上的区域,因此仍有很多改善的空间,需要在资源得到充分保障的前提下,向这些地区努力拓展和延伸图书馆阅读推广活动。

(三)阅读推广形式多样内容丰富

中外公共图书馆普遍采用了讲座、论坛、各类阅读竞赛、读书会、诵读会、音乐会、喜剧表演等传统推广方式,英美两国较多图书馆也采用新兴推广方式,如图书馆出借电子阅读器方便读者阅读、举办读书帐篷、睡衣派对等。在阅读推广活动的宣传上,各国图书馆采用了报纸、广播、电视、网络(比如搭建微博互动平台)等宣传渠道,英美两国有些公共图书馆还聘请了知名人士(如著名作家、桂冠诗人或插图画家)担任阅读大使突出宣传效果,精彩的活动项目还会拍成视频短片放在阅读推广网站,供阅读爱好者下载。

有些图书馆比如上海图书馆和美国国会图书馆举办推广活动时还设置了体验区,加强读者对图书馆各项服务的了解。因此多样化而富有特色的推广形式是吸引读者和阅读爱好者的最有效手段。

(四)阅读推广的合作伙伴广泛

中外公共图书馆都比较注意跟学校的合作,公共图书馆都与当地学校通力合作,馆内配备具有一定能力(比如拥有良好的人际沟通技巧、态度和善、熟悉孩童心理等)和专业素养的工作人员对中小学生进行课业相关的阅读指导和课外书籍的导读。此外,中外公共图书馆一般都注意与出版商、新闻媒体、书商、作家、教育界、商界、社区和家庭等建立长期而稳定的协作,共同促进全民阅读,尤其注意与赞助商的合作。

(五)政府对阅读推广的重要作用

各国政府都认可阅读对提高本国劳动力人口的竞争力、提高国民生活质量、促进国民积极参与社会事务的重要作用,因而国家政策(尤其包括阅读策略在内的教育政策等)对公共图书馆阅读推广影响很大。有了政府的支持,就意味着政策、法律法规、财政拨款等有利于图书馆事业持续发展的关键条件得到了明确保障。再加上通过政府的综合协调,可以联合各地文化部门、图书馆、学校、企事业单位等的资源一起组织或支持阅读推广活动的开展,各地政府制定的阅读策略和活动也可以使得阅读推广资源和人才实现本地均衡化,从而形成阅读文化,打造阅读社会。①

(六)重视引入志愿者服务

图书馆导入志愿者服务机制是很有必要的,吸引更多已退休图书馆工作人员以及社会公众加入志愿者队伍并参与图书馆管理能够在一定程度上弥补图书馆经费和人手的不足,也能促进社会公众对图书馆服务的了解,提高图书馆的利用率,提高国民阅读率。在实践上,中外公共图书馆都比较重视引入志愿者服务。显而易见,英美两国实践得早,经验多,引入机制(制定了包括招聘、培训等规定)相对成熟,南非公共图书馆志愿者服务参考了英国的做法,我国则在《公共图书馆服务规范》首次提出了"志愿者队伍"条款,也借鉴了国外公共图书馆的成功经验。

二、中美国家图书馆比较案例

美国国会图书馆是美国最重要的中央级图书馆,也是美国最大的综合性图书馆。与国国家图书馆一样,美国国会图书馆也是美国的国家总书库,肩负着保存国家文化资源,推动和创造社会知识进步,引导全美图书馆工作发展的中央图书馆使命。因此,本节中将尝试比较美国国会图书馆与我国国家图书馆的阅读推广,总结我国国家图书馆阅读推广的现状、特点、与发展趋势。

(一)专科专人与分站点建设

1977年,美国国会图书馆图书中心成立,其主要任务是推广图书、阅读、文学、图书馆以及对图书的学术性学习和研究。作为美国国会图书馆阅读推广的专门部门,图书中心拥有主任、项目官员、通信官员、项目专家、分中心主管、项目助理等七位图书馆正式专职人员,并下属诗歌与文学和青年读者两个分中心。

20世纪初期,中国国家图书馆成立文化教育部,后改名为社会教育部,以向全国社会推广图书、阅读和图书馆,教育民众,提高全民文化水平和阅读素养为主要任务。社会教育部被定位为国家图书馆阅读推广的主要承担者,直接隶属于国家图书馆最高层领导,拥有部处级主任和副主任两位,下设讲座组、教育培训组、摄编组和展览组四个分组。现在

---

①来荣. 中外图书馆阅读推广活动的实践调研、理论探索[J]. 大学图书馆学报,2020,38(03):127.

世界范围内的许多大型图书馆都设立了专门负责读者阅读推广的部门,美国国会图书馆和中国国家图书馆都选择在各自阅读推广迅速发展的关键时期设立专门的阅读推广部门,一方面彰显强调了图书馆对阅读推广的重视以及发展大众阅读推广的决心;另一方面也是为了适应阅读推广服务的特点需求,保障阅读推广的顺利推行和发展。

阅读推广服务的工作特点不同于图书馆大部分日常传统工作,拥有任务集中性、时间不可控性和沟通协调复杂性的特点。由于图书馆人力资源有限,图书馆阅读推广发展初期,阅读推广的工作常常由图书馆相关部门中负责组织宣传的馆员兼任。由于馆员本身有每天的日常工作需要完成,每天只能划拨出有限的时间策划和组织阅读推广活动,因此每次阅读推广活动从提出到策划再到实施往往都需要数月甚至更长的时间,严重影响了阅读推广活动的时效性。同时,由于开发尝试新型的阅读推广活动既要花费大量的精力,也存在对工作时间的不可控性,兼职馆员通常难以承担和胜任,这也是我国阅读推广活动在发展初期始终采用讲座、展览等少数几个形式的重要原因。

阅读推广服务还由于其工作中沟通协调的复杂性,使得这项工作无法简单分割成许多工作模块分派给不同的馆员独立完成。不像图书编目等工作,可以给每个有资质的馆员分几本书,然后一段时间后收集他们的成果,简单整理汇总就成为一项整体成果。阅读推广活动从策划到实施的过程是环环相扣的一个整体,活动从策划之初就必须有一个明确的目标和清晰的框架脉络,活动的各项工作都必须紧密围绕和服务于这个目标和框架,互相沟通,协调一致。因此,只有设立专门的阅读推广部门,安排专职人员全身心投入到阅读推广工作之中,才能保证阅读推广顺利实施、创新和发展。

同时,独立于图书馆其他部门之外的专科专人负责图书馆阅读推广活动,能够更加公正中立地站在图书馆各种纷争之外,细致发掘和全面利用图书馆的优势资源,发展各个主题和类型的阅读推广活动,均衡宣传推广图书馆各个读者服务部门,既免除了各个部门重复开展建设阅读推广活动造成的资源和人力浪费,也能为读者提供更加整体和丰富的阅读推广体验。

从1984年起,美国国会图书馆图书中心开始在美国的五十个联邦成员州内建立阅读推广分支中心。至今,所有五十个州内的阅读推广分支中心都已经建立完成,图书中心还开设了加勒比和美属维尔京群岛海外分支。这些分支中心在他们的当地推广和执行国会图书馆图书中心的使命和任务,支持当地本土文学继承、推广与发展项目,加强当地民众对图书、阅读、文学与图书馆的重视。这些分支中心每三年要向国会图书馆图书中心提交一次汇报和申请,以保持他们在阅读推广体系中的位置。国会图书馆图书中心为这些分支中心提供中心建设和阅读推广项目开展的指导,并且组织这些分支中心每年一次在国会图书馆聚会,交流经验和想法。中国国家图书馆的社会教育部虽然还没有机构层面的阅读推广分支中心,但是国家图书馆阅读推广的全国网络化建设进行了一些成功的尝试,例如:讲座组在2009和2010年分别在广州和上海开设"文津•珠江论坛"和"国图•新民讲坛";展览组联合温州、天津、山西、河北、武汉、佛山、珠海、江西、青岛等多个省市图书馆举办联合巡展;国家图书馆文津图书奖评选宣传活动深入黑龙江、吉林等多个省市图书馆。由于中国和美国都是幅员辽阔、人口众多的国家,中央图书馆的实体由于地理条件的限制,只可能靠近很小的一部分地区和读者民众,很多的图书馆阅读推广只能惠及图书馆所在地周围的读者,就像我国国家图书馆实体讲座的参与读者大都是居住在离国家图书馆不远的北京居民,这就与中央图书馆作为一个全国性图书馆,需要在全国范围内,向全国普遍的读者大众推广图书与阅读的使命相矛盾。因此,学习美国国会图书馆模式,有规划地在全国的省、市、自治区内吸纳、建设国家图书馆阅读推广分中心,将会是中国国家图书馆阅读推广组织结构发展的新需要和新方向。

(二)多样化资金来源与深度合作推广

由于美国国会图书馆的图书中心在创建时的性质是"公私合作伙伴"关系,因此美国国会图书馆每年仅为图书中心提供办公场所和专职人员编制工资,而图书中心的绝大部分阅读推广活动经费和举办图书奖项的奖金都来自企业、组织、基金会或是个人的可减免税务捐赠。例如美国著名超级市场连锁品牌"Target",每年都会将其收入的5%,以"Target的赠予"方式捐献给当地社区,用以提升教育和推广阅读。这笔捐款中有很大的份额被捐赠给了国会图书馆图书中心,用以帮助美国小学生在三年级之前能够熟练掌握阅读的能力。图书中心利用这些资金和资源,除了在本馆组织读者阅读推广活动外,同时组织资助各个分支中心,在全美国范围内联合举办大众阅读推广活动。例如,1992年图书中心从莱拉华勒斯读者文摘基金得到一笔503000美金的捐赠,用以推广美国各州的本土文学传承。图书中心利用这笔捐赠,在美国的16个图书分支中心以及其他九个图书馆举行了为期四年的"乡土的语言"文学地图巡回展览,引起全美民众对本土文学的重视。利用这些捐赠资金,国会图书中心还会接受和审核她的各个分中心提交的阅读推广活动计划,并对其中最有价值的活动内容提供资金支持或者奖励。

中国国家图书馆社会教育部则是一个完全隶属于国家图书馆建制下的国家公共服务机构读者服务部门。这个部门无论是工作人员工资、办公场所、办公经费,还是策划组织阅读推广活动所需的资金,其主要来源都是国家图书馆,或者根本地说是政府。这样的资金来源当然有它的优势所在,例如部门每年的基本资金来源稳定,获得拨款资金数量相对一致以及可预估,方便阅读推广活动的预算规划,能够为阅读推广活动提供可靠的基本资金保障;可以有效降低阅读推广部门在筹措资金、寻找赞助和捐赠方面的工作量和压力,同时没有赞助商和广告商干扰的阅读推广活动以及图书奖项评选也能够更加干净清爽、中立公正。但是,虽然国家逐步控制图书馆拨款预算,但阅读推广活动场次规模却不断增多扩大,国家图书馆阅读推广活动资金不足的现象已经成为限制阅读推广活动发展的重要因素之一。笔者认为,社会教育部在这个时候,可以尝试向国会图书馆图书中心学习,放下身段,积极引入企业、组织、个人捐款赞助,为解决阅读推广资金问题开辟新径。同时,引入捐赠者和赞助商,也在一定意义上为国家图书馆的阅读推广活动引入了一个新的监管角色,无论是在项目资金的使用还是阅读推广效果上都对社会教育部的阅读推广活动起到了监督和督促的作用,因为只有高效、优秀的阅读推广活动和组织者才能继续获得捐赠者和广告商的青睐。

1987年美国国会图书馆图书中心开始组建"阅读推广成员网络",推动阅读推广的合作伙伴关系建立和阅读推广活动的联合举办发展。至今,超过100家美国国内以及国际组织加入了这个网络。这些组织都致力于推广图书、阅读、文学和图书馆,或者有兴趣与图书中心或者其他组织合作,共同进行阅读推广项目。他们被邀请使用和协助组织图书中心过去以及现有的阅读推广活动系列,例如"美国故事会""那些改变世界的书""探索新世界""阅读"等,他们也被授权使用图书中心的名称以及标志。这些组织会和图书中心各州的分支中心一起被邀请参加每年的经验分享会,并且图书中心鼓励阅读推广网络的成员在他们所在的文化圈、行政州以及社区层面探寻与当地图书馆、阅读推广组织以及图书中心分支的合作。图书中心的阅读推广网络现有成员主要包括:①图书馆界成员,例如美国图书馆协会(American Library Association)、美国图书馆(Library of America);②图书出版发行界成员,例如美国书商协会(American Booksellers Association)、美国出版者协会(Association of American Publishers);③作者界成员,例如作者和写作项目协会(Association of Writers and Writing Programs)、作者指导公司(Authors Guild,Inc);④阅读推广协会组织成员,例如儿童图书基金会(Books For Kids Foundation)、家庭阅读合作伙伴(Books For Kids Foundation);⑤阅读推广志愿者组织成员,例如北得克萨斯州大哥哥大姐姐协会(Big Brothers Big Sisters of North Texas);⑥博物馆、公共教育服务机构以及其他组织机构成员,例如美国教育部(U.S Department of Education)、美国印第安人国家博物馆(National Museum of the American Indian)。

中国国家图书馆现有在阅读推广中的合作主要体现在两个层次。

第一个层次是宏观图书馆层次的合作。例如2012年国家图书馆与首都图书馆签署协议推进战略合作,强调两馆要联合打造"北京精神传播基地",创新阅读推广模式,加强信息发布和宣传力度,吸引更多市民走进图书馆,让阅读融入生活,让书香溢满城市。国家图书馆馆际层次的合作已经开展了较长的一段时间,有着丰富多样的合作伙伴,例如我国各层次、类型图书馆,国外图书馆、政府机构、各类院校、企业组织等。但是这类图书馆整体的全方位合作主要以联合采购和资源共享共建为主要目的,近年来,阅读推广作为合作的议题之一被提出。第二个层次是微观阅读推广特定项目中的合作。既包括与国内图书馆间的展览资源共建共享、"一馆讲座,多馆转播,各馆受益",也包括与中国移动、汉王等合作推广手机与电子出版阅读,还包括与国外组织机构合作对国外图书、文化、艺术的宣传和展示。但是这些阅读推广合作往往以项目为单位,一个项目结束,合作也就停止了,每次合作谈判沟通协作成本巨大,却缺乏长久性、持续性和稳定性。

从美国国会图书馆图书中心的经验中可以看到,中国国家图书馆阅读推广合作缺失的正是一个中坚层次——阅读推广整体层次的合作。这一层次的合作应该以国家图书馆社会教育部为参与主体,展开与其他致力于图书与阅读推广的直接责任主体,或者有兴趣合作参与阅读推广的组织、个人之间的,整体全方位的、持久稳定的网络化阅读推广合作联盟。这个联盟集中关注于大众阅读推广,国家图书馆社会教育部发挥统领协调作用,各联盟成员利用各自优势,合作开展阅读推广相关研究,分享交流阅读推广经验教训,共建共享阅读推广资源、项目。

(三)树立阅读偶像与引领阅读风尚

美国国会图书馆图书中心在1981年组织了第一个大众阅读推广系列活动"图书改变人生"。为了让人们认识到图书在塑造人们性格和生活中的重要地位,"图书改变人生"系列组织了一次口述历史录制项目,邀请了超过300名美国读者讲述那些曾经对他们人生造成重大影响的图书。为了能让更多的读者接触这个项目,图书中心主动向美国NBC电视台提出合作意向,以口述历史项目为基础,展开了一系列"国会图书馆——NBC公共服务系列宣传活动"。图书中心和NBC邀请了NBC电视网络当时当红节目包括Cheers、The Cosy Show和St.Elsewhere等节目的各个年龄层次的主持人和明星参与,亲自讲述或者主持讨论他们与书本的故事。NBC将这些视频剪辑制作成纪录短片和公益广告的形式,通过在NBC电视网络的各个电视台循环播出,赞扬了阅读的愉悦和美丽。

1987年,国会图书馆图书中心提出"读者年"的系列阅读推广活动,更是首次得到了白宫的积极支持和代言。时任美国总统里根以及他的夫人南希签署保证书,保证在1987年当年额外地多读一本书,宣告了"读者年"活动的开幕。里根总统还号召全美国的民众"将阅读重新放回我们个人生活和国家生命中的一个崇高位置"。自此之后,支持和代言图书中心的阅读推广活动逐渐成为白宫的一个传统。时任第一夫人芭芭拉·布什担任1989—1992年图书中心阅读推广活动的荣誉主席,时任第一夫人劳拉·布什担任2001—2003年"讲述美国故事"活动的荣誉主席,时任第一夫人米歇尔·奥巴马则是国家图书节的荣誉主持人。可以看到,影视明星和政要名人一直都是国会图书馆阅读推广活动宣传的重要发言人和形象代表,图书中心通过塑造和宣传这些明星名人的阅读形象,在美国大众心中,将他们的人生偶像重新赋予阅读偶像的意义,构筑阅读的高尚形象和阅读能带来的美好愿景,希望这些偶像的阅读也能像他们的衣着、言行一样在全国范围内引领潮流。

而中国国家图书馆的阅读推广活动仍然主要采用传统的以活动项目为主体的宣传模式。虽然随着技术进步,网络、手机等新宣传平台逐渐被采用,但是阅读推广活动宣传的主要内容仍然是活动信息公告和内容简介,形式也依然以海报、宣传单、公告栏等为主。

国家图书馆的阅读推广活动鲜有听说与娱乐明星、歌星影星的合作,即便是学术大家、政经界名人前来讲座论坛,也很少看到以他们为标志和重点的大规模宣传活动。笔者在访谈中与负责阅读推广活动的馆员谈及这个情况时,一些馆员坦诚地表示图书馆阅读推广的宣传经费非常有限,也没有特别的人员负责宣传工作,传统固有的宣传模式省时省力,而更多地馆员则觉得图书馆、阅读本身是个修身养性的清净事情,与那些喧闹浮夸的宣传以及走在"时尚潮流"浪尖的明星们毫无联系,也不融洽。在邀请国家重要领导人参与阅读推广宣传上,国家图书馆要显得更加积极主动一些。2009年4月23日"世界读书日"当天下午,温家宝同志应邀来到了国家图书馆二期新馆,体验了检索大厅的电子阅读,参观了稽古厅的展览,进入中文图书阅览室与普通大众读者亲切地交流读书学习的体会,并与一批年轻教师和学生一起探讨了读书的重要性与阅读推广的方法与意义。全国超过百家电视、报刊新闻媒体报道和转载了这一消息,一时间温家宝同志走进图书馆,参加"世界读书日"活动消息成为人们热议的话题。许多读者由此第一次知道了4月23日世界读书日这个节日,也了解了图书馆除了借阅图书外还有如此丰富的阅读推广活动。除此之外,国家图书馆每有大型展览、系列讲座或者全民读书节开幕之时,也往往会邀请一些文化部、教育部等部委领导人出席并讲话。

但是无论是影星还是政要,国家图书馆的阅读推广活动都没有将他们包装、塑造成为一个阅读的符号和代言人。曾经在2011年,国家新闻出版总署在当年世界读书日"推动全民阅读、建设书香社会"的口号下,推选了电影演员唐国强、国际象棋冠军谢军以及央视节目主持人李潘作为当年的全民阅读形象大使，引来了图书和阅读界的一片争议。有人认为"阅读是私人的事，读书与否，完全由个人当家做主。爱读书的人，即便剥夺其读书的权利，他也会想方设法地阅读，哪里需要什么阅读形象大使？不爱读书的人，哪怕成天给他灌输'书中自有黄金屋''书中自有颜如玉''万般皆下品，唯有读书高'，恐怕他也难有读书的兴趣"，"三位成功源于演出、体育和主持的代言人，与阅读毫不相干，只不过是一个空洞的符号，是一个所谓的阅读的'秀'，无法给人们以榜样的力量"。新闻出版总署出版管理司司长吴尚之援引前文提到过的美国国会图书中"图书改变人生"项目回答说："唐国强他们三个人，虽然现在你们看到的是成功影星、棋手和主持人，但是你们却没有看到那些帮助他们成为这样的成功人士的背后的力量，而在这些力量之中，书籍的知识、阅读的智慧、一本好书陪他们走过的时光，都拥有改变一个人生，甚至是一个民族历史命运的魔力。现在我们希望通过他们在群众中的影响力，分享他们与书本的故事，引导社会阅读的风潮，把阅读的力量传播出去。"

国家图书馆通过塑造阅读偶像宣传阅读推广活动，不仅能够打破传统宣传千篇一律、刻板枯燥的现象，对读者产生更加持久生动的影响；同时，形象亲切的阅读偶像的产生也能改变国家图书馆在部分大众读者眼中，特别是青少年读者和妇女读者眼中肃穆、遥远的形象，使得这些读者更愿意亲近图书馆、亲近图书。而且当今国家图书馆在塑造全民阅读偶像方面有着先天的优势。国家图书馆作为我国唯一的中央图书馆，在当今建设学习型社会的浪潮下，受到中央政府和领导人的极大重视，为国家图书馆邀请领导人代言阅读推广活动提供了可能；而知性和公益的明星名人形象也越来越多地受到民众的追捧和爱戴，因此很多明星名人也非常愿意和国家图书馆等社会公共服务机构合作，提升自己的文化形象和知识底蕴。因此，塑造大众阅读偶像，引领社会阅读风尚，也许可以成为国家图书馆阅读推广宣传的一个新突破。

第五章 图书馆主体阅读推广互动

第一节 读书阅人——"真人图书馆"阅读推广活动

阅读推广是近年来图书馆为增强自身公共效益,提升公民文化素质,逐渐兴起的图书馆主流服务。但随着阅读推广活动的逐渐火热,同质化、从众化、效益低等问题也困扰着图书馆阅读推广活动的开展。而真人图书馆自2008年引入国内,逐渐在图书馆中稳定发展,一些阅读推广工作者也将真人图书馆作为一种新型的阅读推广模式引入到图书馆日常工作中。这为图书馆阅读推广服务带来了新的希望。

我们每天都在阅读纸质书或电子书,那么是否了解真人图书呢?在真人图书馆,读者可以和一本会说话的"书"进行面对面的交流,随时翻页、及时提问、实时交流。每个人都是一本厚重的、值得细细品读的书,而阅读别人的过程也是发现自己、充盈人生的过程。下面将以浙江师范大学为例对真人图书馆做一番介绍,希望这一有益的、有效的、有趣的阅读推广活动能够得到更大范围的推广。

一、国内"真人图书馆"概述

"真人图书馆"起源于丹麦,后来这一形式被世界上越来越多的国家采纳和推广,席卷全球,近些年来在国内如火如荼地开展起来。国内的"真人图书馆"活动组织者主要有高校图书馆、公共图书馆、社会公益机构、个人。

在中国,最早开展"真人图书"活动的是上海交通大学图书馆。该馆于2009年3月举办的"薪火相传Living Library"活动是国内首次"真人图书"活动。此后,高校图书馆凭借其丰富的"真人图书"资源、良好的阅读氛围和可便捷使用的活动场地这些开展"真人图书馆"活动所需的丰厚土壤,成为该活动的先驱和主力军。根据目前网络媒体的不完全统计,截至2014年初,国内共有18所高校开展了"真人图书馆"活动。

公共图书馆也把"真人图书馆"活动列入本馆的服务项目中,虽然起步较晚,但是凭借其自身优势,发展势头良好。公共图书馆的服务面向所有的社会人员,因此它的服务对象类型众多,老人、儿童也属于其服务范围,在纸质文献对人们的吸引力越来越弱的情况下,Human Library 的出现可以弥补这个不足,利用真人图书与读者进行面对面的、直接的知识传递。2012年4月,重庆图书馆在"世界读书日"进行了一场"真人图书馆"活动,开创了中国公共图书馆参与此服务领域的先例。南京市六合区第二图书馆甚至举办了"少儿真人图书馆"活动,让孩子们充分感受阅读的快乐,更直接地体验"书籍"的温度和情感,更深刻地品味"书籍"中所包含的知识和经验。越来越多的公共图书馆意识到开展"真人图书馆"活动的意义和价值。

社会公益机构为组织者的"真人图书馆"活动从2011年起就在全国各地陆续开展起来。其中比较有代表性的是荒岛图书馆。荒岛图书馆是国内规模最大的由社会公益组织创建的"真人图书馆",活动经费依托于"乐创意社区"的资金补贴。目前荒岛图书馆已遍布全国60多个城市。然而,经费问题成为这一组织类型图书馆面临的最大障碍。

以个人为组织主体的"真人图书馆"也在积极开展真人图书活动,它们大多有明确的主题,活动的开展频率较高,"真人图书"和志愿者有完整的培训手册,在长期的实践过程中总结了一套完整的活动流程。国内比较知名的有Ithink真人图书馆、星辰大海图书馆、青柚真人图书馆、兔脚真人图书馆、MELIBRARY、CANDY LIBRARY 等。

在互联网技术迅速发展和移动阅读悄然兴起的今天,人与人之间的沟通和交流越来越少,"真人图书馆"的存在有着重要的意义,它打破了传统的借阅方式,通过借阅"真人图书"为读者提供开放式的自主交流学习环境和人性化的服务,促进人与人之间的沟通。①

---

① 李宇,马波,鲁超. 基于真人图书馆的阅读推广服务模式研究[J]. 四川图书馆学报,2020(06):65-68.

二、"真人图书馆"的特点

（一）动态

与之前静态的纸质文献与电子文献阅读相比，真人图书的阅读具有动态性。其阅读对象是真人，他们往往拥有某种独特技能或经历或者理念，阅读的形式是口语交流或者是肢体交流，因而整个阅读过程都是鲜活动态的。在阅读过程中，读者阅读到的不仅仅是"书"的内容，更有"书"的肢体活动与神态表情。这在之前的阅读体验中是全然没有过的。实际上，研究表明跳动的思维是最具吸引力的，它所带来的阅读效益将是普通阅读的几倍。真人书以语言和肢体的双重表达体现其隐性知识，并根据读者具体情况，体现出因时制宜、有针对性、传播率高等特点。真人图书这种动态的阅读方式，不仅能更好地吸引读者，而且能令读者全情投入，促进双方隐性知识的传递。因而与传统的阅读方式相比，真人图书馆具有交流的动态性。

（二）灵活

真人图书馆的灵活性首先体现在活动形式。其没有固定的场所，可以在图书馆中，也可以是博物馆、社区、会展中心等，同时还可以是露天音乐节中。其灵活性体现在活动的主题方面，活动主题可以是直接引入国外的主题，也可以采用国内普遍的经验分享主题，总之以人与书的交流为主。另外灵活性还体现在整个活动过程中各个部分的灵活性，包括真人书来源地灵活、活动流程的灵活、阅读过程的灵活等。真人书可以来自各行各业，为读者提供的资源也多种多样，这样的话，读者就可以在阅读中产生不同的理解，汲取不同的信息。在活动过程中，真人书与读者之间可以随意以双方舒适的交流为主，这样使得读者与真人书之间交流顺畅，为深度阅读提供了无限可能。

（三）双向

真人图书馆的双向性体现在信息的输入与输出的双向性。就传统的阅读方式而言，往往是读者从书中获得信息，属于单向的信息接收。而俗话说，"一千个读者里面有一千个哈姆雷特"。单向的阅读使得不同人群对信息的接受程度是不一致的，因而阅读效果也是不同的。而在真人图书馆中，阅读过程改成了读者与真人书的交流，不仅是读者在阅读真人书,真人书也在阅读读者,因而这个过程是明显双向互动的。这种双向互动能够使读者与真人图书在交流过程中更有目的性和针对性,信息传递过程也更为直接和真实。同时在交流的过程中能不断激发双方的思考,引来后续的深度阅读。显然,这样互动双向的阅读体验能够将阅读主题深入,读者也更容易沉浸其中,对主题获得更深刻的理解。

(四)内隐

传统的阅读中,传递的内容往往是书籍、文献等经过管理组织后的显性知识,而在真人图书馆中,由于其阅读方式的双向性,导致真人书与读者之间交流的信息往往是隐藏在内心深处的隐性知识。且在借阅过程中,真人书每次面对的读者是不同的,故而其交流内容也是不同的。真人书所交流的是内心世界的真实感受,这一部分内容是无法通过实体来体现的,因而通过真人书与读者之间的交流才能挖掘出来,所以具有知识形态的内隐性。

三、"真人图书馆"的组织模式

如图5-1所示是真人图书馆的组织流程图。第一是图书馆馆员对真人图书进行招募和甄选。图书馆一般会通过各种渠道收集活动主题,确定好主题之后进行招募,并根据自身的需要以及真人书特点进行甄选。之后将选择好的真人图书编目入库,将真人书的主题、索书号、书名、单位等相关信息记录在库。第二是真人图书馆的宣传。宣传机制是真人图书馆扩大知名度和影响力的重要内容,只有加强宣传,才能提升真人图书馆活动的知名度,也才能提升服务效果。真人图书馆的宣传方式可以通过线下宣传海报进行,也可以利用时下时髦的自媒体宣传。当前真人图书馆的宣传模式还比较多样,国外以网站为主,有专门的官方网站,介绍真人图书馆的世界性进展。国内加快建立网站的同时,还利用微信、微博等方式进行活动内容的信息发放,有助于公众加深对真人图书馆的认识,也推动了真人图书馆在国内的常态发展。

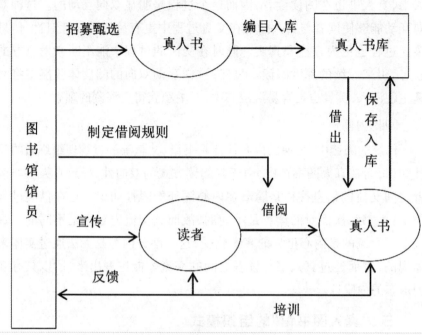

图5-1 "真人图书馆"借阅流程图

接着由读者进行真人书的挑选和预约。读者根据自身的兴趣对真人书库中的真人书进行挑选。同时活动开展之前,需要图书馆馆员对读者与真人书进行相关借阅规则与交流模式的培训,从而保证整个活动过程中顺畅交流。真人图书的借阅形式包括一对一、多对一两种形式。一对一是指一本"真人图书"对应一位读者,上一位读者借阅完毕,才允许下一位读者借阅;多对一是指一本"真人图书"可以对应多位读者同时借阅。具体的借阅过程中需要图书馆员安排读者进入特定的场所,与真人书进行见面。真人图书馆的具体借阅中,允许读者根据自己的兴趣来预约"真人图书",借阅时间大约30分钟。建议真人书与读者在相对私密的空间里交流和沟通。在借阅过程中,与借阅双方交流后,选择其同意的方式进行交流过程的记录,可以是笔录也可以是视频、音频等方式进行,以备存档读取。整个活动结束后,图书馆对读者和真人书进行问卷等方式的反馈,了解活动的开展效果以及读者和真人书对活动的评估等。

四、"真人图书馆"阅读推广优势分析

（一）"真人图书馆"与阅读推广形式类似

真人图书馆与图书馆阅读推广活动的实体举办形式相类似是真人图书馆开展阅读推广活动的先天优势。阅读推广活动的形式大多可以用作真人图书馆实践当中。如当举办讲座的时候，主讲人可以将自己的经验心得分享与听众，其实就类似于多人阅读一本真人书；而讲座中主讲人与读者进行单独交流，答疑解惑的环节，就可以视为个体单独阅读一本真人图书。信息咨询会也同样适用，咨询会的交流过程也可以看作读者与"真人图书"的信息交换过程即阅读过程。

（二）"真人图书馆"创新阅读推广

传统的阅读推广方式存在一定的不足，活动方式单一，活动形式化，同质化等，带来的推广效果并不明显。此外，传统的阅读方式只能单一地向读者传递信息，读者是否能理解以及其理解的程度并不能保证。而真人图书馆的出现则带给读者一种全新的阅读体验，契合了这一需求，这种以人为书、即时交流的双向沟通方式是当下阅读方式的一个进步和升华，为图书馆提升阅读和推广阅读提供了新的领域。较传统的阅读推广而言，真人图书馆创新的不仅仅是阅读体验和活动方式，更重要的是它为每个借阅者提供了寄存于人的鲜活思想，是有益特质的即时传递，其所产生的社会效益将是无法估量的。

（三）弥补普适阅读推广活动的不足

图书馆开展真人图书馆活动还可以在某种程度上弥补普适阅读推广服务的不足。第一论坛、读书沙龙等阅读推广活动主要邀请的是一些社会精英和成功人士，普通的社会民众难有机会讲述自己的经验之谈，因而无法满足读者的多种需求。而真人图书馆的真人书则来源渠道众多，可以覆盖全社会的各个阶层。第二因为演讲者的单一化，其演讲主题也容易千篇一律，新意不足，难以触及社会普通民众的内心。但是真人图书馆中真人书与读者可以实时交流，双方可以实时互动进而对主题进行基本的挑战，从而高效地满足双方彼此的需求。最后一点是指以往的阅读推广大都是演讲者一人演讲，众人听讲，无法实现双方的交流和互动，而真人图书馆则很好地实现了借阅者与真人书之间的双向交流，读者可

以聆听真人书,真人书也可以聆听读者。

(四)"真人图书馆"与阅读推广融合效果显著

图书馆通过真人图书馆推广阅读,既创新了图书馆服务理念与方式,也激发了读者的阅读兴趣和潜能。就目前而言,真人图书馆开展阅读推广活动已经逐渐有所发展,渐成规模。真人图书馆与阅读推广融合的成效主要体现在以下三个方面:首先,真人书可以"一借再借,重复上架"。真人图书不仅可以被多次借阅,其借阅效果也是因读者不同而更为丰富具体。同时,就阅读效果而言,在对山西省图书馆、太原市图书馆实地调研的过程中发现,读者在与真人图书交流的过程中,获得了传统文献中无法获得的知识,同时锻炼了沟通与表达的能力。从这些可以明显看出真人图书馆的举办能够有效提升阅读推广活动的效果,吸引读者主动参与到更多的阅读推广活动中来。

(五)盘活图书馆馆藏资源

图书馆馆藏资源的利用率一直是图书馆非常关心的问题。提高资源利用率,也一直以来是图书馆努力的方向。真人图书虽以分享自我经验为主,但从另一角度来看,也是引领读者深入阅读的"导读者",是推荐图书馆馆藏资源的活招牌。读者在对真人书进行阅读的过程中,也会逐渐对其交流过程中谈及的书籍、文章等产生兴趣,于是就会引起读者的进一步阅读,而这无形中即会将图书馆中固有的传统资源盘活,提升图书馆馆藏资源的借阅率。

五、浙江师范大学"真人图书馆"

接下来将与大家一起分享浙江师范大学创办"真人图书馆"、开展"真人图书馆"活动的经验。

浙江师范大学图书馆一直比较重视阅读推广工作。自2009年始,每年都举办"读书节"活动,依托"读书节"开展名家讲座、主题书展、读书征文、读者辩论赛等丰富多彩的活动,并常年举办大型主题书展、新书推介活动,力图激发学生的阅读兴趣,营造良好的校园阅读氛围。创办图书馆内部刊物《图文资讯》,以刊物为阵地,每期都会邀请博士、教授推荐大学生阅读书目,同时刊登各类获奖图书信息,为同学们提供值得一阅的书籍资源。同时邀请老师和学生们,抒写自己的阅读感受,从而感染更多的学生进行书籍阅读。最后,在微博、微信等新媒体上推荐引导学生阅读的文章,全方位提升阅读推广宣传的深度、力度和广度。在2013年7月,浙江师范大学图书馆面向全体在校学生举办了"寻找书飞的印记——校园图书漂流"活动,得到了广大学子的积极响应,该活动后来获得中国图书馆学会阅读推广委员会"高校阅读推广活动优秀案例"二等奖。

为进一步促进阅读,助推"书香校园"建设,2014年初浙江师范大学图书馆成立了阅读推广部,积极策划新的有创意的阅读推广活动,最终确定举办真人图书馆(Living Library)。于是浙江师范大学于第六届"读书节"期间成立了"真人图书馆"并成功举办了第一期真人图书面对面活动。将一个人作为一本书供读者"借阅",这一新颖的图书样式一经推出就吸引了读者好奇的目光。实践证明,这一活动得到了读者的一致认可,也受到了校内外媒体的广泛好评。下面就从第一本"真人图书馆"的创意与亮相、浙师大"真人图书馆"活动进展情况、活动效果与展望以及启示四个方面对浙江师范大学图书馆"真人图书馆"活动做一番梳理。

(一)从创意到"真人图书"的首次亮相

从活动的策划、筹备到活动的开展,阅读推广部的工作人员都精益求精,力图为大家呈现最为完美的活动。

1.策划阶段

如何将阅读推而广之?有哪些更加丰富多彩的推广形式?怎样的形式是于读者最有益处的、是被读者所喜爱的?这些都是浙江师范大学图书馆人一直在思考的问题。深受国内外开展的"真人图书馆"活动的影响,浙江师范大学图书馆早在2012年就提出并酝酿举办"真人图书馆"活动,直到2014年终于把这一想法付诸实践。出于增长浙江师范大学子见闻,消除浙江师范大学不同人群之间的认知壁垒,在平等对话的基础上促进人们了解人生的多种可能性,构筑对世界的更加理性和多元化的认知的目的,浙江师范大学图书馆开始紧锣密鼓地策划"真人图书馆"系列活动,决定由流通阅览部牵头建立"真人图书馆"。除了寒暑假,"真人图书馆"活动计划每月举办一期,每一期都有一本"真人图书""上架";读者在预约成功之后,就可以在固定的时间内进行图书的"借阅"。从纸质书到"真人图书",馆员们希望这一新鲜的尝试能够吸引读者的注意。

2.筹备阶段

(1)征集"真人图书"

2014年4月在第六届"读书节"来临之际,浙江师范大学图书馆在网上发布了征集"真人图书"的信息:只要你拥有自己独特的故事、生活经验或看问题的视角,并愿意与人分享,不管你是教授、老师、学生、校友,还是只是生活在师大的"普通人",没有年龄、性别、国籍、贫富、声名等的限制,你都可以报名成为浙江师范大学图书馆的"真人图书"。鉴于"真人图书"这一新鲜样式对于大众来说比较陌生,为了确保这一活动在读书节顺利开展,在发布消息自愿报名(从图书馆主页下载、填写并提交报名表)的同时,浙江师范大学图书馆主动"寻求"与"探访"。积极与校内各领域的名师联系,包括来自领导、同事、朋友的推荐与介绍,邀请他们出任图书馆的"真人书"。经过一个多月的征集、采访和筛选,浙江师范大学的"真人图书馆"已经储备并"装订上架"了10多本"真人图书"。浙江师范大学教授、留学生、校友、校外学者、企业经理等,各种身份的人都有;"图书"内容涵盖了历史地理、文化教育、创新创业等领域。当然,所有"真人图书"都是公益性的。

(2)"真人图书"的"包装"

浙江师范大学图书馆为每一本"真人书"设计了封面,封面的内容包含"真人图书"书名、主题、简介与照片;海报样式相较于封面更为丰富,在书名、照片的基础上还添加了真人标签、"出版"的时间、读者"借阅"的地点及具体手续。版面设计几经修改完善,力图为读者呈现最好的面貌。

(3)"借阅人"的吸纳

有了"真人图书馆",那必定还得有"借阅"的人。然而对于"真人图书馆"这种创新的阅读形式,浙江师范大学的大学生和教职员工知之甚少。因此,必须加大活动的宣传力度,以确保"借阅人"的加入。在每场"真人图书馆"活动开始前,浙江师范大学图书馆都进行了积极的宣传造势:在图书馆网站通知公告栏及"浙师图文"微信、"浙江师范大学图书馆"微博、人人网等平台发布"真人图书馆"活动预告,同时浙江师范大学官方微博和微信也会不断转发"真人图书馆"的相关信息。因为这两个账号粉丝众多,影响深远,所以在一定程度上大大提高了"真人图书馆"

活动的知名度和影响力。此外浙江师范大学图书馆还在学生公寓及校园内人流量较大的地方展出海报,吸引读者眼球。需要"借阅"的读者要提前办理预约,预约地点在图书馆总出纳台,持校园一卡通办理预约。这样也是为了把每次"借阅"的人数控制在20人以内,以实现更好效果的真人阅读。预约成功之后,读者便可在借阅时间进行"借阅"。

3.正式开展阶段

在正式开展阶段,浙江师范大学图书馆"真人图书馆"活动的模式一般是:主持人介绍+嘉宾主讲+读者提问。嘉宾讲述一般是嘉宾就自己的专业研究领域、人生阅历等方面与读者进行分享,读者在嘉宾讲述完毕后就自己感兴趣的问题与"真人图书"进行交流。"真人图书"最突出的一个特点就是"借阅"者在翻阅"书籍"的过程中可以在任何自己感兴趣的地方停留,进行进一步的提问、了解。下面就以浙江师范大学图书馆第一本"真人图书"的面世为例,说明活动具体的开展过程。

浙江师范大学首本"真人图书"在2014年5月29日晚与大家见面,他就是人文学院中国史硕导龚剑锋,也是师大"十大藏书家"之一。他家的墙,从客厅、书房到卧室,从地面到天花板,都做成了书柜。龚老师是一个"百科全书"式的学者。"阅读"龚剑锋前,每个"读者"先向"书"进行自我介绍。每个人刚说完家乡地名,龚剑锋便像翻开脑袋里的《地名词典》一样,反客为主地介绍起大江南北的名人奇士,山川风物。"兰溪码头,义乌拳头,永康榔头,东阳斧头……"龚剑锋给金华下辖的每个县市一个形象的比喻,指的是兰溪的两江水路码头,义乌人尚武敢闯,永康的五金工艺,东阳的建筑木雕……在活动现场,龚老师很放松,为读者带来了精彩的"阅读"内容。原定"阅读"时间为一个半小时,聊得超了半个小时,但龚老师仍旧说自己"不过瘾"。

"真人图书"和普通书籍最大的区别在于"书本"不仅"能说会道",还能让读者插话、当面回答读者的问题,进行实时交流,读者有权随时翻到"书"的任何一页,挑自己最喜欢的部分"阅读"。开始很担心读者会比较拘谨,和真人图书交流不起来。事实上,读者们的表现完全超出了预期,活动现场他们很放得开,有什么说什么,读者们竞相"阅读","借阅"过程在一个轻松自由的氛围中进行。在活动最后,"真人图书"还会留下联系方式,相约下次再聚。

"真人图书"面对面是浙江师范大学第六届"读书节"的活动之一,今后将作为一个常规性的阅读推广活动定期和大家见面。

4.后期总结宣传阶段

每次活动结束后,要对活动进行评估,及时地了解参与者的意见反馈,并请他们提出宝贵建议,作为不断改进的依据,从而使真人图书活动日臻完美。为了提高真人图书的影响力,除了在活动前广为宣传之外,在每本真人图书被"借阅"后,同样要进行积极地宣传。在图书馆首页、"浙师图文"微信、"浙江师范大学图书馆"微博同时发布新闻,推动各媒体平台进行转发宣传,并在图书馆刊物《图文资讯》上发表"真人图书馆"活动进展情况。

(二)浙师大"真人图书馆"活动进展情况

浙江师范大学图书馆借鉴国内外图书馆界新兴的"真人图书馆"的形式,精心组织"真人图书馆"活动,通过人书互动,弘扬阅读精神,建设阅读推广平台,营造"书香校园"。截至2015年4月底,浙师大图书馆已经成功举办了十期"真人图书馆"活动,具体情况如表5-1所示。

表5-1　浙江师范大学各期"真人图书馆"活动统计表

活动期数	活动开展时间	"真人图书"名称	"图书"作者
第一期	2014-05-29	《文史地——我的精神家园》	龚剑锋
第二期	2014-06-30	《中国梦,非洲梦》	李舒弟,张沙飞(非洲籍)
第三期	2014-09-25	《深思好问,读出自己》	李贵苍
第四期	2014-10-27	《吟诵:寻找古诗词的韵律之美》	魏嘉瓒
第五期	2014-11-20	《打开语文教改之门》	王尚文
第六期	2014-12-23	《行走在中西古今之间——我的人文之思》	王锟
第七期	2015-01-26	《摄影——美的探索》	施宗全
第八期	2015-03-20	《美丽人生与礼仪文明》	李翔翔
第九期	2015-04-15	《奇趣3D生活》	陈铮铮
第十期	2015-04-27	《网络时代的读书生活》	钱淑英,马俊江,常立

首本"真人图书"是浙师大人文学院龚剑锋教授,他对人文地理颇有研究,因此把自己这本"书"取名为《文史地,我的精神家园》龚老师不仅

对浙江本省各个县市的历史沿革、人文风情了如指掌,就是外省的地方,龚老师也如数家珍,娓娓道来。他还和大家分享了他对浙江师范大学历史发展的研究,为我们展现了一个地方史专家广博的学识。

第二期"真人图书馆"活动邀请的是美术学院的李舒弟老师和来自喀麦隆的留学生张沙飞。他们用自己的亲身经历,为大家讲述了"中国梦,非洲梦"。李舒弟老师是旅居南非的艺术家,在南非的求学经历对他的艺术创作产生了深远的影响。张沙飞则用英文讲述了他的祖国的宗教信仰、风俗民情、教育文化等。

第三本"真人书"是李贵苍教授,他为大家带来了"深思好问,读出自己"的讲述和交流。李老师阐述了他对知识的认知和理解,并认为在网络信息时代,我们应重视个体自我对文本的"独一"的解读和发现,解构权威,尊重个性,读出自己。

第四本"真人书"是魏嘉瓒先生。魏先生此次讲述的题目是"吟诵:寻找古诗词的韵律之美"。魏先生为我们带来了有关"吟诵"的极具古典风味的饕餮大餐,并在现场教大家吟诵了《诗经·关雎》《木兰辞》等诗篇。

第五本"真人书"王尚文教授是广受大家尊重的老学者。他几十年来在中学语文教育和唐宋诗词研究领域孜孜不倦地探索,为我国语文教育改革事业耕耘不懈。他为大家带来的讲述题目是"打开语文教改之门"。语文是什么? 语文教学的出路在哪里? 王老师分享了他的看法。

第六本"真人书"是法政学院教授王锟老师。"行走在中西古今之间——我的人文之思"是他对自己的命名。王老师主要讲述了他对先秦诸子、四书五经一直到宋元明理学经典著作的研读历程,并介绍了他近年来围绕儒学所做的工作:儒学与现代性相关的问题,儒学与马克思主义的会通问题,朱子理学及其与怀特海过程哲学的比较与融会问题等。

第七期"真人图书馆"活动的嘉宾是施宗全老师,施老师讲述的题目是"摄影——美的探索"。施老师说,他的人生经历可以分为两个阶段,一个阶段是摄影,一个阶段是房地产管理。摄影对于施老师来说,是一段难忘的经历和难舍的情结。施老师现场拿出了他封存了二十余年的作品,一一和大家分享,讲解每一幅作品的寓意,并和大家分享了他在摄影上的一些心得。施老师后来投身房地产行业,他说,做事情要做一行爱一行,在这一行做成功了,在另外一个行业也会做得很出色。

第八本"真人书"李翔翔老师为大家阐释了她对"美丽人生与礼仪文明"的理解。李老师着重强调了她对人生几个关键词——善良、交友、工作、婚姻的理解。除了内在素质的修炼和养成。外在礼仪技巧对人的生活也是必需的。

第九本"真人书"是浙江闪铸三维科技有限公司总经理陈铮铮。她较为详细地给读者朋友介绍了"什么是3D打印技术""3D打印的历史""3D打印的精彩案例",讲解了3D打印在各个行业以及在日常生活中的运用。她的讲述引起了大家极大的兴趣,大家纷纷就3D打印技术在未来的发展、行业发展空间等内容同她做了交流。

第十期"真人图书馆"活动与往期不同,同时邀请了三位老师做嘉宾。他们是来自人文学院的学者马俊江老师、常立老师和钱淑英老师。三位老师从自己的经历出发阐述了自己对于网络时代读书生活的看法。活动吸引了百余名读者参与,大家就应该选择什么图书、怎样解决写作中的瓶颈、怎样看待自媒体等问题与在座的老师进行了交流。

除了这十本已经被"借阅"的图书。还有多本"真人图书"已被"装订",等待"上架",他们身份不同,有着自己独特的故事、人生经历,都是值得阅读的好"书"。

(三)活动效果与展望

阅读推广活动是否达到了预期效果,读者的阅读收益和满意度如何,都是主办者应该关注的问题。读者的满意是对主办者的肯定,读者的不满则是主办者前进的动力。浙江师范大学图书馆对各方面参与者进行了活动后的调查研究,从反馈来看,总体而言,"真人图书馆"受到了读者和媒体的广泛关注和一致好评,但也存在问题和有待改善的地方。这将激励主办者精益求精,继续推出"真人图书馆"这一鲜活的、有益的阅读推广模式。

1.活动效果

(1)"真人图书"反馈

"真人图书"本是作为一本"书"向"借阅"者分享自己独特的人生经历,受益的是"借阅"者;但由于"真人图书"独特的"借阅"方式——交流,不仅读者能聆听经验,收获知识,"图书"也在和读者的交流中加深了思考,收获了快乐。正所谓"一千个读者有一千个哈姆雷特",也就是说一本书在被作者完成之后,它还是有被读者无限解读的可能的。作为"借阅"者的大学生们充满青春活力,思维活跃、视野开阔,这样面对面的交流也给"真人图书"本身带来了不一样的人生体验;"图书"被解读的过程也是一个自我丰富完善的过程,"书"在答疑解惑的对话中了解了读者的个性与兴趣,也会有所收获。两者的互动交流可谓是一种互利共赢的模式。

(2)读者反馈

由于创意独到,"真人图书馆"活动一经推出就获得了关注和好评。跟平常上百人的讲座相比,"真人图书馆"这样的交流形式规模小,互动性更强,私人体验也更丰富,也迎合了年轻学子渴望了解社会、了解外面的世界和丰富个人体验的需求。每本"真人图书"都有足够的读者前来"借阅",有些读者甚至深为遗憾:因为不得超过20的人数限定无法"借阅""真人图书"。在活动的过程当中,每位读者都与自己心仪的"图书"进行了热烈的交流,甚至觉得交流的时间太短,还不"够味"。很多"借阅"者都表示期待之后能再次"借阅",以后若有自己感兴趣的"真人图书"也会积极"借阅"。这种有别于纸质阅读和纯课堂教学的交流给读者带来了别样的感受:既开阔了视野,获取了知识,同时也发现了自身的不足。有读者说,"读了这本'书'才知道自己平时知道的东西太少,视野太狭隘,要多补补课""自己的知识视野过于狭隘,不能把知识融会运用成为体系,现场讨教一番后,感觉很新鲜,收获良多……",不少读者受了"真人书"的启发,决定以后一定要加强阅读。

(3)媒体反馈

除了读者的好评外,媒体的反馈也很热烈。校内媒体方面,浙江师范大学新闻网第一时间对"真人图书馆"活动进行了宣传。此外,《浙江日报》《钱江晚报》《浙中新报》《金华日报》《金华晚报》及浙江省教育厅网站等媒体对活动进行了大篇幅的报道,图书馆界相关媒体对报道进行了转载刊登。总的来说,"真人图书馆"阅读推广活动取得了不错的成绩。校内外媒体对本次活动的大力宣传不仅仅推广了"真人图书",还提高了浙江师范大学图书馆在业界及社会上的知名度和影响力,塑造了浙江师范大学图书馆积极进行阅读推广的良好形象。"真人图书馆"活动的推出,丰富了图书馆的馆藏资源,让读者们除了可以在图书馆接触到传统的印刷型、数字型资源,还可以接触到"思想型"资源,这无疑对提高读者的阅读兴趣大有裨益,而这也是浙江师范大学图书馆举办此活动的出发点所在——"真人图书"是为了吸引读者的归来。

近年来,纸质书受到电子书的强烈冲击,很多学生选择在电脑、手机等电子设备上阅读自己喜欢的书籍,成为现实生活中的"屏奴"。这让浙江师范大学图书馆馆长陈玉兰教授很忧心:"一方面,长时间盯着屏幕会损害自己的视力,不利于身体健康;另一方面,过度依恋电子屏会让自己变得沉默,不爱与人交流交往,导致沟通交际能力退化,从而不利于心理健康。"如何吸引师生常进馆、多读书?怎样解放日益增多的"屏奴"?陈玉兰认为,此次图书馆"扮潮"引入"真人图书",建立"真人图书室"是一项非常有意义的尝试,有可能为解决以上问题提供一条新的路径。事实证明,这样的尝试是成功的。在"真人图书"面对面活动中,读者既从"书本"中获取了知识,又获得了与人对话交流的真实体验。而每一位"真人图书"渊博的知识,丰富的人生阅历背后,都是他们"读书破万卷"的勤勉与付出。这样的交流无疑也会使读者为"真人图书"本身爱书、读书的习惯所感染,从而在一定程度上促进读者的"归来"。

2.展望

在"真人图书馆"活动举办的过程当中发现该活动有很大的发展空间。第一,"真人图书"的"借阅"时间是固定的,"借阅"的人数有限,那么如何使更多的人能够受益于真人图书呢?浙江师范大学图书馆打算把"真人书"与读者的对话进行录音,做成口述记录,将"真人图书""翻译"成传统的纸质图书,一直保存下来。虽然没有面对面的交流形式那样鲜活,但这也是一种提升"真人图书"的价值并扩大其影响的有效途径。

第二,借阅形式上除了组织集体交流,以后"真人图书"还可以实现单独"借阅"。想读哪本"书",就可以到图书馆预约,只要"真人图书"有时间,即便只有一个读者预约,也可以"借阅",实现真正的"私聊"。

第三,限于资源有限,目前"真人图书馆"的"借阅"主体主要还是浙师大的师生。不过,等今后"真人图书馆"完善起来,时机成熟,将会考虑向社会公众开放。目前"真人图书"主要以本校的老师、学生为主,浙江师范大学图书馆正积极邀请更多的社会志愿人士加入"书籍"队伍,丰富其"真人图书馆"。此外,在条件允许的情况下和可以寻求与其他图书馆合作,通过共享以丰富"真人图书"的类型,比如热爱探险的背包客、环保志愿者、记者、消防员都可以纳入"真人图书"的范围里来,使"真人图书"拥有更加广阔的发展空间。

(四)启示

以上从活动的策划、筹备、开展、效果、展望等方面,详细介绍了浙江师范大学图书馆"真人图书""借阅"活动。通过这个案例,开展阅读推广活动的启示如下。

第一,高校各类活动层出不穷,大学生甚至对此有厌倦情绪。阅读推广活动要想在其他活动中脱颖而出、吸引读者的注意,就要求在活动的内容和形式方面要有所创新,吸引更多的读者走进图书馆、利用图书馆。当然,创新只是一个方面,图书馆开展任何活动,都要走近读者,开展调查研究,想读者之所想,读者的需求永远是推广服务的目标与动力;拒绝任何形式主义,拒绝耍噱头,真正内涵丰富、反映读者需求的活动是会受到热烈支持的。

第二,信息化时代的全面到来,一方面带来一些弊端,如导致图书馆读者流失;另一方面也带来极大的优势,比如信息传递的方便、快捷。因此在进行阅读推广活动时,要充分利用各种信息媒介,如微信、微博、QQ等,来加大活动宣传力度,扩大阅读推广活动的影响力。

第三,活动结束的反馈是极其重要的,活动办得好不好,有哪些可改进的地方,是需要关注的。只有不断地总结反馈,完善活动策划,丰富活动内容,才能使活动长盛不衰。

既读书又阅人,"真人图书馆"悄然改变着人们的阅读观。由于高校的特殊性,精英荟萃,有着潜在而丰厚的"真人图书"资源,也有着广泛的"借阅"者,有着相对稳定的策划执行团队,有着一定的经费保障,因此高校开展"真人图书馆"活动可谓有先天优势。然而,并非人人都愿意成为一名"真人图书"的志愿者,而读者的"借阅"需求是在不断发展变化的,"真人图书"资源需要不断挖掘、充实;"真人图书馆"活动的流程、活动的模式亦有待继续优化与完善。我们必须要有让"真人图书"走上可持续发展道路的忧患意识。当然,另一方面我们也要有这样的信心,"真人图书馆"还是存在很大的发展空间的,也是一项受读者喜爱的活动。浙江师范大学图书馆正在制定、完善筛选"真人图书"的标准以及各项"借阅"规则,努力把这项活动办好办强。

第二节 阅读融入生活
——杭州图书馆"阅读疗愈"推广活动

  阅读是个社会问题,古今中外,阅读都是社会共同提倡的主旋律,从国家宏观层面,到家庭微观层面,直至个人层面概莫能外。古人云"书中自有黄金屋,书中自有颜如玉""万般皆下品,唯有读书高"。而在今年的世界读书日,李克强总理又一次提出了阅读是一种享受,也是一种财富,把支持全民阅读写入《政府工作报告》,借此鼓励全社会感受阅读,享受阅读。作为公共图书馆的从业人员,我们一直在思考,为什么一定需要这样或者那样的鼓励或诱导,才能维持住社会阅读率,才能营造出全社会的阅读氛围?

  人是社会最基本的组成元素,而每个人都有着各自的爱好和习惯,让抽烟的人戒烟是件难事,让酗酒的人戒酒也是难事。同样,凡是成为个人生活习惯的行为,都无须提倡,也不易抑制。因为,这样的行为已经成为一种习惯,成了生活的一个组成部分。那么阅读呢?是否也可以成为人们难戒的"烟"或难离的"酒"呢?

  基于上述观点,杭州图书馆在阅读推广活动启动之初,都会询问自己或主创团队:用户有什么理由来接受我们的推广,或者我们的推广到底能不能打动他们?

一、缘起

  谈项目缘起之前,还是要再谈谈阅读。阅读的定义有很多,但普遍被人接受的是阅读是从书面材料中获取信息的过程,其中书面材料主要是文字,也包括符号、公式、图表等。但对于项目策划者而言,特别是在一个多种媒体盛行、互联网普及的环境中,阅读的内涵和外延应该进一步丰富和拓展。书是记录信息的载体,而载体的材料随着时代的发展不断地革新,从甲骨到竹简、丝绸、纸张,直至现在的电子载体,未来可能会有更多新颖的材料来呈现信息的内容。因此,阅读不仅仅是纸质材料的阅读。此外，从形式来看，阅读包含研究性阅读与消遣性阅读，长篇阅读与短句阅读，平面化阅读和立体式阅读。在此基础上，杭州图书馆"阅读疗愈"创作团队开始对项目进行构思和策划。

阅读成为一种生活习惯，首先要将阅读融入生活，对个体的生活起到一定的作用，让个体对阅读形成一定的依赖。当下社会，阅读内容多元、方式各异、目的也不一样，杭州图书馆在分析社会不同群体需求的基础上，围绕"将阅读融入生活"的主题，希望通过多种形式的服务，促进市民的阅读，使阅读成为人们的一种生活习惯，为此推出了多项服务项目，2013年启动的"阅读疗愈"项目便是其中之一。

现代生活中，特别是都市人，工作、生活节奏比较快，对幸福的理解各异，人的心理或多或少有点纠结和困惑，但往往又不愿踏入专业的心理机构或医院去寻求释放的方法，使得心理一直处于亚健康状态，导致社会极端事件屡见不鲜。面对这样的现状，创作团队在与社会上各类人群以及专业心理咨询机构进行沟通和前期调研后，一致认为都市图书馆可以此为突破口，开展以抚慰人心为主题的阅读推广活动。该项目在心理学概念的指引下，预期实现市民与专业人员面对面的交流，使市民心灵舒缓、压力释放，且借助有针对性的图书推荐和阅读以及后续的活动开展，实现对市民心理亚健康状态的有效缓解。

只有对生活产生有效帮助或直接产生作用的阅读，才能吸引人，才可能形成一种习惯。据此，创作团队在适应用户需求的基础上，开始策划并推出具有现代概念的阅读推广活动。

二、"阅读疗愈"的历史与现状

中外历史上很早就有人通过阅读，试图寻找心理疾病的治疗对策，或通过阅读书籍，消除内心焦虑，获得身心平衡。早在1621年英国学者罗伯特·伯顿就写作并出版了《忧郁的解剖》这本极具文学性的心理学书籍。一生饱览群书却郁郁寡欢的伯顿引经据典、纵横八荒，引述了历史上许多书籍、论文中的例子说明人形成忧郁的各种原因以及对应治疗的种种方法，让人隐约地捕捉到"阅读治疗"的影子。1848年，John Minson Galt在美国精神病学年会上宣读的论文《论精神病患者的阅读、娱乐和消遣》，成为学术史上"阅读治疗"研究的开山之作。1904年，美国马萨诸塞州一家综合医院建立了专门的图书馆用于"阅读治疗",这是医学工作和图书馆工作首次结合,之后,"阅读治疗"研究不断为医学界和图书馆学界所注意。在中国的图书馆学界的相关研究和实践中,最初中国阅读疗法的理论研究的滥觞为沈固朝教授1994年发表的"图书,也能治病"一文。之后王波的专论《图书疗法在中国》,展开了图书疗法的本土化研究。进入21世纪,宫梅玲女士以课题形式开展了一系列的阅读疗法的研究与实践,成为国内图书馆界最早的阅读疗法实践者。之后,不断有医学界和图书馆学界人员对"阅读疗愈"展开了研究。[①]

三、图书馆开展"阅读疗愈"推广活动的必要性和可能性

中外许多名家对于阅读的疗愈作用有着精辟的总结。作家梁晓声说:"读书使人喜静心,喜静足可培养人的定力,今日之时代,浮躁现象种种,读书是抵御浮躁的简单方法,只要人愿意一试。"作家肖复兴说:"无论到任何时候,读书对于我们心灵的抚慰作用都是无法泯灭的,它给予我们的温暖和美感以及善感和敏感,将会让我们一生受用,而不仅仅是为了知识或考试之类那样功利性的目的。"作家贾平凹说:"读书有福,有福之人才读书,读书是最幸福的事情。"

(一)时代环境特征使图书馆开展"阅读疗愈"成为时代需要

当下,中国经济高速发展,社会正处于转型的特殊时期。社会上少部分群体面临着较大的压力,存在一定的焦虑。当前,中国政府正致力于实现中国民族的伟大复兴之梦,实现国家富强、民族振兴、人民幸福的宏伟目标,改善部分人群焦虑的负面情绪是实现健康中国道路上不可忽视的问题。因此,积极消除负面情绪、缓解焦虑心理,提高公民的幸福感是整个社会的迫切要求,也是政府的责任。而"阅读疗愈"作为一种特殊的心理疾病辅助治疗手段,具有操作性强、疗愈效果好、附带价值高等优点,在目前的时代,尤为值得重视,要大力在图书馆中推广。

(二)阅读的特质使图书馆开展"阅读疗愈"成为可能

1."阅读疗愈"机理分析

阅读为何对人的精神会有抚慰作用?这要从"阅读疗愈"的机理来分

①石璞,沈艾,王诺.打造展示文旅融合发展的"杭州窗口"——杭州图书馆主题分馆的实践与思考[J].图书馆研究与工作,2021(04):25-31.

— 138 —

析,这方面有两种理论观点。一种是基于西方心理学派"认同、净化、领悟"的角度加以阐述,认为患者在阅读过程中可以有意或无意地获得情感上的支持、认同,并通过体验作者设定情境中的恐惧悲伤,使内心的焦虑得以释放,使情感净化;同时,阅读过程还有助于读者通过心理活动和作品内容之间的整合产生领悟。另一种是基于中医心理学中的"情志相胜理论",认为每一部图书都有一种占主流的思想感情贯穿其中,"图书之所以能够治病,就在于它传达给读者的情感恰好减弱或抵消了郁藏于读者心中的不利身心健康的情感,从而缓解、减轻了读者的病情。"

2.阅读特质使"阅读疗愈"成为可能

阅读之所以能疗愈心灵,是源于阅读的特质。阅读是指通过人的视觉行为结合大脑思维对文字的解码,是一种以获取信息为目的的认知行为。而对某些种类图书的阅读,却不仅仅是普通的文字解码,更是独特的心理体验过程。如读者在阅读文学作品时就具有一定的特质。其一,"读者的文学阅读具有感性的直觉经验行为。"当一个读者对文学图书做出选择时,这种选择本身也带有直觉性。例如,出身困苦、经历坎坷或有强烈改变人生愿望的读者容易选择励志类的小说、名人传记等作品来阅读,而恋爱的青年男女会更青睐优美的诗歌来诵读。另外,读者的感性直觉意识往往影响读者对文学意象的把握,使读者能快速形成对作品理解的彻悟。某些作品的内容如果恰好与读者的生活体验相符或相近,就很容易获得读者的思想共鸣。其二,"读者的文学阅读是一种想象活动。"读者在阅读过程中会结合自身独特的生活经验对文学意象展开想象,并随之掀起心理情绪波澜,把自身的整个生命体验附于其中和联通起来,进入审美想象的超然境界。如文学名作《老人与海》,故事中老人不屈不挠与命运抗争,最终钓到大鱼却又被鲨鱼吃掉,只剩下一副大鱼的骨架,但无论面对什么样的困难,老人却始终没有停下追求的脚步。在阅读过程中,读者的想象往往超过了作者创作时的想象。读者会联想到命运总有种种不如意,有时对人的打击甚至是致命的,尽管如此,人还是要不屈不挠地奋斗,就算在肉体上被打垮,至少在精神上还是强者。这种阅读过程就是读者结合想象完成认识自我、认识世界、重塑自我精神世界的过程。其三,"读者的文学阅读活动是一种生命介入活动,这里的介入包含心理的介入和生理的介入。"阅读作品时读者主动选择某作品即是一种心理动机的介入,进入阅读状态,同作者展开一系列心理交流活动,会因作品而喜、而怒、而悲、而叹。而生理的介入则指作品直接带给人不同的感官体验,如幽默的片段会让人掩卷而起、开怀大笑;温馨优美的作品会让人如沐春风,浑身愉悦;英雄主义的作品会让人心生崇高之感……正因为阅读具有以上特质,使得图书馆开展"阅读疗愈"成为可能,图书馆拥有大量的图书资源,可以根据读者的不同情绪特点与心理要求有针对性地提供阅读指导和图书阅读,为读者的各种心理疾病提供辅助性治疗。

3.图书馆有义务开展"阅读疗愈"

图书馆"公益性"属性和"服务"的本质使其有义务开展"阅读疗愈"。第一,图书馆的文化信息资源是重要的公共文化资源,图书馆具有公益性属性。1994年,联合国教科文组织的《公共图书馆宣言》指出:"每一个人都有享受公共图书馆服务的权利,而不受年龄、种族、性别、信仰、国籍、语言或社会地位的限制。"2008年中国图书馆学会通过了《图书馆服务宣言》。其主要目标是:图书馆是一个开放的知识与信息中心,以公益性服务为基本原则;向读者提供平等服务;在服务与管理中体现人文关怀;提供优质、高效、专业的服务……第二,图书馆作为公共信息资源的承载体,"服务"是其最根本的功能,是图书馆所有工作的逻辑起点。著名图书馆学教育家黄宗忠认为:"坚持服务是图书馆的终极目标、根本目的、一切工作的出发点和归宿;坚持服务是图书馆一切工作的中心;坚持面向读者,读者至上,服务第一。"多年以来,如何提升图书馆的服务,拓展图书馆新的服务类型,一直是图书馆学界研究和实践的一个重要方向。图书馆作为公共文化服务机构,因其"公益性"和"服务性",有义务向公众拓展"阅读疗愈"服务。

4.图书馆丰富的资源为"阅读疗愈"提供了充分保障

广义的图书馆资源是指图书馆的馆舍资源、馆藏资源、人员资源等几大方面。图书馆馆舍不同于其他公共场所,每个功能区的划分都要基于易于读者获取信息角度来考虑。现代图书馆的馆舍规划与设计越来越人性化。许多图书馆馆舍不仅包括藏、阅、借功能,还有信息交换、信息传递与咨询的功能;不单是获取知识的场所,还是休闲小憩的天地。基于开展"阅读疗愈"服务的需要,除传统的各大功能区外,图书馆还可以专门开辟空间,根据"阅读疗愈"实施的特点,布置专门的空间,让有心理疾患的读者在放松、温馨的环境中和治疗师展开交流,达到"阅读疗愈"的目的。图书馆拥有大量的各类馆藏资源,其中经典的佳作名篇是"阅读疗愈"的最基本的物质保障。图书馆要对这些资源进行梳理、整理和研究,整理出多系列的书目名单以针对不同心理疾患的读者需要。这方面既可以借鉴权威文化机构的各类"好书榜",也可以关注各大主流媒体的书评、书榜(如报纸的读书副刊、专门的书评、书目杂志等)。在人员保障方面,图书馆也拥有得天独厚的人力资源条件。图书馆员在长期的工作过程中,积累了丰富的图书资料知识,具有同各种读者打交道的人际交流能力。图书馆特殊的工作氛围养成了图书馆员淡泊名利、助人为乐的品性和善于思考的思维习惯。很多图书馆员在长期的知识浸染中,具备了宽广的知识视野和深刻的思考能力。一些综合文化修养高、人生阅历丰富、道德情操高尚的馆员经过相关的培训学习后,完全有资格、有能力胜任阅读治疗师的工作。

四、项目组织和实施

"阅读疗愈"项目自2013年启动以来,整个项目服务了四千余人,受到了社会及业界的广泛关注。杭州主流媒体(如《杭州日报》《钱江晚报》)以及国内网络媒体,对本项目进行了多达几十余次的报道,业内《图书馆报》刊登了多次整版专访。这些既在意料之外,又在情理之中。

(一)社会众筹,搭建服务平台

一项有生命力的活动项目,需要有坚实的载体。"阅读疗愈"项目,是一项横跨阅读推广、心理咨询和社会评价等多领域的阅读项目,因此,杭州图书馆以文化服务平台为基础,通过众筹的方式,吸收社会力量和资源,兼容并包,共同促进市民文化服务平台的多元化和专业化。杭州图书馆延伸阅读服务方式,以阅读为载体,以交流为纽带,联合杭州市12355青少年服务台、浙江省心理学会等相关组织和机构,共同开展"阅读疗愈"活动,即通过将图书馆文献推荐与心理学专家心理疏导相结合的方式,形成一个集特色服务品牌、专业服务团队及第三方权威评价于一体的成熟运行模式。

1.杭州图书馆

项目运行过程中信息收集及服务的主平台。第一,充分利用文献资源,依托专业文献查询方式,采用文献补充采购和物流配送支持,根据心理治疗老师提供的书目,为读者提供合适的文献材料;第二,接受读者预约,解答活动项目及预约类咨询,汇总预约情况;再次,提供服务场所,为预约读者和心理治疗老师创造一个敞开心扉进行沟通的氛围;此外,吸收、招募社会志愿者作为项目的有效补充。同时,根据项目运营状况和市民或专家的反馈情况,对活动进行把控和调整。

2.12355青少年服务台

项目人力资源培训和组织的主要落实方。借助丰富的心理学人力资源,以相关心理学背景的指导老师为班底,组建心理治疗的专业队伍。心理治疗老师与需求读者充分沟通,根据市民用户的具体情况,设计辅导方案(包括文献载体、内容、团体服务与个人服务),有针对性地提供心理辅导。此外,对社会志愿者队伍进行培训和考核,提升志愿者队伍的专业水平和稳定性。

3.浙江省心理学会

专业性的研究机构,是项目的第三方专业性评估机构。全程跟踪"阅读疗愈"活动过程,并根据相关环节和每位读者的体验效果,从心理学的角度,独立、客观地提供专业化评估。

(二)服务项目的动态调整

现代人的心理亚健康主要来自工作环境、家庭氛围和婚姻情感处理过程中的困惑和压力,鉴于此,"阅读疗愈"项目启动时,设置了职场类专题、亲子类专题、情感类专题三大主题。三大主题分别配置一定数量的专家组成员,每周接受读者一对一的预约服务。读者根据自己的特性和情况,选择合理的主题和专家,接受专家的服务;在交谈后,专家根据交流的情况,给读者"开药方",即书单;读者在读完专家所列书单后,进行下一阶段的回访。

在项目推出过程中,我们不断地根据读者的实际需求和使用反馈以及专家的建议,对项目进行进一步地调整和完善。由于一对一服务,难以产生规模效应,同时用户预约踊跃,所以在一对一更注重隐私的服务基础上,我们推出了"团服"服务,并形成"个服"与"团服"相结合的组织形式,在累积一定个案量的基础上,专家针对一些重点关节或普遍性问题,开展团服,以期扩大服务面,让更多的有共性问题的用户在团服过程中得到疗愈。

此外,在传统的"个服"与"团服"相结合的服务形式基础上,根据心理学发展的趋势和用户的接受程度,进一步拓展和丰富了服务项目和方式,推出了阅读疗愈书友会、音乐疗愈等衍生服务,作为"阅读疗愈"项目的有效补充。

(三)社会志愿者团队的组建

"阅读疗愈"项目通过多种渠道发布阅读疗愈社会志愿者团队招募信息,扩大阅读疗愈专家志愿者队伍力量。不仅要增加拥有心理学专业资质的志愿者团队力量,以便开展针对性导读,更要吸引各个行业热爱阅读的顶尖人才,使其经过专业的阅读和选书训练,最终成为杭州图书馆阅读治疗师,展开泛在化的导读,以帮助读者领悟人生,增强信念、完善人格。

1.建立完善的专家、志愿者交流分享

每一季度,"阅读疗愈"项目将会定期组织召开分享会,邀请专家来馆分享案例和阅读疗愈服务心得,图书馆工作人员将做好数据统计工作,并按照读者咨询方向,结合专家时间,集中安排"团服"。

2.规范专家志愿者准入及评价体系

2014年,规范专家志愿者准入机制,制定《杭州图书馆阅读疗愈专家志愿者管理规范》,并在杭州市健康管理委员会的监督下,建立完善的活动评价体系,定期对活动进行专业评估,促进活动的良好开展。

五、困难与局限

由于"阅读疗愈"项目在公共图书馆界应用并不广泛,属于一种新形态服务的尝试,在其启动、运行过程中,往往会有一些困难或局限存于其中。而这些困难或局限,既有主观问题,也有客观制约。

主观上,第一遇到的困难是,传统图书馆作为以文献借阅为主的形象,在市民心中根深蒂固,市民对图书馆服务和阅读方式的陌生导致了对公共图书馆服务功能的不熟悉。获得"阅读疗愈"项目服务信息的市民会产生"图书馆怎么也能开展此类服务"的疑惑。第二,市民往往对

"阅读疗愈"项目抱有过高的期望,往往希望通过与专家一次面对面的交谈、一本专家推荐图书的阅读,就能解决自身存在的心理亚健康的问题。当然轻度的心理障碍可以较为快速地解决,但是对于有些严重的情况,需要专家的多次座谈、多次回访,需要阅读不同类型的文献,才能起到一定的效果,这可能需要一个更长的过程。

客观上的局限表现为以下几个现象:第一个现象是"疗愈"有余、"阅读"不足。多数读者来馆参加活动为的是抒发内心郁闷,较少人愿意通过"阅读"来进一步自我化解;多数专家为心理学专业人士,长于心理辅导,弱于书籍推荐。第二个现象是项目规模性有限。鉴于私密性问题,项目本身更注重的是读者与专家一对一的个体交流,所以项目服务量及覆盖面就会有局限。

六、启示与发展

(一)启示

"阅读疗愈"项目在城市图书馆推出,对于公共图书馆而言,具有一定的引导意义。这是由于项目本身是一种符合现代公共图书馆发展定位和趋势的活动,通过这样的途径,项目本身既与当今社会背景和市民生活相适应,又是公共图书馆文献营销的一种新尝试。

"阅读疗愈"项目推出和开展后,除了吸引更多的市民走进图书馆,了解并利用图书馆,促进了借阅,提高了文献的流通率外,对于公共图书馆本身而言,特别是都市图书馆,其意义主要有以下三点。

其一,通过跨界合作,让公共图书馆的形象在市民心目中扎根,图书馆不再是一个单一的、孤立的学习场所,而是一个与市民密切相关的、有血有肉的第三文化空间。跨界的合作,体现了公共图书馆是一个开放、共融、多元的文化服务平台,图书馆服务多样化的探索丰富了公共图书馆的服务业态,促进了图书馆服务的转型。

其二,"阅读疗愈"项目的实施,让阅读的作用不仅仅停留在知识获取层面,更能够在精神、情感、生活各方面起到积极的作用。一方面,阅读不仅能治愚,更能让人明理。阅读是让人懂得道理的方式,面对面的交流则是授业解惑的方式,两者的结合寓教于乐,在解决市民心理障碍或纠结时,也推动了文献的借阅,推广了阅读;另一方面,在现代社会,发达的网络、电子读物的普及以及手机阅读的兴起使得碎片化阅读、快餐式阅读成为一种常态,但是深层次阅读、知识的获取和把握,仅凭借快餐式阅读是无法实现的。在"阅读疗愈"项目里,通过与具有一定知识背景的专家面对面地交流,其本身就是一种阅读,并且能促进深层次阅读的开展和知识的获取。

其三,"阅读疗愈"项目的推出是公共图书馆社会教育"以文化人"的本质体现,通过文献的阅读,发挥了感化、教育、引导、培育的功能,形成更美好的生活氛围。项目本身源于社会的实际需求,围绕"将阅读融入生活"的目标,因此在实际操作层面更符合和贴近市民的喜好和生活,项目本身也更接地气,具备持续服务的潜力和空间。

(二)发展和完善

1.建立读者反馈机制

首先,完善用户信息登记。在用户初次报名时,要求读者完整填写《杭州图书馆阅读疗愈读者报名表》,和用户明确参与活动需要反馈的规定。其次,用户与专家成功对接后,建立读者、专家双方档案,将专家对用户的诊断书和推荐书目存档。最后,遵循读者意愿,做好再次咨询的时间安排。如用户放弃第二次咨询,则提醒读者关注阅读疗愈其他分支活动,引导用户通过阅读进行自我疗愈,并积极向专家反馈阅读心得和疗愈程度。

2.以杭州市公共图书馆体系为平台,拓展服务范围

依托杭州市公共图书馆体系平台,进一步拓展"阅读疗愈"的服务范围和受众面。杭州图书馆将发挥地区中心馆的积极作用,以区、县(市)图书馆为延伸,基层图书馆(室)为支点,通过与区、县合作,单位、社区集体报名等方式,将体验活动有针对性地送进企业、部队、社区,突破区域限制,进一步扩大服务覆盖范围。

3.以书为媒介,开辟心灵氧吧——"心灵驿站"

成立"书目疗愈区"(该服务即发展性书目疗愈法服务),摆放阅读疗愈相关类型书籍,馆员扮演阅读疗愈素材咨询顾问的角色,编辑、组织、诠释和提供具有情绪疗愈效用的阅读素材,对"心灵驿站"的书籍做好图文并茂的书目提要,为读者提供阅读线索。该区域图书为一般图书和绘本相结合,考虑到用户需求,细分为励志、探索生命、情感、社会关系、生

活体悟、心灵成长、冲突和青少年心理等类。该区域采取沙发和茶几相结合的形式,重在温馨和私密性,定期更新墙面书籍介绍和书影,将读者、专家的画作悬挂在墙上,在适当位置摆放艺术品、海报。

4.完善项目包装和营销

（1）统一标识、标志及宣传海报

"阅读疗愈"项目将推出阅读疗愈活动Logo,统一标识、标志,并设计美观、大方、深入人心的宣传海报,让"阅读疗愈"活动为更多的读者所知。

（2）编撰阅读疗愈宣传册

"阅读疗愈"项目将编撰《将阅读融入生活》(暂定名)等一系列小册子,向普通民众和读者普及阅读疗愈知识,让市民在对阅读疗愈全面了解的基础上,走进图书馆参加活动。

（3）项目成果展示

每期活动结束后,"阅读疗愈"工作人员会做好每期活动的整理工作,以表格形式登记读者人数、读者性别、咨询问题类别、是否回访、是否参与读书会、咨询的主要问题等,做好案例积累、整理工作,定期进行项目成果展示。

第三节 书院静雅相约悦读
——"成栋书院·相约两小时"阅读活动

"成栋书院·相约两小时"阅读活动的根本意义在于让读者回到了阅读的本真状态,从阅读到悦读,让参与者于良性的读书气场中收获超越书本自身的价值。一卷在手,潜心而读;一书共读,清谈感悟;一人领读,张扩意境;众心同向,悦纳书香。

一、活动宗旨

本节以东北林业大学"成栋书院"为例。东北林业大学图书馆一直坚持开展阅读推广工作。图书馆在2009年成立业务推广部,部门工作的重要组成部分就是以广大读者为对象,从他们的实际出发,灵活机动而又组织有序地进行阅读推广工作。先后开辟了"读者沙龙""影音欣赏""书画笔会""学子论坛""百家对话""国学精粹""秀空间""追随你的视界""指尖逐梦""我爱记诗词大赛""成栋书院"等多个活动版块,结合每年进行的阅读推广主题系列活动,这些活动版块相应地进行着各有特色的活动,以满足读者的不同需求。

随着全民阅读活动的广泛深入开展,党和政府对全民阅读日益重视,李克强总理连续三年将全民阅读写入政府工作报告,"全民阅读"上升为国家战略的发展蓝图。在这样一个大背景下,高校图书馆自觉地进行阅读推广工作更是责无旁贷。2015年,东北林业大学图书馆在多年来自觉进行阅读推广工作的基础上,与学校党委宣传部、团委等多部门联动,将阅读推广工作提升到"书香东林"建设的新高度。学校成立了阅读推广委员会,聘请了首批"领读者"11人,建立了"成栋书院"。并在"成栋书院"推出了"相约两小时"读书活动。书院的建立成为东北林业大学"书香东林"建设的一个新阵地,也是东北林业大学图书馆阅读推广工作的又一个品牌项目。

"成栋书院"之"成栋"二字,取自东北林业大学首位校长刘达之名,一则表达对这位革命者、教育家的纪念;再则表达对莘莘学子的期望:希望学子们成长为国家的栋梁之才。"成栋书院·相约两小时"读书活动,旨在尊重读者的阅读需求,引导读者关闭手机,沉静心态,潜心于书籍的品读,或在领读者的引领下,研读作品,领悟作品作精髓。"摒弃杂念,片晌明静,手捧一卷,潜心阅读",在这样的阅读情境下,让参与者储蓄知识,积累文化,提升鉴赏能力,收获心灵的美育。

从阅读到悦读,让参与者于良性的读书气场中收获超越书本自身的价值,且此项活动的开展,在学校的各类读书活动中,以特点突出而引人注目。

二、活动概况

"成栋书院·相约两小时"阅读活动,以两种形式开展。

(一)读者自主阅读式

读者自主阅读式,是以学生社团"悦兰书会"为主要发起者,在全校范围内发出倡议,倡导"摒除杂念、潜心阅读",每周在成栋书院进行两次阅读活动,每次两小时。

1.活动流程

通知联络：活动进行前，社团负责人、图书馆方面会在微信中通知提示，参与者按时到达成栋书院。

2.阅读过程

参与者必须关闭手机，静心读书。可将成栋书院内已备图书捧卷在手，也可以根据某个共同关注的阅读问题进行交流探讨，或读者将阅读中积累的问题提交到书会择时共同分享。参与者阅读书籍种类多样，书院会时时根据阅读者需求调配图书。阅读者的阅读体会以"一言推荐""佳言妙意"或"问题求解"等方式在阅读者中流转。

3.活动后续

阅读活动结束，图书馆会及时将参与者的情况进行跟踪统计，筛选有价值的问题或读者阅读心得在社团微信或馆报等处进行推送。或将问题引入下次活动的讨论，读书感悟的佳作可刊登于馆报、校报。

（二）领读者引领阅读式

领读者引领阅读式，是以领读者为核心人物，以该领读者自创图书、自选图书或他选图书为读本，以领读者设定的问题、预告调查得到的问题及现场阅读产生的问题为阅读立足点，以听、读、诵、议等多种方式进行的阅读活动。

1.活动流程

预设安排：将学校聘任的首批领读者邀约进行活动开展的总方案讨论，确定活动进行的程序、次数（每月一期），明确领读者领读的内容、次序安排。在校园网、图书馆网、微信等媒介发送活动预告。在校园内以横幅、海报等形式进行的推广宣传。

2.阅读过程

参与者必须关闭手机，静心读书，静心听讲，参与诵读。领读者将预设问题进行分析讲解，或根据选读书本的内容采取对应的领读方法，或诵读精彩片段，或分析重要文段，或提要核心论断……领读者的领读方式各有千秋，听读者沉潜其中。在阅读活动中还设有互动环节，领读者针对现场读者提出的问题或答疑解惑或点播引导或求谋良思……不一而足，读者也可以即兴展示自己的才华，现场往往以良好的氛围，让阅读者品到静心阅读的醇厚滋味。①

3.活动后续

在校园网、图书馆发布活动报道;接收并整理读者反馈参与活动的体会、感悟或意见建议;整理活动全过程及现场视频,馆内收藏;制成光盘,给领读者,读者有需求亦可赠予。

4.活动成效

成栋书院自2015年4月23日成立以来,两种形式的"相约两小时"阅读活动一直按部就班地进行。读者自主阅读式,活动地点在成栋书院,书院每次接纳40余人。领读者引领阅读式,活动在图书馆学术报告厅或多功能厅进行,因前期需进行有关程序等问题的商定,截至目前共进行四期活动,分别是《如切如磋话读书——从＜诗经·国风·卫风·淇奥＞说起》《＜红楼梦＞漫读》《读书与梦想》《＜中国动物文化＞精讲》,阅读活动每次的参与者限240人以内(场地有限),有近千人次参加过此项阅读活动。

"成栋书院·相约两小时"阅读活动,因读书活动目的明确、阅读方式灵活多样、阅读内容丰富广泛、时间安排合理、场地环境雅致,受到读者欢迎。在读者中的影响日益深入,在东北林业大学的"书香东林"建设工作中,彰显出它独有的魅力。

三、成栋书院·相约两小时阅读活动方案举例

主题:如切如磋话读书——从《诗经·国风·卫风·淇奥》说起。

领读者:赵XX。

时间:XX年XX月XX日。

地点:A图书馆。

(一)前期准备

第一,发布预告,拟好预告稿件,以图书馆微信、图书馆网主页、校园网主页、校内海报与条幅张贴、悬挂等多种形式进行活动宣传。

第二,印制读书所需材料:《诗经·淇奥》《诗经·鹿鸣》《短歌行·对酒当歌》。

---

①董风华,杜方冬,黄宏亮.基于校园文化的阅读推广模式探索[J].资源信息与工程,2020,35(06):138-140.

第三,摄像、照相等设备及人员布置。

(二)活动进行

录制全过程;活动即将开始,音乐播放营造气氛;领读者按个人领读计划具体实施领读活动;准备留言本,让领读者和参与活动的读者留言。

(三)后期总结

写作报道稿件并及时发布于图书馆主页、校园网主页;整理视频,刻录成光盘,赠送领读者或参与活动的读者;视频留待上传为图书馆或东北林业大学精彩讲座;整理活动参与者的留言,了解读者的读书的要求或愿望。

第六章 图书馆推广服务管理

第一节 阅读推广服务管理基础

管理是在一定的环境条件下,对组织所拥有的资源(人力、物力和财力等)进行计划、组织、领导、控制和协调,以有效地实现组织目标的过程。

阅读推广服务工作是图书馆服务的重要内容,因此,阅读推广服务工作管理是图书馆管理的有机组成部分。大多数人可能会认为企业管理要比公共图书馆管理难得多,这可能是因为企业管理的结果直接决定了企业的生存,但实际上,要管理好公共图书馆并不比企业管理容易,有时甚至更难,这是因为几乎所有的管理原理、方法、技术等都是因企业发展的需要而产生并不断发展的,企业管理的目标简单、明了而又直接,但公共图书馆是为了顺应社会发展本身需要建立的制度。作为向人民群众提供公共文化服务的机构,其服务的购买者(政府)和消费者(人民群众)分离,虽然可以认为是一种政府购买,但并不完全符合市场规律;同时,公共图书馆管理既需要符合管理的普遍原则——以最小的成本(公共支出)实现尽可能高的经济效益(服务效益),又同时符合公共图书馆服务理念——提供平等、免费、无区别的服务,实现社会信息公平,两者之间必须寻找到结合点或者平衡点,因而既不能不顾理念只讲效益,又不能只顾理念不讲效益。

所以,阅读推广服务工作管理必须以现代图书馆理念为指导,以提供均等、专业的服务为出发点,以提高服务效能为落脚点,实现阅读推广服务工作在相同成本下效益最高或在相同效益下成本最低的目标。

事实上,如同衡量公共图书馆的服务效益一样,衡量阅读推广服务工作的效益并不是一件容易的事。企业效益的核算可以通过一系列的费用和成本的归集,用一连串的数字来表达,同时,企业生产一般是周期性的重复。产品成本的比较,纵向可以用前后不同批次的产品来实现,横向则可以通过其他生产厂商的同类产品来比较,还可以通过市场供求关系来确认,从而逐步优化设计和流程,降低成本,提高效益。而阅读推广活动特别是大型阅读推广活动办得是否成功、成功的程度、使用的经费,许多都是一次性的,缺少过程控制、成本控制的经验,且图书馆的经费使用自主权远不如企业,因而一旦出现问题,会给后续处理带来一定的难度,这也是一些图书馆策划了很好的阅读推广活动,但最后虎头蛇尾、难以持续的重要原因。

因此,制定长期规划,确定远期目标,对工作(活动)事先计划和预算,对资源充分优化,对过程精细控制,事后总结考核,不仅可以保证阅读推广服务工作的效益,而且可以保障其安全、顺利地进行。而这些,正是阅读推广服务工作管理能够发挥的作用,也是管理的目的,还形成了阅读推广服务工作管理的特点,这些特点与公共图书馆管理的特点基本相同,主要有这样几点。

一、理念与实践有机结合

阅读推广服务工作管理主要是一种实践活动,其过程自始至终都必须有管理理论指导,其管理行为符合管理基本原理,并通过管理实现降低成本、提高效益的目标。从本质上说,这一点与企业管理是一致的,可以说是管理的普遍规律。但阅读推广服务是公共图书馆的职能之一,同时需要符合自身固有的服务理念,需要把服务理念贯彻始终,保持正确的方向,否则,背离理念的管理,效率越高,离目标越远。

二、公平与效率有机结合

公共图书馆的使命之一是实现社会信息公平,这也是阅读推广服务工作管理的前提。图书馆希望能有足够的资源开展阅读推广服务,使阅读推广服务工作的受众最大化,但公共图书馆所拥有的资源相对于需求而言总是稀缺的,这就决定了阅读推广服务工作必须讲求效率,资源的稀缺性决定了缺乏效率就实现不了公平。同时,公平和效率永远是一个相对的概念,没有绝对的公平,也没有最高的效率。阅读推广服务工作的管理,就是在公平与效率之间寻找平衡点,因此,必须使公平与效率有机结合。

三、传统与现代有机结合

在数字化时代,阅读的载体、方式、技巧已经多元化,阅读的需求也呈现多样性,关于与阅读相关问题的讨论和观点众说纷纭,阅读推广服务当然需要适应这种变化。图书馆对读者阅读什么,在什么地方、什么时间、用什么载体和方法阅读,怎么阅读等,没有干预的权利,而应该从发现读者的需求出发,根据需求提供阅读环境和阅读资源。所以在阅读推广服务上,图书馆需要全方位地精心策划和组织,既针对纸本阅读又兼顾数字阅读,既针对研究型阅读又针对碎片化阅读,既不干涉阅读自由又针对性地开展阅读指导服务。

四、宏观与微观有机结合

阅读推广服务工作的目的是让人民群众享有平等的阅读权利,并养成阅读习惯,从而建立书香社会,这其实是公共图书馆使命的组成部分。要实现阅读权利的平等,阅读条件、阅读资源、阅读服务的均等化就成为首要问题。因此,阅读推广服务工作的管理,宏观上涉及公共图书馆服务体系的建设,微观上可以针对一项阅读活动的开展。这些使得阅读推广服务工作的管理较为复杂,管理中涉及的问题也会比较多。[①]

第二节 阅读推广服务工作的规划管理

战略规划也称战略管理,是根据组织的使命、内外环境,对全局和长远发展目标制定、落实、修正、实施的动态过程,是制定、实施及评价多功能决策的一门艺术和科学,这些决策可以保证一个组织实现其目标。

制订阅读推广服务工作战略规划的主要目的是使用科学、系统、合理的方法帮助公共图书馆明确在阅读推广服务工作上的方向,设置科学、先进、合理的远期发展目标,把握阅读推广服务工作的正确方向,保持合

---

①刘丹. 图书馆阅读推广标准的建立构想[J]. 图书馆杂志,2020,39(08):82-87+110.

理的发展速度,并使阅读推广服务工作体系化、专业化、有创意、接地气,通过周期性的开展工作,逐步成为图书馆的服务品牌,有利于公共图书馆通过阅读推广服务工作践行图书馆服务理念,保障人民群众能够无差别地享有基本阅读权利,帮助大众提高阅读兴趣和品鉴水平,提升阅读技巧,养成读书习惯,推动全民阅读。因此,从公共图书馆管理的角度来说,制订战略规划是阅读推广服务工作的第一步,也是公共图书馆管理者的首要任务。

一、阅读推广服务工作战略规划的意义

(一)促使公共图书馆重视阅读推广服务的环境

通过分析和审视环境,可以发现环境的变化究竟给图书馆的阅读推广服务工作带来了机遇还是带来了威胁。读者的需求、政策的导向、行业的发展、馆员的素质、经费的来源,都可能对阅读推广服务工作的广度和深度产生影响。制订规划,就事先掌握了目标,既有利于控制过程,又营造了重视阅读推广服务的内部环境。

(二)有利于调动馆员的积极性

通过参与编制战略规划,发挥馆员的主人翁意识,激发馆员的紧迫感和挑战欲,如果战略规划中还涉及组织文化、薪酬分配、奖励机制等与馆员个人利益挂钩的措施,将更有利于馆员积极性的提高。

(三)有利于提高服务效益

通过编制和实施战略规划,图书馆一方面会越来越了解市民的需求,使活动更加贴近市民;另一方面通过分析环境,能扬长避短,整合资源,使阅读推广服务工作不断降低成本,提高效率。

二、阅读推广服务工作战略规划的编制

编制阅读推广服务工作战略规划,是一项非常专业的工作。所谓专业,既有战略规划编制本身的专业,又有图书馆自身的专业,具体来说有这样一些步骤。

(一)需求分析

用户对阅读的需求相对于公共图书馆阅读推广的能力而言是无限的。公共图书馆开展用户需求分析,首先是看用户需求是否在公共图书

馆使命范畴之内;其次是按照需求的受众面、重要性、持续性,厘清满足需求的次序;最后是发现已有资源情况与满足这些需求所需资源之间存在的差距,寻找对策。

随着时代的进步,用户需求会发生变化。在中华人民共和国成立初期,部分不识字的人也有阅读知识的需求,公共图书馆大量开展汉字知识普及培训,帮助读者提高读写能力。现今,虽然不识字的人已经很少了,但随着数字技术的发展,许多老年读者缺乏利用计算机的技能,对于计算机的使用还不太了解。例如,苏州图书馆通过需求分析发现这种用户需求的面广量大,从2009年开始,便持之以恒,不仅在总馆,还利用几十个遍布社区的分馆开展"扶老上网"培训活动,每年帮助数千名老年读者从不会使用计算机到可以进行数字阅读、输入汉字、发邮件、QQ交流,受到了老年读者的好评和社会的肯定,成为苏州图书馆阅读推广服务的品牌活动。①

(二)环境分析

开展环境分析的目的是确定外部和内部环境对图书馆阅读推广服务工作的影响,判断环境能起促进作用还是会带来威胁。

公共图书馆存在于社会中,经济发展是否良好、社会文明程度的高低、当地文化是否昌明、历史积淀是否深厚等,都影响着公共图书馆的阅读推广服务工作。同时,公共图书馆阅读推广服务工作的数量多少、质量优劣、效益高低,又影响着当地市民的科学文化素质,进而影响着当地经济和社会的发展。这种相互影响,是一个动态的过程,对公共图书馆阅读推广服务工作来说,有的是机遇,有的是挑战,有的是威胁。多种因素的综合,有时还会产生不同的影响。所以,对于战略规划而言,环境分析是一个重要环节,分析得正确与否,决定战略规划编制的质量,也决定了以后阅读推广服务工作的成败。例如,李克强总理专门谈了"全民阅读"的重要性,这必然会引导各地政府进一步重视全民阅读工作,公共图书馆阅读推广服务工作的外部环境将会更加优化,在战略规划的制订或维护中,应该规划一些能形成社会影响或强化自身品牌的阅读推广服务活动,在相关指标上也应该做适当调升,并策划与之相适应的方案和措施。

———————————

①韦良珍. 我国图书馆阅读服务发展及策略研究[D]. 南宁:广西民族大学,2019.

(三)设定战略目标

设定战略目标要注重科学性、先进性、合理性、可操作性的有机结合。所谓科学性,是指战略目标符合公共图书馆的使命和理念,符合用户需求;所谓先进性是指完成战略目标要花一定的力气;所谓合理性是指完成战略目标所需的资源有所保障,使战略目标的实施可持续;所谓可操作性是战略目标的实施要有科学的方法。

彼得·德鲁克在1990年出版的《非营利组织的管理》中这样论述:"非营利组织没有所谓的'损益',它们往往会认为所做的每件事都是公正、合乎道义并服务于美好理想的,因此,即使没有达到预想的结果,也不愿意考虑是否应该把资源用到其他更合理的地方。非营利组织可能比企业更需要在运作方面进行合理的取舍,需要大胆面对重要抉择。"这种认识和情况确实大量存在,也是我们设定战略目标需要注意的问题——战略目标的设定,必须有所取舍。不能简单地认为公共图书馆的阅读推广服务工作是政府的责任,所有能够想到的活动都应该开展,政府要提供开展这些活动的所有条件。其实,公共财政可能难以满足所需经费。一个图书馆的资源也极其有限,支撑不了这些目标任务,甚至即使对战略目标做了筛选,但面对目标和任务,资源仍是严重的制约因素。

所以,战略目标的设定应该注意四个方面。一是战略目标设定要符合公共图书馆的使命。公共图书馆开展什么样的活动,应该在公共图书馆使命的范畴之中,否则就会分散公共图书馆阅读推广服务工作的资源;二是战略目标的设定需要符合理念,使阅读推广服务工作成为公共图书馆服务的有机组成部分,受众面要宽,能使大多数读者平等地享受阅读推广服务工作的成果;三是战略目标的设定要符合公共图书馆的整体战略,有利于公共图书馆的发展和使命的完成;四是战略目标的设定要顾及公共图书馆的自身资源的实际,实现战略目标往往需要若干年之久,所以这些资源要足以支撑到战略目标的实现,而不能半途枯竭。

(四)战略规划实施方案的专业设计

所谓提出实施措施,是指制订战略规划的具体实施方案。虽然战略目标是在分析需求、分析环境的基础上提出来的,但完成这些目标是一个长期、艰苦的过程,需要策略、方法和措施,特别是针对一些超常规发展的目标,没有特别的方法和创新的措施是不可能完成的。

制订战略规划的最后阶段,是策划和制订具体实施方案。方案针对每一个战略目标而定,即每个战略目标都需要有具体的方案。方案的制订,可以让具体的实施人员一起参与,创新思路,群策群力,便于今后的实施。

在实施方案的制订中,最关键的工作是专业设计。阅读推广服务是专业性很强的工作,特别是公共图书馆开展的阅读推广活动,一定要遵循公共图书馆的理念,体现公共图书馆的专业性,否则就无法成为公共图书馆的阅读推广服务工作。例如,苏州图书馆在2010年制定了规划,其中的"服务品牌"指标(所谓服务品牌是指长期性、周期性,并有较好的服务效益和社会赞誉度的服务或活动),2005年苏州图书馆已经有5项品牌:苏州大讲坛、《决策信息》、"让花香书香陪伴您""雏鹰管理员"和"四季音乐会";2010年有13项,增加了"总分馆体系""未成年人流动图书大篷车""故事姐姐""欢乐大本营""童话剧比赛""课本剧比赛""让我的声音陪伴您"和"爱影人俱乐部";2010年做规划时,计划2015年增加到18项,增加的5项为"掌上苏图""扶老上网""悦读宝贝计划""七彩夏日"和"网上借阅、社区投递"。在做规划时,就进行了专业设计,制订了实施方案。2014年底,这些指标已经全部完成,服务品牌也获得了许多奖项,其中"总分馆体系""掌上苏图"分别获得文化部群星奖。

从表面看,任何机构、任何单位都可以开展阅读推广工作,但站在专业化的角度,公共图书馆的阅读推广工作从设计时就体现了专业性。这种专业性,行业外可能并没有太大的感觉,但正像一台专业化程度很高的机器,其组成的构件、螺丝钉等并没有什么专业性,关键是用什么专业进行设计安装。

南开大学于良芝教授在论述公共图书馆服务的专业性时这样说:"公共图书馆业务对专业知识的依赖主要发生在其产品和服务的'设计'过程、复杂服务(如参考咨询)的实施过程以及整个图书馆活动的管理过程中,这类业务可以称为公共图书馆的'智力型业务'。与其他专业机构不同的是,公共图书馆中的'设计'过程大部分在幕后实现。"

三、战略规划的动态维护

由于战略规划是对未来的设计,而外部环境和内部环境的各种因素又一直处于变化之中,战略规划的实施及实施的程度又影响着内外环境,所以,战略规划一般需要每年进行维护,以适应未来的不确定性。

所谓维护,实际上是对需求、外部环境、内部环境、实施结果等进行调查、分析和评价,并在此基础上对战略规划进行修正,同时调整分年度计划和实施方案。这种调整使战略规划符合环境变化,引导公共图书馆阅读推广服务工作有序、健康推进。例如,苏州图书馆的总分馆建设,2010年规划指标是至2015年建成市区统一的总分馆,分馆数量为100所。2011年底,苏州市政府颁布了《苏州市公共图书馆总分馆体系建设实施方案》,规定由各区政府为建设主体建设总分馆,缺乏专业能力的可委托苏州图书馆。最终,五个区愿意委托苏州图书馆,两个区愿意自行建设总分馆。因此,苏州图书馆总分馆的服务人口与当初规划相比少了两个区,70所分馆即可覆盖5个区,2010年规划指标在2012年时也相应调整到70所分馆,至2014年已经建成67所分馆,到2015年已有71所分馆,已经完成了2012年规划指标。而到2019年已经拥有1个总馆、85个分馆。

第三节 阅读推广服务工作的资源管理

阅读推广服务工作往往以活动形式展现,但所有阅读推广活动的开展都需要相应的资源支撑,所以阅读推广服务工作在完成规划和方案后的第一项工作就是资源准备和管理。

一、场馆

阅读推广服务工作不同于广场文化,大多数活动在室内举办,不仅有专业特性,而且需要根据主题营造环境。因而在图书馆场馆建设时,需要设计和建造适合阅读推广活动的场所,如讲座需要报告厅,展览需要有展厅,亲子阅读需要专门的活动室等。

场馆条件准备还包括阅读环境的营造。由于阅读环境一般需要依附于建筑和空间,因此我们把阅读环境营造也纳入场馆条件。如深圳图书馆的"南书房",是一个用于开展经典阅读、品鉴、交流的场所,虽然没有装修成中国古典书房的形式,但利用了中国书房的元素和线装图书陈列,营造出经典阅读的氛围。苏州图书馆的"悦读园"是专门为开展"悦读宝贝计划"而设计装修的,利用玩具式的家具、明亮多变的色彩、卡通童话图案等,为幼婴儿的阅读活动营造了可爱、欢乐的阅读场景,使孩子因喜欢这样的环境而增加参加图书馆阅读活动的意愿。

公共图书馆服务已经进入普遍均等时代,作为公共图书馆服务内容之一的阅读推广服务工作,也必须把普及均等理念贯彻始终。之前有提到过,阅读推广活动大多数需要借助公共图书馆的场馆,因而作为阅读推广服务工作条件的场馆,也需要按照均等化的要求科学布局。这要求一方面公共图书馆场馆建设必须要实现网络化、体系化、全覆盖;另一方面阅读推广服务工作必须深入社区、深入分馆,让读者能够就近便捷地参与阅读推广活动。

二、文献

阅读推广活动的最大特点是围绕阅读,而阅读离不开文献。阅读推广服务工作的目的是推动阅读,而且在活动过程中,往往需要相应的文献配合,如"一城一书"、阅读品鉴、亲子阅读等活动。

在数字时代,阅读推广也需要有数字化文献的准备。如"一城一书"活动,如果人手一本纸本图书,则需要的复本量是相当巨大的,但如果结合电子图书借阅,大家可以利用计算机、平板电脑、手机等载体来阅读就方便多了。

文献的组织往往涉及资金,在资金不足的情况下,提供满足读者阅读需求的文献尽管有"巧妇"之嫌,但并不是完全没有办法。例如,佛山禅城区图书馆是最早与书商合作开设新书借阅的图书馆。他们开设一个新书借阅处,借阅处的所有图书全部由书商提供,读者要借走其中某本新书时,禅城区图书馆的工作人员为借出图书做一个简单著录后办理外借手续,凡借出的图书由禅城区图书馆向书商付款采购,没有借出的图书由书商收回再换新书。这样,禅城区图书馆不仅在花费很少的前提下拥有了大量新书,而且凡购进的图书都是读者已经借出的图书,有效地提高了购书经费的利用效率。

三、人才

在阅读推广服务工作中,最重要的资源是专业人才。许多图书馆的阅读推广活动之所以有自己的特色,是因为有相应的特殊人才。如上海图书馆、佛山图书馆的讲座,苏州图书馆的推荐书目和亲子阅读,中山市图书馆的少儿阅读活动等都是由专业人才来完成的。在阅读推广服务工作的策划、方案制订中,就应考虑到这样的策划是否具备相应的专业人才来支撑。在资源的准备过程中,根据方案和活动预期寻找和确定专业人才是阅读推广工作十分重要的工作,将决定阅读推广服务工作的成败。

如同场馆建设,阅读推广服务工作的专业人才需要进社区、进分馆。实现这一目标,最简单的办法是社区分馆的馆员具有阅读推广服务的专业素养,既能承担图书馆服务工作,又能按照总馆阅读推广工作计划承担阅读推广任务。但限于现有体制,这又是最不容易实现的目标。只有很少地区的总分馆是紧密型结构,分馆工作人员由总馆派出,总分馆完全处于同一个管理单元之中。如果分馆不是总馆真正的派出机构,分馆的馆员不是总馆派出,则分馆和社区就会缺乏专业馆员,从而制约阅读推广服务的专业化程度,使阅读推广服务的专业化和均等化大打折扣。解决这个问题的措施是总分馆实行紧密型管理而不仅仅是文献资源的通借通还。

四、资金

虽然说为人民群众提供普及均等的公共图书馆服务是政府的责任,但一部分公共图书馆缺乏阅读推广服务的专项资金,资金不足成为部分公共图书馆阅读推广服务工作的制约因素,甚至是最主要的因素。在资金上这两种倾向都不正确:一是不主动,一切都等待政府负责,资金依赖政府;二是不计划,不为政府的工作着想,也不考虑节约成本。[①]

根据阅读推广服务工作目标和活动方案,编制好阅读推广服务工作的预算,组织好必备的资金,成为公共图书馆阅读推广服务工作中的重要任务,也是公共图书馆管理者的重要工作。

(一)编制预算

预算在不同的场合有不同的概念:首先,预算是一种法律,我国法律体系中有《中华人民共和国预算法》《中华人民共和国预算法实施条例》,

---

①丁凡,高东妮田倩.图书馆管理与阅读推广服务[M].沈阳:辽海出版社,2020.

各级人民政府的财政预算和财政决算,都必须遵循上述法律。其次,预算是一种工具,预算最早就是作为一种管理工具被发明的。再次,预算是一种方法,编制预算和决算都有专门的方法,如"零基预算法"。最后,预算是资金,对于预算单位而言,收到预算即收到资金,拨出预算即是付出资金。

公共图书馆阅读推广服务工作的预算编制,是按照一定的方法(新项目一般采用零基预算法、老项目可采用基础法),根据需要完成的年度阅读推广服务工作任务和方案,综合各种因素,评估需要耗费的资源,并通过询价、分析、费用归集等手段,计算出各项阅读推广活动所需要耗费的资金数额,并将其纳入公共图书馆部门预算上报,或作为内部经费使用控制的活动。因此,编制阅读推广服务工作预算不能是"毛估",而要尽可能做到精确,只有这样,才有利于争取财政拨款、争取企业资助、寻找合作伙伴、开展过程控制。所以,有几个需要特别注意的地方。

第一是评估阅读推广服务工作的质量和参与读者的数量。如果公共图书馆在某一项阅读推广活动上的效率不变,那么活动质量的高低和参与的读者数量多少,与所要耗费的资金数额成正相关。

第二是评估阅读推广服务工作所需要的硬件和设备情况。阅读推广活动方案中可能只有原则性的意见,但预算编制则需要比较精确的数据,如一项活动需要做一个背景,方案一般只是"有"背景,但预算需要有多少平方米、用什么材料、背景内容、制作方式等精确、具体的预测,才有可能计算出所需要的资金数额。

第三是了解阅读推广服务新技术运用的发展趋势。在数字时代,许多阅读推广活动会利用数字技术,而且阅读推广服务中也应该介绍新的阅读载体、阅读方式,让读者体验新技术下的阅读,把阅读的选择权交给读者。可能大多数人都会认为新技术的运用会降低成本,但事实恰恰相反,新技术的运用主要是提高效率,但总成本会增加。所以在编制预算时,既要反映运用新技术后效率的提高,也要注意预算的总额会增加。

(二)预算的执行

阅读推广服务工作预算是对公共图书馆一个预算年度内在阅读推广服务工作上经费收支安排的预测和计划。阅读推广服务工作预算是由一个个阅读推广活动预算汇总而成,对于每个分项预算来说,都与一个个阅读推广服务工作方案相对应,如果预算准确,预算支出的多少就会反映事业任务完成的多少,预算执行的进度会反映工作计划完成的进度。因此,预算管理既是通过预算编制和预算执行来节省经费支出,又是通过资金管理来控制阅读推广服务工作计划的进度。

一般而言,预算资金使用程度反映了阅读推广服务工作完成的程度。因此,阅读推广服务工作计划的完成情况,就可以通过两个方面来控制和对照:工作计划的完成程度和预算经费的支付进度。这样,一旦两者之间发生脱节,可以及时发现问题,进行分析,立即应对。如果是工作进度脱节,则要么是预算不足,要么是预算超支,这必须及时设法纠正,或者寻找资金弥补缺口;如果是工作进度快于预算支付进度,则要么预算虚增,要么工作漏项,这必须调整资金投向,或者弥补漏项。

(三)寻找资金

在阅读推广服务工作中,公共图书馆馆长的重要任务是寻找资金以保障阅读推广服务工作计划的完成。

阅读推广工作的资金无非有这样几个来源。

1.正常预算

将阅读推广服务工作的经费纳入公共图书馆正常预算,由财政拨款。一般而言,财政预算资金不可能保障公共图书馆阅读推广服务的全部工作所需。

2.上级拨款

上级拨款从本质上说也是财政拨款,仅仅是没有进入公共图书馆正常的预算,而是由其他上级机构委托(或者下达)公共图书馆开展阅读推广活动的专项经费。如中共苏州市委组织部委托苏州图书馆承办"先锋讲坛",由市委组织部直接拨付一笔专款,对市委组织部来说是一种业务外包,对苏州图书馆来说是上级拨款。在接受委托时,苏州图书馆必须向市委组织部递交一个预算,预算的准确性决定了这个委托项目的持续性:预算做大了可能导致市委组织部不愿意委托,预算做小了会使苏州图书馆完不成委托任务。

3.项目收入

项目收入是指阅读推广工作产生的收益再用于阅读推广服务工作中去。如共享工程的上传资源收益。项目收入还有一块就是非基本服务收入。对公共图书馆而言,如何界定基本服务和非基本服务是一个重大的问题,如阅读推广服务中的读者培训,什么培训属于基本服务需要免费,什么培训属于非基本服务可以收费,需要准确把握。

4.企业赞助

这个是企业为履行企业社会责任、支持公益事业的发展而提供的资金。如2012年,苏州市文广新局就与苏州苏明装饰股份有限公司合作,每年设立"苏明杯"青年艺术人才奖励专项资金20万元,在市直艺术单位中开展"苏明杯"青年艺术人才评比奖励活动,以此鼓励更多文化从业人员"冒出来",且苏州苏明装饰股份有限公司每年赞助苏州图书馆,用于"悦读宝贝计划"的实施。企业赞助一般需要公共图书馆提供一定的回报,如活动冠名,在活动宣传品上印制企业名称或商标。因此,公共图书馆有时需要对阅读推广活动进行细分,多制造出一些冠名权。

5.合作收入

合作收入的形式比较多样,可以是收到合作单位的资金,也可以是合作单位承担一部分阅读推广活动的成本,还可以是免除一些原来需要公共图书馆支付的款项。如苏州大讲坛中的"名家大讲堂",与《姑苏晚报》合作,《姑苏晚报》作为活动的主办方之一,并不出资,但免除了苏州图书馆原来在讲座上需要支付的预告版面费用,还在讲座后用整版刊登讲座的深度采访和报道。苏州图书馆在节省广告支出的同时,扩大了"名家大讲堂"的影响力。

公共图书馆有时为了开展一项符合使命、弥补目前缺失的服务或活动,但这项服务或活动又一时难以进入正常经费预算,需要做出成绩进行示范时,寻找资金就成为关键。如前面已经简单介绍过的苏州图书馆的"悦读宝贝计划",是针对图书馆在婴幼儿阅读服务上的空白,从而使阅读推广服务在年龄上实现全覆盖的活动战略,目的是让苏州人从一出生就开始阅读,成为图书馆读者,培养婴幼儿的阅读习惯,并借此开展家庭阅读。为了能够取得正常预算,必须向政府展示这项活动的成效,所以需要开展示范。为此,苏州图书馆积极寻找资金。经过努力,苏州市文明办布置开设了"悦读园",专门用于"悦读宝贝"的活动,社会反响很好。

第四节 阅读推广服务工作的流程管理

图书馆所有阅读推广服务活动都可以分解为各种不同的流程,比如文献传递服务形成流程、读者咨询服务形成流程等。在现代图书馆中,很多服务或工作任务需要多部门协作完成,其流程隐含在各个部门的功能体系中。

在新形势下,图书馆为了顺应社会的不断发展,必然要向以读者为本的图书管理模式发展,为了满足读者日益增长的需求,图书馆需要不断地进行优化,对读者需求进行充分了解,对管理人员进行培养,使其拥有服务的意识,并且使其素质水平有所提高,不断将信息技术运用到图书馆管理中,对阅读推广服务流程管理进行优化,为社会提供更好的服务。

一、阅读推广服务活动的部门

阅读推广服务工作是公共图书馆服务的内容之一,是一项经常性的工作,涉及图书馆的馆舍、资源、服务等,如果设立专门的阅读推广服务工作部门,有专人策划、组织、宣传、总结最好,但这需要公共图书馆有相对比较充裕的人员编制,而原来在定编时,还没有阅读推广服务这一说,所以大多数图书馆做不到。另外,现在的阅读推广服务已经渗透到公共图书馆工作的各个方面,因而,在公共图书馆管理中,让各个部门承担对应的阅读推广服务工作是常见的做法。

为了保证阅读推广服务工作的专业化,苏州图书馆的做法是由辅导部牵头全馆阅读推广服务工作,会展部负责讲座、展览、培训,借阅部负责针对成年人的读者活动,少儿部负责少儿的读者活动,情报部负责科技读者活动及科普活动,古籍部负责地方文化阅读推广服务工作,技术部负责利用计算机技术的阅读推广服务工作,分馆工作部负责各个分馆的阅读推广服务工作。在制订工作计划时,各部门先提出下一年度本部门阅读推广服务的工作计划和预算,由辅导部负责汇总、把关、修订,递交馆长室;馆长室对计划和预算进行审核,几上几下后,确定下一年度的阅读推广工作计划和预算。

其实,还有一种方法,就是在公共图书馆内部建立阅读推广服务工作的学习型团队,让大家在学习中工作,在工作中学习。

二、专业人力资源管理

人力资源管理是一门专门的学科,人力资源管理中的原理和方法,在这里大都适用。这里针对阅读推广专业人才管理的特点讲述。与其他工作一样,阅读推广服务工作的成败关键在人,即要有合格的阅读推广专业人才。阅读推广服务工作涉及面广,活动的形式和内容多,既有讲座、展览,又有推荐书目、阅读品鉴,还有读者培训;不管是从年龄区分,还是从职业划分,受众层面都很多,特别是针对特殊人群的阅读推广服务工作,专业性更强,需要特殊的专业人才。另外,前面说过,阅读推广服务工作涉及公共图书馆的理念,在活动的专业中还要融合公共图书馆专业,即所有阅读推广服务工作的规划、策划、组织都是既要体现公共图书馆的专业性,又要体现活动的专业性。

由于复合型人才的稀缺,要做好阅读推广服务工作,公共图书馆一般需要对多方面的专业人才进行有机组合,从而形成专业化的团队。所以,公共图书馆一方面需要培养自己的专业人才,另一方面需要在馆员招聘时留意阅读推广工作人才,同时,还要注意与社会合作,充分利用社会上的专业人才为我所用。如苏州图书馆的亲子阅读系列中,"故事姐姐讲故事""缤纷冬日""家长沙龙"等活动,都有苏州市的儿童作家、苏州高等幼儿师范学校的老师和学生、新苏师范附小的老师等志愿者参与。聋哑读者活动与聋哑学校的师生合作。这些专业人才帮助苏州图书馆克服了原来这方面专业人才匮乏的困难,使苏州图书馆的少儿阅读活动不管是数量还是质量都上了一个大的台阶。

三、阅读推广服务工作的成本管理

按照预算会计制度,公共图书馆不进行成本核算,因而一部分公共图书馆较为缺乏成本管理的概念。一般认为公共图书馆是公益性事业,所做的一切都是为了提高民众素质、促进社会进步、实现信息公平,其支出理所当然地应该由公共财政无条件地承担,而较少地思考过这些目标的实现需要多少资金,当地政府是否有相应的财力。其实,成本管理是决策、项目管理、绩效管理中的重要工具。不开展成本管理,其结果往往忽视资源的有效配置、使用效益,甚至造成公共图书馆无法讲清楚效益的高低,以及自己为社会提供了多少价值。

阅读推广服务工作的成本管理,至少有这样几点意义。[①]

第一是有利于完成工作目标。成本核算会将图书馆阅读推广服务工作目标细化,及时发现目标完成过程中的问题,并针对这些问题在管理上寻找解决方案,从而有利于工作目标的完成。

第二是有利于控制预算支出。成本核算可以严格控制预算支出,防止发生寅吃卯粮、完不成年度工作目标的情况,以及因其他突发原因(如任务增加、物价上涨等)造成预算超额和失控。

第三是有利于争取经费追加。成本核算及核算结果,可以从一个角度说明图书馆年度预算的科学性和合理性,为可能发生的经费追加提供依据。

第四是有利于确定收费标准。成本核算可以计算出公共图书馆非基本服务收入的盈亏平衡点,便于申报收费许可,且不出现项目亏损。

第五是有利于彰显服务效益。成本核算可以计算出阅读推广工作的效益,便于宣传工作的开展。

第六是有利于进行项目决策。在资源有限、需要对图书馆阅读推广活动项目进行取舍时,在开展非基本服务项目决策时,通过成本核算可以帮助项目决策。

成本核算有专门的方法,主要有完全成本法、变动成本法、本量利分析法等。在开展阅读推广服务工作的成本管理时,可能几种方法都需要用到。

四、阅读推广服务活动的宣传管理

(一)阅读推广服务活动的延伸产品

阅读推广服务工作往往以活动形式出现。由于活动都有时效,现场能够容纳的人数也有限,有时成本很高。例如,邀请一位名家讲座,成本往往几千元,现场听众数百人,人均成本超过10元。一方面平均成本很大,另一方面可能还有听众因报告厅座位有限进不了场。因此,可以将

---

①吴海春,朱玉婵,冀枫. 图书馆阅读推广与服务管理[M]. 哈尔滨:哈尔滨地图出版社,2018.

讲座录制成视频让更多读者享用,如果能够符合共享工程国家中心的要求,还可以取得经费补助;或者把讲座整理成书,让更多人阅读,这些都是扩大阅读推广服务工作效益的好方法,也是活动的延伸产品。

除了视频和讲座汇编外,还有一些有意义的阅读推广服务活动的延伸产品,如将征文比赛的优秀作品汇编成册,可以增加读者的成就感,提高他们参加阅读活动的兴趣,特别是针对少儿开展的征文比赛,这样的做法有时可能会改变少儿的人生轨迹,使他们爱上阅读。

比如阅读刊物的编印,一方面需要借助读者,另一方面又要帮助读者,如《今日阅读》《易读》《尔雅》《读读书》等阅读内刊,不仅广受读者和阅读推广工作者的欢迎,还成为图书馆的名片。

（二）宣传与活动相结合

公共图书馆的阅读推广服务工作,既要彰显阅读推广服务的共性——推动全民阅读,又要保持公共图书馆的个性——培养更多的读者,夯实图书馆的基础。因而,对公共图书馆来说,阅读推广活动本身就是图书馆宣传。但同时,做好阅读推广服务工作,扩大阅读推广服务工作的影响,又需要宣传,既要借助社会媒体,也要通过自身宣传,借助网站、微博、微信、海报等多种宣传方式。这种宣传,既是活动预告、报道、活动宣传,又是公共图书馆本身的形象宣传,有时活动和宣传本身是一体,如读者手册、新书通报、阅读品鉴资料、阅读内刊等。

需要注意的是,在阅读推广服务工作中,要注重活动与宣传的统一,把宣传融入活动中,把活动当成宣传。2018年苏州阅读节持续7个月,全市组织1479项阅读系列活动。经过前期大众投票和专家推荐,2018年阅读节还主题鲜明地评选出12本"读苏"书目,其中就包括《牡丹亭》《浮生六记》等经典著作。

第五节 阅读推广服务工作的安全管理

举办阅读推广活动,在希望参与者多多益善的同时,又担心安全事故的发生。确实,安全是一切工作的前提。阅读推广活动策划、组织、实施的全过程,都不能忽视安全管理,要有专门的安全管理机构、安全管理制度、事故防范措施,以及应对突发事件的应急预案。

与公共图书馆正常的安全管理不同,阅读推广活动时,参与读者多,且都在活动过程中,不可控因素较多,特别是大型阅读推广活动,参与人员都是临时到来,对活动地点的环境、安全措施、逃生路线等不熟,一有风吹草动,可能都会惊慌失措。所以,公安部门要求500人以上的大型活动事先报批,并派员维护治安,公共图书馆在举办大型活动时,一定要遵照执行。

随着图书馆阅读推广活动呈现分众化、个性化的发展趋势,小型阅读活动越来越多。尽管对于某一个活动来说,参与人数少了,但事实上活动场次多了,特别是少儿阅读推广活动,参与者年龄小、需要监护人陪同,在频繁的进出中,容易产生混乱,小读者离开监护人的视野而走丢等事故时有发生。

在阅读推广活动现场禁烟,既是文明的需求,也是安全的需求。乱丢的烟头极其危险,即使不发生火灾,只要出现活动现场有不明浓烟,甚至只有烟味,就可能引发混乱,继而发生挤伤、踩踏等事件。

安全管理,既不能因噎废食,为了安全不办或减少阅读推广活动,也不盲目乐观,存在侥幸心理,忽视安全管理。因此,公共图书馆应在大型阅读活动举办前,制订一个安全管理预案,通过这个预案,落实活动的安全管理责任,明确安全管理工作内容,堵塞安全漏洞,防止出现安全死角。如果再制订一个应急预案,则更能防止或及时控制突发事件造成的安全事故。

一、建立高效的应急机制

建立高效的应急机制,增强突发事件的应对能力。应急管理是在应对突发事件时迅速地对其原因、过程及后果进行分析,有效集成单位、社会各方面的相关资源,对突发事件进行有效预警控制和处理的过程。应急管理应包括两个方面:一是针对有可能发生的各种灾难性事件制定出一套完善的应急机制;二是当灾难发生时能够使所制定的应急机制高效运转,从而使得灾难的范围与程度得到有效的控制。

(一)应急机制的构建

根据我国现行颁布实施的《突发事件应对法》,图书馆在建立突发事件应急管理机制时,应包括以下几点:①完整的组织结构;②清晰的平战工作流程;③公开透明的信息传导。

因此,图书馆必须对可能出现的安全问题,以及自然因素如地震、暴雪等对图书馆可能造成的影响进行调查与分析,同时对本馆可用于应急的资源(包括人力与物力)进行普查,并在此基础上建立一整套的人力、财力、物资以及通讯设施的调用方案。此外,必须成立应急救灾领导小组,由馆级领导、负有相关责任的部门负责人,以及普通工作人员兼任,这个机构应从本身的实际情况出发,制定出各项应急预案,如"火灾应急预案""大面积停电应急预案""洪涝灾害应急预案",等等。

所有的应急预案应下发到相关责任人的手中并督促其熟练地掌握,以确保灾害发生时每一个人不仅能够熟练运用手中的设备,而且能明确地知道自己该做些什么以及怎样去做。

(二)应急机制的实施

除了制定各种应急预案之外,应急领导小组平时还应负责对全馆职工进行防灾救灾教育,定期对员工进行培训,以加强员工对突发性事件的快速反应,增强其在可能发生的灾难性事件(如火灾地震、中毒、突发性的大面积停电等)中的应急技能。同时,还应当不定期地举行灾害应对的预演,如消防演习、地震灾害演习等。灾害一旦发生,有关人员必须在第一时间赶赴现场,承担起专门的救灾任务。为了保证救灾工作有条不紊地展开,应急救灾领导小组有权运用所有的救灾物资,而馆内所有员工,包括各部门负责人都必须服从应急领导小组的指挥,全力以赴地参与救灾工作。

二、防范重于救治

预防是减少突发事件的有效手段,在安全生产领域,有这样一个定律:每一起事故的背后,都有9次轻微事故和300起未遂先兆以及1000起事故隐患。这说明,事故的发生,事故隐患是必然条件;但从事故隐患演变成事故,却是偶然的。不出问题便没有问题,少数单位正是抱着这样的侥幸心态,疏于责任,任凭事故隐患长期存在,甚至由小变大、积少成多。因此,安全管理工作中最为核心的内容不是"救灾",而是"防灾",防微杜渐才是消除安全隐患的最有效手段。

(一)前移问责关口,变"事故问责"为"隐患问责"

相较于"事故问责","隐患问责"显示出更高的实际效用和管理水平。实施"事故问责",无论"贵"得多重,事故毕竟发生了,财产、人身损失已无法挽回。面对"安全隐患"进行问责,警钟长鸣,就可以将事故消灭于萌芽状态,为人民的生命财产撑起一只"保护伞"。

毋庸讳言,和"事故问责"比起来,"隐患问责"的难度要大得多。因为"隐患"是隐藏着的,既没有造成实际后果,更难有多大社会影响。对于单位以有关部门和相关责任人便难下决心,处理力度不够,造成隐患埋藏。以图书馆安全保卫工作中的消防安全管理为例,每一个管理环节都有可能存在致命的安全隐患。如消防控制中心设备基本功能是否正常;火灾自动报警系统是否处在工作状态;室内外消火栓给水管道、消防水箱稳压装置、消火栓水枪及水带、消火栓按钮、消防水泵、电源控制柜及各类管网阀门等是否正常;气体灭火系统中控制气体喷洒的电磁阀、电爆管的动作、电压是否正常;消防电梯在切断非消防电源后是否能正常使用;消防通道是否畅通等诸如此类的一系列问题的存在都会给消防安全带来严重后果。

"隐患问责"对于杜绝和减少突发事件发生,及时查找工作中的不足和漏洞,提高群防群控能力,效果更加明显。

(二)建立奖惩机制,杜绝安全隐患

建规立制,责任分解,加强督查,奖罚分明是图书馆安全管理工作的主要内容,也是"隐患问责"的具体要求。由于各种客观因素的存在,少部分人往往对安全管理的重要性认识不足,存在着对安全工作不重视的现象,造成一些安全隐患得不到发现,或发现后不能及时整改。这种现象之所以存在,就是因为没有一个对应的奖惩机制,或者是有了奖惩机制却未能贯彻与执行。

《中华人民共和国消防法》为消防安全管理提供了强有力的法律保证,也为"隐患问责"提供了可靠依据。但对于图书馆阅读推广服务来说,安全隐患并不仅限于火灾,还有更多种类的隐患存在,所以必须建立起一套完整的奖惩制度,才能确保"隐患问责"的贯彻与实施。

如何把握"隐患问责"的尺度实行"隐患问责",主要有两方面的问题需要重点把握:一是何为隐患,二是如何问责。

隐患有大有小,有显性的有隐性的,有常见的也有非常少见的。"祸患常积于忽微","小"隐患若不及时整改极易升级成"大"隐患、酿成大事故。一切事故事件都会有个起因、发生、发展,到最终爆发的过程。这一过程是一个量变到质变的累积过程,是可发现、可控制、可预测的过程。因此在实际工作中要通过风险辨识,不安全事件调查、安全审计、安全检查等制度性安排,针对不同情况查找隐患,作出判断,对症下药,彻底解决问题。一时不能解决需要若干阶段或处理起来比较麻烦的,一定要跟踪到底确保全过程得到有效的控制。

综上所述,安全管理工作最为核心的部分就是"预防",实际上所谓的"突发事件应急预案"从某种程度上来说,也是灾害预防的一个组成部分,而"隐患问责"则是抓好安全管理工作的根本保障。[1]

三、防病安全管理

预防传染疾病,保障读者的卫生安全环境是图书馆阅读推广服务安全管理的重要内容。预防传染病的安全管理应该从图书馆的外部环境卫生和内部卫生消毒两方面进行。

(一)环境卫生

读者环境的卫生首先是书刊资料的整洁。上架的书刊资料必须规整有序,无错架乱架,方便读者取放。整洁的中心要求是书刊的洁净,不但要求书刊的表面干净无灰尘,而且要求保持书架全面的洁净卫生。除此之外,环境的洁净还应该包括地面、桌面墙面和门窗的三维空间无灰尘、痰迹、蛛网。使读者置身于幽雅洁净的环境里感受吸取知识精华,净化心灵的乐趣。

(二)卫生消毒

除了保持环境的洁净,卫生消毒是读者环境净化中不可忽视的重要环节。书刊流通的过程中,难免会污染上细菌和病毒。我们必须对读者借还的书刊资料定期消毒,以切断像病毒性肝炎、肠道疾病、流行性感冒等传染病的传播渠道,特别是在出现"禽流感"类疫情的非常时期,更要高度防范致病病毒在公共活动场所经书刊媒介的传播。

读者环境的卫生消毒材料和方法有许多种可供选择。常用的有紫外

①杨楚欣.图书馆阅读推广与服务管理研究[M].北京:原子能出版社,2019.

线消毒、甲醛熏蒸消毒、环氧乙烷消毒等方法。从消毒效果上看,紫外线消毒法优于甲醛消毒法,而且成本低廉,使用方便。缺点是紫外线消毒后出现书刊的纸质泛黄现象。甲醛熏蒸消毒对图书除霉、防霉有较好效果,对纸质、字迹无不良影响,且具有杀虫作用。上述两种消毒方法都有局限性,一是它们的穿透力有限,对杀灭书页里面的细菌效果不够理想,二是对人体都有损害,操作使用时要注意防护。

环氧乙烷是化学性质非常活泼的无色透明的液体,温度超过其沸点时变为无色气体,对细菌、真菌和病毒都有杀灭作用,且气体穿透力较强。操作简便易行,消毒效果理想,且不损害物品。使用时要注意它的有毒和易燃性。

过氧乙酸是一些办公、公共场所抢手的高效消毒剂。它具有强氧化作用,可以迅速杀灭各种微生物,包括病毒细菌、真菌及芽胞。过氧乙酸消毒可用于阅览、流通等读者集中场所,也可以用于书刊消毒。用过氧乙酸气体喷雾消毒后,通风半小时,空气中的过氧乙酸就几乎全部分解、消散了,进入消毒的房间不会受到伤害。需要注意的是,过氧乙酸喷雾消毒时,操作人员要佩戴防护面罩或口罩,以防止它给人体造成的刺激等损害。

除上述消毒方法外,读者环境的卫生消毒还有含氯消毒剂、84消毒液、中药熏蒸等。

(三)劳动保健

劳动保健是保护馆员和读者身心健康的重要环节,也是安全管理中容易忽视的问题。图书馆书刊装订部门的工作环境中,由于大量粉尘的影响,容易导致呼吸系统的疾病。电子阅览室和计算机机房等部门,由于计算机粉尘、射线和强光的刺激,容易对工作人员的血液系统和视觉系统等方面造成损害。

因此,对这些部门工作人员的劳动保护和职业保健是体现人本管理和安全管理的重要问题。

四、防盗安全管理

狭义的图书馆防盗主要指书刊资料和设备。广义的防盗还应包括文献信息的保密。就书刊资料的防盗来说,随着图书馆阅读推广实行文献流通和阅览开架服务,读者可便捷地享受开放式信息服务,但书刊资料的丢失一直成为图书馆管理的难题。图书馆实行体现以读者为中心的人本管理过程中,随着全开架服务范围的扩大,书刊文献和设备被偷盗的情况偶有发生。

针对上述偷盗书刊、设备的不法行为,图书馆安全管理的责任在于从加强馆员的岗位责任心入手,通过对读者的人性化管理,比如实行评选文明读者或奖励举报的激励措施,促使读者提高素质,配合防盗监测仪等设备,降低书刊资料丢失率。

文献信息的保密是广义上的图书馆安全管理内容,包括资料室的技术文件和资料。对这类技术资料的保密管理应按照《中华人民共和国保守国家秘密法》的规定,对"属于国家秘密的文件、资料和其他物品的制作、收发、传递、使用、复制、摘抄、保存和销毁"严格执行保密部门制定的保密办法。尤其在对外交往与合作中对涉及国家保密资料的,要按照保密法的规定程序,事先要经过批准,以维护国家安全利益,保障社会主义建设事业的健康发展。

五、安全管理的组织领导

安全管理是图书馆提供文献信息服务的前提和保证,是图书馆事业发展的基础。各级主管部门对安全管理工作极为重视,要求各级行政部门和公共图书馆领导,高度重视图书馆等人群集中场所的火灾防治工作,要求对检查出的问题采取措施,专项治理,将检查和治理工作制度化、经常化。

作为具体实施安全管理的业务部门,图书馆可以成立安全管理领导小组及各科室安全管理小组,由各科科长担任安全管理员,各部主任为管理小组成员。图书馆安全管理领导小组实施目标责任制,明确岗位职责。实行重点防范,逐级负责。依靠各业务部门的强有力领导和全体工作人员的积极努力,创建"平安图书馆"和"平安科室",乃至"平安岗位",为读者营造一个安全、优雅、和谐的阅读环境,为图书馆的阅读推广服务工作的稳定发展作出积极贡献。

(一)加强安全生产制度建设,健全图书馆安全管理

体系基于图书馆阅读推广服务工作在安全管理方面的特殊性和重要

性,必须按照标准化、规范化的要求,建立完善安全管理制度体系。一要坚持安全生产"一岗双责"责任制。图书馆领导班子成员既要抓好分管的业务工作,又要抓好分管领域的安全生产,各级领导要真正做到把安全工作作为全馆重要工作之一来抓,不躲不靠、不流于形式。二要坚持各级各类人员安全生产职责制度。明确从主要领导到具体工作人员的安全生产职责,层层组织签订责任书,一级抓一级,一级对一级负责。三要坚持安全生产工作例会制度。定期开会研究安全生产工作,每季度至少组织召开一次安全生产工作会议,遇有紧急情况随时召开。四要坚持安全生产值班制度。在重要时段、重大节假日实行24小时值班,领导带班、专人值班,主要领导、分管领导和负责安全生产的干部必须24小时保持通讯畅通。

(二)加强安全生产台账建设,提高图书馆安全管理水平

安全生产台账是安全生产管理的基础性资料,是反映一个单位安全生产管理整体情况的资料和具体过程记录,是用于安全生产日常管理的各种文本、文件、资料的统称。要本着对安全生产高度负责、高度重视的态度和方便实用的原则,结合公共图书馆自身实际做好安全生产台账工作,落实专人负责安全生产文书资料与档案管理,按照标准化管理的要求做好相关文件资料的收发归档工作。将各项安全生产管理记录和资料按照内容和类别不同,分类成册、分类归档,进行科学规范管理。特别是在隐患排查方面一定要建立专门台账,对排查出的安全隐患要逐一登记建档,载明隐患所在地、隐患基本情况和隐患等级、隐患类别、整治措施和要求、整治目标和计划、整治进展和验收情况、政治责任单位和责任人员、整治资金来源和投入、安全防范和应急措施等。

(三)经常性组织开展检查,消除图书馆安全隐患

抓公共图书馆安全生产,只有经常性开展检查才能防微杜渐,防患于未然。一要落实检查责任。按照"谁主管谁负责""管生产必须管安全"和"属地监管"原则,明确图书馆主要领导为安全生产隐患排查治理第一责任人,分管领导为安全生产隐患排查治理直接责任人。二要突出重点。经常检查消防器材设备、走火通道、供电线路、危化品存放、安全制度和人员培训等硬件、软件是否符合安全要求。三要加强相关方管理。

将承包方、租赁方、临时工、外来施工等相关方纳入自身管理制度。

（四）加强安全文化建设，提高干部职工和读者安全意识

安全生产是事关人民群众生命财产安全的大事，也是维护社会稳定的一件大事。图书馆能否持续稳定、安全高效开展服务，关键在于人们是否具备一定的安全文化素质和安全意识。要狠抓干部职工安全生产知识学习教育，组织学习《安全生产法》等相关法律法规，举办消防和安全管理知识专项培训班，提高消防安全职业技能和管理水平，加强安全文化建设。深入组织开展"安全生产年""安全生产月"活动，利用网络、信息简报、宣传栏等进行安全管理宣传教育，提高读者安全意识，努力营造人人懂安全、人人讲安全的良好氛围。

第七章 图书馆阅读推广创新服务

第一节 图书馆阅读推广服务的创新

一、建立基本的组织结构

公共图书馆在建立基础的阅读管理机制时,要强化基本的组织结构,安排相应的读书活动,以促进读者的整体发展,相关图书馆管理人员要对读者进行正确的阅读引导,不仅要定期安排阅读任务,也要以写读书心得的形式促进读者优化阅读方式。公共图书馆的相关管理人员,可以根据图书馆自身的发展状况建立阅读推广委员会,使集中阅读推广活动不断创新服务形式,将整体的阅读项目作为图书馆发展的基础动力和物质资源。对于公共图书馆来说,建立阅读推广委员会能有效提升读者的基础阅读素质。

二、创建基本的服务模式

社会群众对于阅读产生的刻板印象,主要取决于前期的应试教育,因此,公共图书馆要建立基础的专业辅导机构,优化基本的服务模式,对读者进行正向的心理疏导,辅助读者。相关的专业人员要针对读者的阅读感受进行指导,利用基本的阅读疗法助力社会群众更喜欢阅读,图书馆管理员也要利用基本的行为引导模式,帮助读者利用良好的阅读体验进行自我能力的优化与提升,图书馆管理员可以适当地建立相关的阅读小组,尝试性的组织阅读推广活动。在基础阅读服务方面,管理员要以平等的心态和读者建立良好的学习伙伴关系,更好地辅助读者优化阅读能力。最好的服务就是深入内心的服务,公共图书馆的相关管理人员,要秉持以人为本的理念建立更加优化的基础服务模式。

三、创新发展图书漂流角

最早开展图书漂流活动的是德国,倡导人们将自己读过的书放置在统一的位置,别人可以自助阅读,读完之后再进行下一轮的漂流,这样做不仅能增加人们的阅读经历,也能有效建立人与人之间的信任。在公共图书馆建立图书漂流角,具有充沛的环境资源,图书馆可以对图书进行集中分类,将相应的图书安排在对应的图书漂流角。利用创新型的服务结构和服务手段提升读者的阅读兴趣,将图书漂流角作为系列活动,吸引阅读者参与其中。只有建立良好的带头作用,读者才能逐渐影响其他的社会群众,将图书漂流角做得更加系统和规范,从根本上提升阅读推广的质量促进服务创新项目的开展。

四、强化基本的推广活动

在公共图书馆内进行基本的阅读推广和服务创新,一是要提升相关管理人员的素质。公共图书馆馆员要优化对于图书推广重要意义的认知,参加相应的图书推广培训,通过基本的思想意识升级,激发创新思维创新。二是公共管理人员可以建立面对面的交流活动,根据图书馆自身的发展情况和基本的资金运转能力,邀请作者进行面对面交流,优化阅读者的阅读意识和阅读体验,有效地提升读者的文化素养。[①]

五、设立基本的自助机构

有部分待业在家的人群和艺术工作者,空闲时间基本上都由自己支配,这部分人的阅读兴趣应该图书馆要依据这一特征建立健全阅读推广的自助机构。管理人员要建立自助阅读组织,更好地辅助读者进行书籍的基础阅读,并对阅读心得进行集中关注并发展交流活动。另外,图书馆管理层要给予图书馆必要的资金支持,辅助图书馆更好地引进书籍,开展活动。图书推广项目要鼓励读者增加阅读量扩大阅读范围,对于有意义有价值的图书进行全社会性的阅读推广。另外自助机构的建立能有效提升读者的自主意识,能更好地辅助读者开展阅读活动。

---

①刘燕,冯若楠,彭佳. 公共图书馆科普阅读推广创新探究——以宁波图书馆"草木笔记"为例[J]. 河北科技图苑,2021,34(01):72-76+55.

六、开展基本的阅读交流

公共图书馆要建立健全的阅读交流机制,促进读者对自己的阅读感受和阅读体验进行良性的输出,促进这些人建立互相学习的互动模式。另外,可以根据读者的阅读经历进行创新型项目的开展,鼓励他们建立多样化的阅读交流体系,公共图书馆的相关管理人员要充分利用这些社会人士的思想特质,建立健全交流机制,辅助他们在交流中提升自身的阅读素质。在设计基础交流活动时,不需要过多的华丽设置,只要增设相应的交流场地,利用最为平实的交流体系,就可以促进他们进行实质化的交流互动。

第二节 图书馆信息创新服务平台的构建

一、公共图书馆信息服务平台

随着信息化的发展,信息资源逐步成为国家的重要战略资源,信息资源建设也成为国民经济信息化建设的核心。信息资源对促进信息化的快速发展,引导其发展方向,拉动国民经济和社会发展,提高全民族的文化素质和创新能力等方面有着十分重要的意义。因此,充分利用信息资源,推动信息化进程,开展信息服务势在必行。图书馆作为文献信息中心,本着"服务至上"的原则,为用户提供信息服务,在推进国家信息化发展的进程中发挥着重要作用。

(一)图书馆信息服务的含义

信息,在人类社会和自然界中是普遍存在的,用来表述物质或事物的现象、结构、性能、状态、规律、联系等。"信息"一词已经被广泛地应用到社会、经济、科学、生活、文化、教育等各个领域中。就信息的来源而言,它不仅包括人与人、组织与组织之间以及人与组织、人与社会和组织与社会之间的各种交往,而且包括人类与自然界和自然界中生命物质世界和非生命物质世界之间的"交流"以及作用,所以,信息不仅仅是人类社会活动的产物,而且是生命物质与非生命物质运动的产物。

服务,指为满足顾客的需要,供方和顾客之间接触的活动以及供方内部活动所产生的结果。分析可知:服务的最终目的是满足用户的需要;服务的前提条件是提供服务的机构与接受服务的用户要有接触;服务用户与供方接触时的活动对于服务提供至关重要;服务可以与有形产品的制造和提供结合在一起;服务用户可以是机构内部也可以是机构外部的。

图书馆作为一个独立的社会机构,其社会职能之一就是保存信息资源,并向社会提供信息服务,从而体现出它的社会价值。

信息服务有广义和狭义之分。广义的信息服务,泛指以产品或劳务形式向用户提供和传播信息的各种信息劳动,即信息服务产业范围内的所有活动,包括信息产品的生产开发、报道分配、传播流通以及信息技术服务和信息提供服务等行业。狭义的信息服务概念,指专职信息服务机构针对用户的信息需要,及时地将开发加工好的信息产品以用户方便的形式准确传递给特定用户的活动,亦称信息提供服务。

(二)图书馆信息服务的理论基础

1.阮冈纳赞的图书馆学五定律

印度图书馆学之父阮冈纳赞(S.R.Ranganathan),在1931年出版了《图书馆学五定律》,提出了被图书馆界一直以来尊为经典理论的图书馆学五定律:书是为了用的;每个读者有其书;每本书有其读者;节省读者的时间;图书馆是一个生长着的有机体。

(1)书是为了用的

图书馆的主要职能并不是收藏、保存图书,而是使图书馆得到充分利用,这是开展一切服务工作的前提。任何一本图书,只有通过人的使用才能显示它自身的价值,再好的图书,装帧再精美,如果它不能为人所用,那它也就没有存在的价值。图书馆所处理的信息资源无论是拥有还是存取,都是为了用户的信息需求。

(2)每个读者有其书

图书馆以开放的姿态迎接读者,作为图书馆员就应该能够提供满足不同用户需求的信息。这一规律也可以从两个方面理解:第一,图书馆是为大众服务的社会机构,应该消除阶级、城乡、年龄、文化程度等方面的障碍与差别;第二,要求提高藏书的保障率,让每位读者都能够得到其所需要的书籍,使图书馆的资源建设以用户需求为导向,去组织信息资源,以保证尽可能地满足用户的信息需求。

(3)每本书有其读者

提高图书馆的利用率,为每本书找到其潜在的读者,强调图书馆工作的"揭示性",即为图书馆的潜在读者完全揭示馆藏的能力。要达到这一目的就必须充分了解读者的需求,以读者需求作为图书采访的依据,使有限的资金得以充分利用,最大限度地挖掘信息资源潜力。

(4)节省读者的时间

要求图书馆工作必须考虑读者的时间和成本效益,强调给予读者最大的方便,最多的自由,最少的限制。在现代网络环境下,浩如烟海的信息使得用户难以选择自己所真正需要的精准信息,此外,著名的"穆尔斯定律"也简单、深刻地指出:"一个情报检索系统,如果对用户来说,他取得情报要比他不取得情报更伤脑筋和麻烦的话,这个系统就不会得到利用。"这就使得图书馆在信息收集、处理、加工、存储、提供等一系列的工作中,一方面要与用户充分沟通,开发简单易用、界面友好的检索系统;另一方面要大力加强对用户的指导,真正做到让用户用得上、用得好和喜欢用,以便切实提高用户的查询效率,节省宝贵时间。

(5)图书馆是一个生长着的有机体

图书馆的形态是不断发展完善的,然而图书馆的发展必然离不开社会这个大环境,在经历了古代藏书楼、近代图书馆、现代图书馆的发展阶段,其未来将朝着数字图书馆,虚拟图书馆的方向发展,具有生生不息的活力。图书馆是生长着的,这就要求图书馆人应该站在时代的前沿,以发展的眼光来规划和管理图书馆。在现代社会信息化的进程中,图书馆的信息服务功能将成为其核心任务并处于首要的地位,信息服务的能力将成为决定图书馆的发展潜力甚至于其生存力的关键因素。所以,"以人为本,服务至上"的理念是保证图书馆这个发展的有机体不断保持旺盛生命力的思想灵魂。[①]

2.戈曼的图书馆学新五定律

1995年美国学者戈曼在《未来的图书馆:梦想,狂想与现实》一书中以"阮冈纳赞的图书馆学五定律"为基础,提出了"图书馆学新五定律",

---

①罗佳.公共图书馆通过阅读推广服务促进全民阅读的策略探究[J].河南图书馆学刊,2020,40(12):53-54.

主要内容为以下四个方面。

(1)图书馆服务于人类

图书馆作为知识传播机构,它主要的社会职能是:社会文献信息流的整序、传递文献信息、开发智力资源、进行社会教育、搜集和保存人类文化遗产、满足社会成员文化欣赏、娱乐消遣的需求。由此可见,图书馆为人类文化素质的提升、经济的发展、社会的进步提供了全面服务。

(2)重视各种知识传播方式

在社会信息化进程中,用户对于文献的深层次加工的需求也越来越迫切,人们到图书馆不仅仅是借阅图书,更是为了获取知识。这要求图书馆员抛开文献的物质形式,直接深入到对内容的发掘与揭示中,以满足用户的需求,运用各种知识传播方式,方便、快捷地为用户提供服务。

(3)明智地采用科学技术提高服务质量

科学技术是图书馆发展的根本动力。信息时代人类获取信息的方式将发生变化,图书馆不应该安于几百年来仅限于印刷文献、采、编、藏、借阅的旧模式,而应广泛采用信息技术,从传统的藏书模式向多功能的综合性、智能性、网络化的新型信息系统靠拢。

(4)尊重过去,开创未来

图书馆在服务用户时,对于前人积累的实践经验并不是要按部就班地照学照用,尊重过去取得的成绩,要持着取其精华,剔除糟粕的原则,既有继承又有发展。在社会化进程中,图书馆要明确自己的价值,在新的网络化背景下,图书馆要运用现代科学技术,追踪前沿信息,迎接种种挑战,开创美好的未来。

(三)公共图书馆信息服务平台的意义

随着科学技术的飞速发展,时代不断更迭,各行各业都发生了翻天覆地的变化,作为知识传播机构的图书馆更是随着时代的变迁,不断改进完善自己的职能,改变着自己的服务方式,随着图书馆用户需求的不断提高,传统图书馆正在向复合型图书馆转变,公共图书馆用户不再单一追求馆藏规模,而是更注重图书馆对自己需求的满足程度。为了适应时代的发展,更好地提供信息资源,提高服务质量和水平,馆员要认清现状,明确服务对象,调整服务内容和服务策略,快速有效地开展信息服务工作,否则,图书馆将面临用户不断流失的危机,进而影响图书馆的发展,甚至攸关图书馆的生存,由此可见,有效地开展信息服务,构建图书馆用户信息服务平台具有重要的意义。

1.信息服务不仅是图书馆的根本,也是图书馆与用户进行沟通的桥梁

图书馆是社会公益性机构,具有中介性的属性,具体体现为:一方面是作为信息资源的存储中心,为用户信息服务提供资源保障;另一方面是作为用户获取信息资源的提供机构,通过信息服务来满足用户的信息需求。

2.信息服务是科研工作的前提条件,也是实现文献信息资源价值的主要途径

科研工作者的工作是在前人积累的经验成果之上展开的,图书馆的信息服务是获取前人经验成果的主要途径之一。图书馆作为文献信息的存储与提供机构,可以通过向科研工作者提供信息服务来实现图书馆文献信息资源的价值增值。总而言之,构建用户信息服务平台的根本目的是帮助用户克服信息交流障碍,解决信息生产的广泛性与信息利用的特定性之间的尖锐矛盾,使信息资源的充分开发与有效利用得到有机统一,发挥出信息资源的最佳效能。

二、公共图书馆网络信息服务平台

(一)公共图书馆网络信息服务平台的现状

1.图书馆网站建设

公共图书馆网站的发展已经有好多年的历史。在发展初期,网站大多很简单,里面的内容也很少,一般就是一些文字性的表述,介绍馆里的一些基本情况和用户指南,那时候还不能通过网络检索进行简单的图书检索。随着网络技术的发展,公共图书馆逐步走向自动化和网络化,国内几乎所有的公共图书馆都建立了自己的网站,读者可以通过网站检索到自己所需要的图书,也可以通过网站进行文献传递,或者通过网站得知图书馆近期的活动等。

2.图书馆信息的发布和检索服务

公共图书馆的信息发布服务主要包括本馆概况、相关规定、服务项目、服务指南、简讯、通知等动态信息。

公共图书馆信息检索服务主要包括馆藏文献资源和数据库资源的检索服务。馆藏文献检索一般是通过联机模式的公共目录查询系统供用户查询。由于各个公共图书馆采用不同的自动化管理系统,所显示的检索界面、检索字段和信息结果也会有所差别,但是输入的检索字段都大致相同,一般包括文献题目、作者、关键词、索书号等,检索出的馆藏书目信息一般包括总记录数、内容摘要、馆藏地点和借阅状态,也可进行预约或者续借等。

公共图书馆一般都会选择购买数据库和自建特色数据库,在购买的数据库的中一般都是选购电子图书、电子期刊和二次文献数据库。图书馆内用户可以登录这些数据库进行检索、查询、下载。

3.网络信息导航服务

网络信息导航是对网上的信息资源进行筛选和优化。公共图书馆网络信息导航一般分为三部分:本馆资源导航、网络资源导航和学科资源导航,读者用户可以通过使用本馆网站查询到各种信息,以最便捷的方式找到自己所需要的内容。

4.参考咨询服务

从2000年开始,数字参考咨询服务就应用于全国各地公共图书馆。FAQ服务(Fair Average Quality)、E-mail咨询服务、实时虚拟参考咨询服务和网络化合作参考咨询服务等成为其特色服务项目。FAQ服务是常见问题解答服务,目前仅有部分图书馆建立了自己的数据系统库。当下E-mail咨询依然是主流高效的咨询模式,这种方式仅仅需要通过用户和图书管理员之间发送邮件即可解决相关问题。

5.网络多媒体服务

现在很多图书都带有随书光盘、音频,许多图书馆都建立了自己的多媒体资源目录和数据库,读者用户可以像查找纸质图书一样检索到音频、视频资料,在图书馆的网站上就可以获取自己需要的多媒体信息资料。

(二)图书馆网络信息服务平台的发展趋势

1.网络信息服务方式主动化

公共图书馆传统的信息服务模式是读者来到图书馆进行咨询,或者在其他地方进行书目检索之后,来到图书馆进行借阅,图书馆管理员就是坐在办公室办公等待读者上门的一种状态。在网络环境下,读者可以通过很多方式在网上进行图书的预约、咨询、文献传递等服务,这时图书馆员就应该在这种便利环境下更好地为读者提供服务,可以为在网上咨询的读者提供一站式服务,图书馆管理员应该主动了解读者需求,知晓其需求后,为读者提供最周到的服务,让读者满意,也让自己满意。

2.网络信息服务质量高级化

网络信息服务质量高级化就是强调服务质量要高,主要是因为网络信息服务要具有一定的时效性,当读者来进行咨询的时候,馆员并没有把最前沿、最具有时效性的资料帮助读者检索到,使读者不能得到其最需要的资料,就会导致服务质量不高;其次是当读者来电咨询的时候,只给出读者所需要的一部分资料,并不全面,使得读者在使用的时候还需要再次或多次咨询,不仅浪费了读者的时间,也浪费了馆员自己的时间;再者就是回复读者的周期长,可能最终给出的资料已经在读者那里失去了使用的最好时间。为了给读者最好的服务,网络信息服务质量高级化也是未来发展的一个趋势。

3.网络信息服务模式一体化

一体化的信息服务是网络环境下信息服务普遍追求的一种服务模式。这种服务集咨询功能、文献检索功能和文献提供功能于一体,能够提供最直观、最直接的全文信息浏览,数据文件下载和专门信息咨询,还包括信息发送、网页制作接入等信息服务,因而它是一种最理想的网络信息服务。

三、公共图书馆个性化信息服务平台

(一)公共图书馆个性化信息服务的特点

1.针对性

公共图书馆用户是一个特殊群体,用户的职位、学历、研究领域等都存在差异,导致其信息需求各不相同。对于专家、教授或博士生来说,他们需要专业化、特色化,广且深的高质量信息服务,如原始文献查询、科技查新、定题检索等。

2.可定制性

个性化信息定制服务依存于网络环境,定制项目内容主要包括信息内容、检索策略、网页界面等。系统可以灵活地按照用户指定的方式进行服务,最终实现网络服务的个性化,也就是不同用户登录后具有不同的权限,不同的界面风格,不同的服务方式,不同的信息内容等。

3.可交互性

个性化信息服务可以实现图书馆的互动服务,使得缺乏信息检索能力的用户大受裨益。比如:学科馆员服务模式可以主动为用户提供专业性的文献信息服务;参考咨询馆员可以通过电子邮件、社交网站、即时通信软件等途径,为用户提供便捷、新颖的服务模式,这些模式不但可以提高用户获取信息的效率,也间接地加快了学术创新和科研成果的产出。

4.智能性

智能化是图书馆个性化信息服务的必然发展趋势,利用智能技术能够实现信息导航、智能检索、信息库管理等。尤其是智能代理技术,运用其推理能力,可以比较准确地判断出用户的意图,进而有针对性地为用户提供信息;运用其信息过滤功能,能够减少信息噪音,为用户提供更精准的信息。智能代理技术还可以自动探测到信息需求的变化和更新,进而将数据下载并存储起来,同时将该信息主动推送给用户。此外,智能代理还能够管理用户个人资料及其个人目录下的信息库,能方便自如地帮助用户从信息库中存取信息。

(二)公共图书馆个性化信息服务平台建设的意义

1.顺应高新技术和通信革命发展潮流

现今,公共图书馆信息服务模式主要是借助计算机和网络通信技术快速达到信息共享、传递和利用的目的,通信手段的革新为公共图书馆实现个性化信息服务提供良好的发展平台。公共图书馆可以利用互联网技术,实现公共图书馆与馆之间、公共图书馆与用户之间的信息服务的良性沟通。公共图书馆馆藏量大,文献检索传播处理技术的发展有利于公共图书馆实现个性化信息服务建设,为公共图书馆展开个性化信息服务提供技术来源和基础微视频、数据库建设、光盘影像等多媒体信息载体,不断刷新用户对信息服务模式的传统认识,改变了用户的信息获取方式与习惯。

2.满足不同层次读者的个性化信息服务需求

公共图书馆应该发挥其跨时间、跨空间的信息资源服务优势,组建自身网站或者信息数据化系统,满足公共图书馆用户信息需求。高等教育的多元化导致人才培养形式的多元化的现象,成人高等教育、网络远程教育培训或者其他社会机构的委培定向短期培训班,为来自不同的年龄层、职业、性别、知识背景的用户提供进修机会。所以,公共图书馆文献信息服务需求呈现出多元化、个性化的特征。

3.有利于公共图书馆的建设和长远发展

社会信息服务供应商针对市场需求,开发了形式各样的网络信息资源,信息服务朝着特色化和个性化方向发展。公共图书馆应该加强自身的信息服务建设,将用户需求放在首位,才能够提高其信息服务的质量,开发出更加高效和优质的信息服务资源。加强个性化信息服务资源建设和优化个性化信息服务模式有利于提高市场的竞争力,更好地服务于用户。

(三)公共图书馆个性化信息服务主要策略

1.积极宣传个性化信息服务理念

公共图书馆在建设个性化信息服务的时候,要加大对其服务理念的宣传,使用户对个性化信息服务有更深层次的了解。部分公共图书馆虽然在信息化服务的硬件建设方面基础打得相当夯实,但是由于用户对此知之甚少,导致了该项目无法向前推进,失去了最初为用户量身定制个性化服务的意义。在进行公共图书馆个性化信息服务宣传期间,要向用户说明图书馆为此建设做出了哪些努力,可以为用户提供哪些方面的个性化信息服务,有哪方面的信息服务是适合哪部分用户群体,在宣传的前期都要对目标用户做全面的宣传,让个性化信息服务理念深入人心。

2.整合各种类别的信息资源

公共图书馆不仅要关注实体图书馆文献信息的产量,更要重视以网络为载体的多媒体动态信息资源,后者通常以多变性、不稳定性、新颖性等为特点,更加符合用户的个性化需求。另外,我国公共图书馆要积极创办具有自身特色的文献信息数据库资源系统,加强挖掘自身的特色馆藏信息,为真正开展个性化信息服务提供良好的平台。公共图书馆之间还要加强彼此的联系和沟通,做到馆藏资源互通有无和信息资源的合理化配置,依靠互联网通信技术,搭建跨时间、跨空间的信息资源服务系统,为用户提供更为便捷、高效、实用的个性化信息服务。

3.建立智能型个性化信息服务系统

公共图书馆要积极开展工作人员的业务培训课程,完善工作人员的业务培训机制,提升工作人员的综合素质。个性化服务属于特殊服务,具有及时性和互动性等特征,是严格按照用户的指定要求提供相关的图书馆信息服务,所以,图书馆人员的业务素质水平和对信息处理意识的敏锐度都有着比较高的要求。与此同时,由于用户群体层次结构多样化,图书馆人员还必须具备比较高的外语能力,服务不同的用户群体。图书馆人员应该加强专业信息网络处理技术和各类文献信息检索系统的操作,公共图书馆要从实际出发,对专业人才队伍进行专门培训,做好人才队伍的建设,是保证图书馆信息个性化服务开展的关键措施。

4.及时处理好个性化信息服务的反馈评价

公共图书馆在进行个性化信息服务评价的过程中需要参考许多方面的因素,主要来自信息服务系统、用户需求和使用情况的评价、同类行业的竞争等等。公共图书馆要注意关注市场需求,及时对用户的反馈信息进行处理,建立完善合理的信息服务评价制度,更好地为用户的个性化需求服务,对用户需求定期分析,总结分析用户群体经常反映的信息资源问题,对该部分要重点做好信息资源的整合。图书馆还要实时展开对用户需求的变化追踪,及时有效合理的信息服务反馈机制可为公共图书馆在制定战略方案时提供参考。在建立个性化信息服务的反馈过程中要注意保护用户的隐私安全,用户的个人基本信息是开展图书馆个性化服务的前提,保护好用户信息的安全才能够更好地、全面地、有针对性地为个人信息服务提供保障。

四、公共图书馆信息服务能力的评价

(一)公共图书馆信息服务能力的界定

公共图书馆信息服务能力是建立在图书馆各类资源基础之上,在服务过程中表现出来的作用力,它是在图书馆信息活动要素的支持下产生的。图书馆利用现有的信息资源做重新整合,借助信息的采集、加工等活动,将基础资源和活动要素进行转变,进而提高满足用户需求和解决用户问题的能力,它是公共图书馆的核心竞争能力。

(二)公共图书馆信息服务能力的特点

1.价值性

公共图书馆的基础资源包括:信息资源、人力资源、物质资源和技术资源。"信息"作为贯穿服务过程的重要组成,它既是服务的原材料又是最终产品。随着公共图书馆信息服务能力的不断发挥,信息的价值随之提升。而图书馆信息服务能力越强,就可以为图书馆的用户带来更多的实际帮助和价值。

2.渗透性

公共图书馆的硬资源和软资源是公共图书馆信息服务活动基础,当这些资源一起发挥作用后,就会渗透到图书馆的信息服务中。所以,各式各样的信息资源的共同作用直接体现了图书馆的信息服务能力。

3.隐藏性

能力是一个隐形概念,单纯的图书馆资源本身不能直接构成服务能力,只有通过资源整合才能够体现。图书馆信息服务能力依附并潜藏于信息服务活动过程中,只有在信息服务过程中才能发挥和体现。

4.间接评价性

能力、成绩、目的,它们之间存在着因果联系。能力在信息服务过程中都有贯穿,能力对于信息服务功能的获得有推动的作用。当条件一致时,能力和服务效果成正比的关系,服务水平越高,用户的满意度也越高。但受能力隐蔽性和渗透性的影响,它不能够直接测试和表现出来,必须是通过对信息服务环节的检测进行间接评价。

(三)公共图书馆信息服务能力评价过程

1.准备阶段

准备阶段是评价过程的第一步,同时初始过程质量的好坏对于评价的质量也有较大的影响,这个过程主要包括:第一,评价对象的选择。评价对象的确定,是明确评价的入手点,确定哪些因素可以作为评价对象,能够反映评估的主要目的。第二,评价目标和标准的确定。确定合适的评价目标和标准是建立正确评价体系的先决条件。

2.实施阶段

第一,评价方法的确定。目前图书馆信息服务能力的评价的方法主要有:层次分析法、模糊数学法、DEA法、Libqual+法等,此外还有一些专项的评价方法。第二,评价信息采集和整理。评价信息以评价标准二者之间是呈正比的关系,即信息量越多,评价的结果就越精确。第三,指标体系的确立。可以根据信息服务能力的影响因素设立初级评价指标,通过对专家、馆用户的调研获取原始数据,利用灰色评价法选取比较重要的项目作为最终的评价指标。第四,计算权重。权重是构成评价模型的重要组成部分,是衡量评价指标重要与否的直观体现。

3.处理阶段

第 ,信息整合。研究在这个阶段,需要借助科学的手段对收集到的信息进行归纳整合分析,在处理过程中,需要对图书馆的特征和存在的问题进行研究归纳,肯定其特点,在客观的基础上提出问题,将有利于图书馆的改进。第二,结论总结。在信息处理的时候,必须进行有关结论的总结。

4.检验阶段

第一,制定策略。评价不只是为了得到结果而已,而是要对其原因进行深入揭示,从而提出改正建议,为将来在提供信息服务时候有依据。第二,在此次评价的基础上建立新一轮评价。图书馆的评价是一轮又一轮的开始和循环,得出的结果是对上一轮的检验,也是促使图书馆不断改进自身服务质量的推动力,所以说,多对信息服务进行评价以及分析是有必要的。

(四)图书馆信息服务能力评价的主要方法

1.层次分析法

层次分析法是公共图书馆信息服务能力评价的主要方法,这个方法是对目标对象界定的标准、策略等和决策有关的因素进行拆解,然后运用定性分析方法和定量分析方法进行评价。该方法最早可以追溯到20世纪70年代,由著名的学术专家Saaty提出,自提出之后,就在结构特性复杂的问题上得到广泛运用,虽然它在网络信息资源评价中是优秀的决策方法,但是也存在一定的缺陷,因为一些需要数据精准度高的问题它是无法适用的,同时,人为主观判断也会对结果产生诸多影响。

2.Libqual+TM评价法

服务质量要根据用户期望和知觉来确定,并且能够衡量出提供服务一方的表现情况。一般认为,服务质量最终的评定就是用户所期望的服务水平与真实感受到服务水平之间的差异。其利用可调节大小的网页，以网络问卷调查的形式对图书馆用户进行对图书馆服务感受的调查，从而掌握用户对图书馆提供服务的评价结果。在2000年10月的ARL年会上，从四个方面对Libqual+TM重新定义，即图书馆的Personal Control（个人控制）、Affect of Service（服务影响）、Access to Information（信息获取）和Library as Place（总体环境）。LIBQUAL+TM的优势在于其组织严密，而且是以Web调查为基础，操作方法和评价方法都较为规范，这样能够使用户对图书馆服务质量有所了解，对每个年度用户对图书馆服务质量的评价进行全面的搜集，再与同行进行对比分析，这样能够很好地提升图书馆的服务质量。通常在信息服务能力评价中的问卷项设计比较适合使用这种方法。

第三节 图书馆创新服务评价与管理

一、公共图书馆阅读服务评价的必要性及影响因素

（一）公共图书馆阅读服务评价的必要性

近些年来，人们对于阅读的关注度持续上升，世界各国图书馆都相继开展了形式多样的阅读推广活动，我国更是正式提出"开展全民阅读活动"，社会上的阅读推广活动的开展也是如火如荼。可是，这些活动开展的效果怎样，是否真正起到了促进阅读的作用，却由于缺乏一套科学全面的评价体系而变得无从考虑。

阅读服务作为图书馆众多服务的基础，在图书馆服务中占据着不可取代的地位。西方图书馆学界时至今日已经提出了许多有价值的理论，其中就有关于图书馆整体服务质量的评价体系，如SERVQUAL、LIBQUAL和DigiQUAL等；也有关于图书馆部分要素的服务评价体系，如立足于馆员服务质量评价体系ClimateQUAL，关于电子资源的MINES以及COUNTER等评价体系，但是很少见到关于阅读服务的评价研究。而国内关于图书馆服务评价的研究除了借鉴西方的研究成果外，也并未对阅读服务加以过多关注。纵观中西方学界有关图书馆评价的研究成果，

关于阅读服务评价的研究少之又少,通常零星分布于对图书馆的整体评价之中,无论是公共图书馆还是高校图书馆都始终没有形成一套针对阅读服务的评价体系。人们对于阅读重要性的认识不断加深与阅读服务评价指标缺失的矛盾,使得建立公共图书馆阅读服务评价指标体系显得尤为必要。对公共图书馆阅读服务评价的必要性主要从两个方面进行论述。

1.公共图书馆角度

服务一直是图书馆的核心内容,公共图书馆阅读服务方式和内容与以往的服务大不相同。公共图书馆阅读服务主要以普及知识和提高公众阅读文化素养为宗旨,通过举办各种各样的阅读推广活动来开展阅读服务。而公共图书馆阅读服务的效果如何,是否真正起到了促进公众阅读的作用,尚没有一个完整的评估体系来进行评价。所以,要建立一个公共图书馆阅读服务评价标准,从读者感知的角度来评价公共图书馆阅读服务的效果,旨在公共图书馆从用户的评价中认识自身开展的情况,发现不足,总结经验,扬长避短,为其进一步完善自身,更好地开展阅读服务提供借鉴。

2.读者角度

读者是公共图书馆阅读服务的对象,公共图书馆阅读服务评价是从读者感知角度进行评价的,读者亲自参与到图书馆阅读服务中来,将自己的真实感受表达出来。读者提出的意见与建议能够被反映到公共图书馆中去,能够促使公共图书馆的阅读服务更好地满足读者的阅读需求。

(二)公共图书馆阅读服务评价的影响因素

要想构建公共图书馆阅读服务质量评价体系,首先要了解其在服务过程中的各个环节对整个服务质量产生怎样的影响,针对每个影响因素的重要程度作为参考,来确定公共图书馆阅读服务评价标准。

1.阅读服务资源与环境

阅读服务资源与环境是公共图书馆开展阅读服务的前提和条件,也是公共图书馆开展其他业务的基础和载体。该因素包含两个方面的内容:阅读服务资源和阅读服务环境。阅读服务资源是指公共图书馆内的纸质信息资源和数字信息资源的总和。阅读服务环境既包括公共图书馆内的阅读设施,也包括馆内的建筑格局、装修风格、光线明暗、通风情况等营造出来的阅读氛围。阅读设施的人性化和阅读氛围的舒适度可以带给读者较好的阅读体验,开馆时间是否充裕、图书排架是否规范、网站界面是否简洁、阅览座位是否符合人体工学设计、阅读空间的装修风格设计是否能够激发读者的阅读兴趣等细节问题都需要引起图书馆的重视。

2.阅读服务人员

阅读服务人员是开展阅读服务评价的关键因素,是连接公共图书馆和读者之间的桥梁,也是读者与公共图书馆沟通的纽带。阅读服务人员是否具有专业性,在一定程度上反映了图书馆的阅读服务水平,而阅读服务人员的专业性是由阅读服务人员的学历水平和知识储备两方面构成。具备图书馆学相关专业学历是一名专业的阅读服务人员的必要条件,在阅读服务的工作中,具有专业知识背景的阅读服务人员可以利用所掌握的专业知识,满足读者的阅读需求,提供更优质的服务。阅读服务人员丰富的知识储备是作为阅读服务人员的充分条件,丰富的知识储备不仅来自书本所学,更大程度上依赖于长期的图书馆工作中积累起来的实践经验。阅读服务人员的态度好坏也是阅读服务工作中非常重要的一个环节。阅读服务人员以亲切友好的态度接待每一位读者,对读者的提问耐心解答,可以增强读者对图书馆阅读服务的依赖性。

3.阅读服务过程

公共图书馆阅读服务的整个过程是服务的关键环节,前期的策划、服务资源的准备、服务人员的组织等活动都是为了实施这一活动所服务的。在整个服务过程中,其服务活动的形式是否多样、服务内容是否符合用户的需求、服务的方式是否容易被读者接受、服务开展的环境以及设施等是否人性化等因素都在服务过程中体现,这些开展得如何直接影响服务质量。读者是服务的对象,整个服务过程的开展都要体现以读者为中心,从读者的角度出发,组织策划阅读促进活动才能取得良好的效果。

4.阅读服务管理

公共图书馆阅读服务评价离不开科学的管理,包括公共图书馆阅读服务的政策体系、服务人员队伍的建设和发展、服务过程的规范等。规范的管理可以达到良好的服务效果,能够保证活动的顺利进行。建立良好的规章制度能很好地加强阅读服务人员的责任感和服务态度。同时,公共图书馆阅读服务的后续管理也十分重要,包括对服务活动的跟踪和对用户的信息反馈活动。对公共图书馆阅读服务进行评价,及时调整服务策略和人员的配置,从制度上保证公共图书馆阅读服务质量和效率。

二、公共图书馆阅读服务评价标准

(一)公共图书馆阅读服务评价内容

公共图书馆阅读服务是公共图书馆服务中的一部分,对公共图书馆阅读服务的评价与图书馆服务质量评价有相同之处,但又有各自的区别。公共图书馆服务质量评价从以图书馆实体为中心转向了以用户为中心,强调从用户感知的角度来评价公共图书馆服务质量。LIBQUAL是专门用来评价图书馆服务质量的标准,评价主要从以下5个层面进行:可行性、可靠性、反应性、保证性、移情性。构建公共图书馆阅读服务评价的主要内容包括:阅读服务资源及环境、阅读服务人员、阅读服务内容、阅读服务质量。力图能够从图书馆阅读服务的实体资源到人力资源、阅读资源的利用情况、方式到效果,加以用户的切身感受,全面具体地来评价图书馆阅读服务效果。[①]

(二)公共图书馆阅读服务评价指标

1.阅读服务资源及环境

(1)阅读资源满足率

阅读资源是图书馆阅读服务开展的基础,图书馆阅读服务的最终目的是满足用户的阅读需求。读者对资源的需求包括传统纸质资源和数字资源两部分。此指标主要评价公共图书馆在纸质资源建设上能否保证纸质资源数量多、学科范围广、阅读资源质量高的特点;在数字资源上,图书馆是否能根据用户个性化需求,在信息类型、阅读格式、时间限制等方面满足用户需求。图书馆是否建立网络阅读导航系统、特色数据库、虚拟阅读交流会等形式促进用户阅读。

(2)阅读设施的人性化

阅读设施是与阅读资源相辅相成的物质资源,阅读设施的好坏直接影响用户的对阅读资源的获取。此指标主要评价公共图书馆所拥有的阅读设施是否符合用户的阅读习惯,图书资料排架是否准确,书号是否

[①]王靖.图书馆服务创新评价体系的构建[J].图书馆学刊,2014,36(03):78-80.

明了,数字资源检索界面是否友好,电子资源是否便于检索与利用,公共图书馆是否集检索、借阅、休闲于一体,是否适当性地设置学习讨论区、休闲娱乐区和休息区等,充分体现开放性、休闲性和人性化的理念。

(3)阅读氛围的舒适度

阅读氛围包括图书馆建筑设计、室内灯光效果、室内温度、通风情况等是否良好、桌椅板凳的舒适度是否符合用户习惯、图书馆的学习氛围是否浓厚、图书馆的开放时间和馆舍空间是否充裕等方面,这些方面是否可以带动读者营造良好的阅读氛围、网络虚拟图书馆的界面是否温馨,是否能激发用户的阅读热情、电子资源的字体大小颜色和格式是否能给用户带来良好的视觉冲击等。

2.阅读服务人员

(1)阅读服务人员知识储备丰富性

阅读服务人员需要具备丰富多方面的学科知识,面对不同学科的读者,阅读服务人员要能够解决各类用户的知识需求。阅读服务人员需要具备主动的信息服务意识、较强的信息分析能力和知识的利用能力。此指标主要评价阅读服务人员是否能解决各类读者的问题,是否具有较强的专业知识和其他学科知识与技能,是否会使用各种信息检索工具,是否具有较高的理解沟通能力和问题解决能力。

(2)阅读服务人员的导读推广水准

阅读服务人员的最主要的任务之一就是对用户进行阅读指导,根据用户的阅读习惯,将图书馆内的相关资源推荐给读者,并正确指导读者阅读。在网络信息资源普及的今天,面对内容复杂、形式多样的网络信息资源,读者很容易在网络海洋中迷航,很难准确找到自己想要的信息,可能还会受网络不良内容的影响,这个时候阅读服务人员就起到了很大的作用。阅读服务人员应对用户需求进行缜密分析,准确及时地将信息传送给用户。通过建立网络阅读导航、学科指南、主题阅读网站等阅读指导工具,培养读者良好的阅读习惯,做到积极主动地将文献信息推送给用户。此指标的目的是评价阅读服务人员的阅读推广能力,阅读服务人员能否将自身拥有的知识完全外显出来,阅读服务人员是否有能力做到为读者找书、为书找读者,能否通过自身的"推销"技能让阅读资源被更多人所接受。

3.阅读服务内容

(1)主题阅读推广活动的丰富性及新颖性

公共图书馆阅读服务应采取多种多样的推广策略来促进阅读。图书馆应在世界读书日和本馆自定的读书月和读书节,开展各种主题阅读活动,旨在通过活动的开展,对图书、期刊、电子资源等进行推广,让全体公民都参与到阅读中,在普及读物的同时,提高公民的阅读意识,营造良好的学习型"书香社会"。此评价指标主要用来评价公共图书馆在促进阅读时所采取的活动样式是否丰富多样,是否能真正引起全体公众的阅读兴趣,是否能真正吸引公众参与到活动中,活动是否足够新颖、是否富有创意,是否能调动公众的阅读热情。

(2)新媒体在阅读服务中的应用程度

新媒体技术充分利用了数字技术、网络技术、移动技术、无线通信网和有线通信网等技术,具有交互性、实时性和便捷性等特点,打破了传统媒体在服务时间、服务地点、服务方式、服务内容上的限制。新媒体在公共图书馆阅读服务中的应用应符合广大读者的需求,提升阅读速度,扩大阅读范围,提高阅读的积极性,因此公共图书馆在阅读推广服务中应重视新媒体的应用。此指标用来评价公共图书馆在阅读服务中是否充分利用了新媒体技术进行阅读推广,新媒体的应用途径和方式是否应和了读者的需求,新媒体技术的应用是否能方便读者的阅读,新媒体技术是否在节省读者时间的同时正确引导了读者的阅读方式和阅读倾向,新媒体的应用能否调动读者的阅读兴趣与激情等。

4.阅读服务质量

(1)阅读服务对读者阅读习惯的影响

读者的阅读习惯除受自身内在驱动力影响外,还受外部环境的影响。公共图书馆开展阅读服务的目的是鼓励读者多读书、爱读书,只有先调动读者的阅读意识,读者都参与到阅读的行动中,其素质才能得到发展。公共图书馆通过开展阅读服务活动能够改变读者的阅读习惯,使原有的读者更努力地从事阅读研究,曾经盲目阅读的读者有明确的方向并积极开展阅读。此评价指标主要用来评价公共图书馆在开展阅读服务活动后,读者的数量变化,曾经不经常读书的读者是否开始了积极主动的阅读,读者的阅读时间是否由少变多,读者的阅读内容和范围是否有了扩大,读者的阅读场所和阅读载体的要求是否不再狭隘等。

(2)阅读服务对用户阅读能力的影响

阅读能力具体来说是指读者的阅读目的、阅读情感和阅读理解能力,包括对阅读材料的甄别能力,阅读过程中的信息分析、理解、评价和运用能力。网络时代,读者的阅读形式发生了变化,读者获取信息的途径更加多样,读者的阅读能力显得尤为重要,读者需要具备能够在网络信息资源中快速高效地选择、分析、利用信息的素养。公共图书馆可通过开展阅读推广活动提高读者的阅读意识,通过阅读指导提高读者的阅读理解能力,通过培训讲座提高读者的信息检索获取能力。此评价指标用户评价在公共图书馆开展完阅读推广活动后,读者的阅读能力是否得到了提升,读者对阅读的理解和分析能力、信息推论和整合能力是否有进步,读者是否掌握了更多的信息检索方式和技巧等。

三、公共图书馆学科服务评价

(一)学科服务评价的必要性

学科服务评价作为学科服务体系中不可或缺的一部分,是引导学科服务系统优化的最有效途径,科学、客观地评价学科服务体系是提高学科服务质量的重要保证。通过定期的学科服务质量评价,了解用户对服务的适应度、认同度和满意度,找出体系中不合理的地方,不适应学科服务发展的地方,加以调整、改正、提高,使环境布局更加合理,设备设施配置更加得当,工作方法更加科学,工作任务更加明确,工作内容更加合理,从而达到优化系统,全面、准确保障学科服务质量提高的目的。

(二)基于用户满意度评价学科服务

1.基于用户满意度评价学科服务的缘由

对于学科服务来说,学科服务是因用户的需求而产生的,也是伴随着用户的需求而发展的,没有用户或者用户不满意的学科服务是没有办法生存的。因此,要重视用户,重视用户的满意度,将用户的满意度作为检验学科服务质量的唯一标准。

2.评价指标的设置

评价指标是评价方法的具体体现,是服务客体对主体进行衡量的依据。评价指标的设置一定要科学、全面,能真正体现评价工具的意志,衡量出被评价主体的真实质量。

（1）评价指标的确定原则

学科服务质量评价指标的确立应遵循如下原则：①科学性原则。全面、真实、准确地描述学科服务最本质、最有代表性的东西，把主观因素降到最低，客观实际地反映学科服务体系的各个方面。②导向性原则。评价本身并不是目的，只有在评价中发现问题，引导工作改进才是目的，在评价指标的设置中应充分暴露各方面的弱点，以便制定改进方案改进工作。③针对性原则。评价指标应和学科服务具有紧密相关性、专指性，体现学科服务的特色，不涉及与学科服务无关的工作。④易操作性原则。清晰、明确地表达指标内容，让评价者准确地理解评价指标，杜绝使用模糊语言。

（2）评价指标内容

第一，学科服务平台环境层面，此层面主要包括学科服务平台空间布局是否合理：学习、科研场所是否整洁、舒适；空间内的休闲环境是否幽雅、整洁；配套设施是否完善；平台内的标识、指引是否明显、美观；学科服务平台的开放时间是否合理等。第二，学科服务平台设备设施方面，此层面主要有资源服务区的设施是否齐备、便捷；独立研究室的配置是否合适，数量是否适中；小组讨论室设施是否齐全、实用；多媒体制作室配置是否合理，软件资源是否丰富等。第三，学科资源层面，此层面包括实体资源馆藏是否丰富，是否能满足学习、科研的需求；学科机构知识库收藏资源是否丰富、实用；学科数据库是否能满足学习、科研需求；学科资源导航是否科学合理，资源是否丰富。第四，学科馆员层面，此层面主要有学科馆员的仪表举止是否得体；学科馆员接待读者时是否谦和、有礼；学科馆员解答读者问题时是否准确、快速等。第五，服务效果层面，此层面包括学科信息门户页面布局是否合理，是否让用户一目了然；学科虚拟平台的访问是否顺畅；学科资源组织是否合理，查找是否方便；信息素养培训是否实用；定题服务信息的提供是否针对性强，是否及时、到位等。

（三）评价过程

1.准备阶段

在评价准备阶段除了科学合理地设计好问卷外，还应做好宣传工作，吸引尽量多的用户参与，这样才能使最后的统计运算结果具有可信度，依此制定的决策更有针对性。宣传的方式应注意多样化、多渠道,内容应具有一定的吸引力,比如承诺按用户意见整改服务等。

2.数据统计分析阶段

调查通过用户填写网上问卷的方式进行。收到的问卷要先判定其有效性,然后对有效问卷进行统计分析。

3.评价结果应用阶段

根据问卷数据分析出来的评价结果以及据此制定的方案和策略,都还只是纸上谈兵,需将之应用于具体的学科服务实践中,应用于需改进提高的各个方面。在经过一段时间的实践后,再制定问卷对实践结果进行再评价。在再评价的问卷制作过程中要总结上一次制作问卷的经验和教训,对问卷的设计进行全方位的再考证,力争能更科学合理地考评学科服务的质量。如此不断地循环反复,促进学科服务体系的不断优化,学科服务质量的不断提高。

四、公共图书馆服务管理

(一)公共图书馆服务性管理内涵

1.服务性管理概念

服务性管理是指管理者在实际管理活动中运用为人服务理念,合理利用各项资源,最大程度地满足被服务者的需求,最终实现工作目标的管理过程。公共图书馆首先应落实到从"书本位"向"人本位"的转移。

2.服务性管理特征

服务性管理和其他管理方式相比较而言,特殊性表现为综合性、时代性和灵活机动性等特征。服务性管理是管理学上的一个新兴概念,它侧重寓服务于管理中,不单单局限在人力、财务、资源等管理形式,又将这些管理方式融为一体,并添加自己服务目标进去,从而达到系统的资源配置,达到最优化的管理结果。同时服务性管理也是时代的必然要求,曾经的量化管理手段已经满足不了现代社会的发展,只有将服务作为管理一个要素添加进来,才能更好地协调各项资源,完成既定组织目标。

3.公共图书馆服务性管理意义

(1)有利于公共图书馆平稳发展

图书馆在社会中的作用不言而喻,它既保存和传播人类文明成果,又为社会的知识创新提供智力支持。公共图书馆将服务融入日常管理中，会切实地直面被服务者的真实需求，第一时间解决被服务者的问题，达到资源的最优配置。

(2)有利于馆员自我价值的实现

馆员在图书馆日常工作中不单单是生产服务的提供者，也同样是享受过程的被服务者，服务性管理方式能够充分调动馆员的参与性、积极性，激发其创造力，使他们热爱工作，并且在工作中点燃自己的荣誉感与归属感。

(3)服务性管理对需求具有时效性、针对性、创新性

第一时间解决问题，并且在解决问题过程中调动服务者主观能动性，创造性地汇总解决方案，让需求者可以站在前人的肩膀上进行创新。

(4)图书馆服务不仅是公共的教学实践活动，又是公共教学实践的补充

图书馆文化无疑对整个社会文化氛围具有导向作用，图书馆的服务性管理，将大大弘扬社会的以人为本、为人服务文化精神，促使图书馆在社会主义精神文明建设中发挥应有的导向作用。

(二)创新公共图书馆服务管理

1.创新服务管理观念

公共图书馆必须适应信息与技术迅速发展，以往的管理观念不再符合未来发展的趋势，这就要求公共图书馆必须进行观念创新，才能从根本上指导图书馆事业。要求我们既要结合成熟的管理经验又要创新地将服务纳入管理观念中。管理工作不再是"人治"或"规则治"，更多地从服务管理出发，便捷读者。这样才能在当今诸多竞争力中获得更多读者资源，同时，在公共图书馆内部事业管理中也要体现服务精神，馆领导率先为普通馆员服务，解决馆员在工作与生活中遇到的实际困难，以服务精神带动馆员，激发馆员的服务热情，全馆上下共同营造积极、和谐、为人服务的公共图书馆精神氛围。

2.创新服务管理方法

第一，要调整公共图书馆管理工作重点。公共图书馆服务管理工作发生改变，工作呈现时效性、针对性等特点。第二，要增强基层服务管理工作的独立性。过去信息技术落后，基层服务管理工作完全能满足读者

的阅读需求,但在今天多部门互相配合解决问题的工作模式已不再有竞争力,基层服务管理工作需要更多的独立性,直接服务读者可以更准确把握读者需求,可以提供更具体、更有针对性的服务。第三,公共图书馆服务管理工作应当开辟系统化、常态化、社会化服务模式。系统化是指公共图书馆把过去分散的管理活动,绘制成有系统、有流程、有计划目标的服务管理过程,在规划、实施、评估过程中进行宏观调控。

3.创新服务管理人才

知识的首要载体是人,人才是知识经济体系中第一资源,当前公共图书馆仍侧重传统的建馆规模的扩大、书刊数量的增加、技术设备的添置、信息系统的开发等,忽视了人力资源的开发与维护,从而导致图书馆服务管理人员流失严重。为改善这种局面,公共图书馆需要大力引进专业人才,从智力、技术层面保障服务管理事业的发展,完善人才招聘制度,使公共图书馆人力资源在专业、经验、年龄等方面达到和谐互补。

公共图书馆工作人员必须定期外出考察、进修、培训,提高业务水平,打造一个学习型、创新型、服务型公共图书馆团队。建立行之有效的奖惩制度,把工作优劣与个人利益挂钩,在图书馆内部形成竞争机制。转变馆员角色,馆员不再是图书馆的守卫者,而是信息整合者、提供者、管理者、维护者与协调者。

五、公共图书馆服务质量评估体系

(一)图书馆服务质量含义

图书馆服务质量就是"图书馆向读者提供服务过程中的服务行为和服务环境的具体表现"。对于服务行为而言,更为深刻的就是服务行为提供具体服务内涵,对于图书馆而言,就是图书馆提供的服务内容。图书馆服务质量至少包括:图书馆提供服务的内容,图书馆工作人员服务行为以及图书馆服务环境三方面的内容。

(二)公共图书馆服务质量评估体系构建原则

1.科学性

科学性原则是构建评估体系的首要原则。如果评估体系的建立不能建立在科学的角度上,不仅评估体系自身的科学性受到影响,更谈不上通过应用该体系对图书馆评估,促进图书馆服务质量的提高。

2.导向性

评估能起到一定的导向作用,要充分发挥评估导向性的作用,就必须在建立评估体系的时候就考虑到导向性的原则。

3.可操作性

可操作性是指评测人员能够比较容易地对各项指标进行评价,评价各项指标是否能够衡量图书馆服务质量。

4.通用性和灵活性

建立的公共图书馆评估体系要具有一定的通用性,要根据公共图书馆的基本特点建立,同时要具备灵活性,建立的体系要能改变,去适应不同的评估环境和评估对象。

(三)构建公共图书馆服务质量评估体系应注意的问题

1.不断改进读者满意率

公共图书馆的服务宗旨是"读者第一,服务至上",所有的工作都应围绕读者这个服务对象展开。建立服务评估体系的目的就是要提高用户的满意率。公共图书馆要获取顾客满意程度信息,要采取各种方法、多种渠道,尽可能多地获取有关读者感受的各种信息,监视这些信息。图书馆还要采用适当的方法对这些信息进行处理和分析,作为对质量管理体系业绩的一种评估,并促进图书馆服务质量体系的持续改进。

2.服务承诺机制和处理投诉机制

为了给各层次的读者提供优质的服务,公共图书馆建立自己的服务承诺机制,要提出自己的服务承诺,并竭力兑现本馆的服务承诺,其服务承诺应该包括:承诺虚心接受读者对服务的监督;承诺全心全意为读者服务;承诺耐心回答读者的问题;承诺保证充分的开馆时间;承诺及时更新馆藏书籍;承诺礼貌接待读者;承诺保护读者隐私权。

公共图书馆的服务质量体系的监控、测评的重要方式是投诉,如果承诺的服务没有得到满足,可以进行投诉。投诉是用户对所接受服务质量的直接感受的一个反映。图书馆要建立完善、多种途径的服务投诉机制,投诉的处理要及时反馈到图书馆的高层领导,作为图书馆决策层对图书馆进行重大改革时考虑的重要参考意见。对顾客的投诉应该利用数据统计进行分类,实际找出图书馆服务存在的问题。

(四)公共图书馆服务质量评估方法

评估指标体系建立后更为重要的是将其落到实处,否则评估体系就只能束之高阁。将公共图书馆服务质量评估体系落到实处,一方面可以评价相关指标体系是否合理,另一方面是发现公共图书馆服务存在的问题从而提高服务质量。总体而言,评价方法有两种,即内部评价和外部评价。内部评价即图书馆内部工作人员进行的自上而下或自下而上的评价;外部评价即图书馆服务对象对图书馆进行的评价。相较于内部评价而言,外部评价更为有效,且对于图书馆而言,基于服务对象的评估显然比自我评估更为真实有效。因此,公共图书馆服务质量评价更多的应采用外部评价的方法,外部评价可以通过问卷的方式,也可以通过召开座谈会的形式,或者两者结合。公共图书馆可基于自身情况,选择适当的方法进行评价。

第四节 图书馆阅读推广与创新服务机制的发展思考

一、公共图书馆阅读推广活动的发展趋势

(一)公共图书馆阅读推广的使命

公共图书馆除了保存人类文化遗产,满足社会主体需要,还要进行社会教育,满足社会大众文化欣赏、娱乐消遣和社会阅读需要。公共图书馆在社会阅读中的职责,概括起来就是引导、培养、指导、促进、发展国民阅读。为此,公共图书馆需要联合高校图书馆和其他相关组织、团体、社会管理部门等,不断加强多元合作,共同为当地的居民提供更加完善的阅读服务。让阅读成为人们的一种生活习惯和方式,并融入当地的生产生活中。变革公共图书馆运作模式,创新其机能,充分发挥公共图书馆服务社会功能,不仅可以很好地为社会阅读活动服务,提高全民文化素质,而且也是建设学习型社会,推动社会主义精神文明建设的一项重要举措。

(二)公共图书馆阅读推广的发展趋势

1.更新观念,提高社会阅读服务意识

公共图书馆要可以为社会阅读推广服务。因此,公共图书馆工作人员应承担推广责任和义务。提高认识,增强服务意识,推进社会阅读服务方式变革,从社会效益、经济效益和管理效益等多方面考虑,适应社会阅读需要,推进社会阅读服务方式的根本性变革,实现推动一些最基本的服务项目演化,实质上推动社会阅读的深化和扩展。

2.服务内容精品化

随着网络技术的广泛应用的和电子出版物的普及,公共图书馆的信息资源得到极大丰富,图书馆文献信息资源结构发生了巨大变化,由单一的纸质资源,增加到纸质资源、电子资源并存的局面。由于信息资源的海量扩大,广大读者不再为信息获取渠道而苦恼,更多的重视信息的内容、浓度和质量。这就需要图书馆工作人员,增强职业意识,主动提高服务产品质量,特别是做好优选,收集好有价值的阅读信息资料,快、全、新、精地满足客户的需要。快,是信息传递速度快,提供时间快;全,是图书馆所提供的信息资料内容多,资料齐全;新,是指阅读信息资料内容新,密切跟踪科研前沿,及时获得并加工、整理、集散新的信息,满足读者的需要;精,是指信息内容精湛,为读者所求之不得,通过剔除冗余,实现阅读资料精品化。

3.开展形式多样的阅读推广活动

随着经济发展和科技水平不断提升,公共图书馆的阅读推广方式已经不只是停留在海报宣传、折页宣传等形式,可以将网络信息技术和阅读推广活动相结合,新技术的应用丰富了阅读推广活动的形式,增强了阅读推广的影响力和号召力。阅读推广可以通过网站建设、微信公众平台等多种形式,使读者即使不走进图书馆也可以了解到图书馆相关阅读动态信息,将传统的宣传信息动态化和立体化,使读者对阅读有更为直观的了解。

4.将阅读推广作为日常工作的核心内容

公共图书馆在早期的阅读推广活动中,通常将阅读推广活动与重大节庆活动相结合,以此来提高阅读推广活动的影响力和读者参与度。阅读推广与节庆活动相结合的方式取得较好成果,目前公共图书馆的阅读推广趋向于持续化和日常化,以帮助读者培养日常阅读习惯,提升读者的阅读能力。在日常工作中,公共图书馆要增加阅读推广活动场次,丰富馆内阅读书籍类别,提高阅读服务质量,激发读者对阅读的热情。因此,阅读推广活动的日常化是公共图书馆阅读推广的必然发展趋势。

二、公共图书馆服务的发展趋势

(一)理念创新

公共图书馆服务创新和发展是由理念、制度、技术、方法等各种创新要素构成的一个复杂系统。其中,理念创新对其他方面的创新和发展都有很大的影响,对整个服务创新体系的形成与发展起着至关重要的引擎作用。服务理念是图书馆人意志品质和思想境界的集中体现,"以人为本"一直是图书馆服务理念的根本。伴随着图书馆事业的不断发展,公共图书馆的服务理念也在不断创新,在实践中体现出来的服务理念有开放服务、免费服务、便利服务、个性化服务、人性化服务、嵌入式服务、泛在化服务等。

(二)服务流程重组

随着社会环境的变化和服务理念的创新,公共图书馆在实践上也必须推陈出新,进一步加强以用户和服务为中心的业务布局与结构调整,进行服务流程的重组。在这个信息爆炸时代,人们的信息需求更趋向多样化、纵深化、精细化,但用户始终希望图书馆可以迅速、有效地为其提供解决问题的方案。"泛在化嵌入式服务"要求公共图书馆打破传统的"以文献为中心"的业务布局和服务流程,不仅要制定自己的服务流程,更要面向"用户需求",制定"以用户为中心"的馆外嵌入式服务流程。传统公共图书馆的服务流程基本上都是线性垂直式或纵向式服务,以"用户需求"为中心的嵌入式服务流程不是单向的,而是双向的;不是垂直的,而是网状的。其中存在人与人、人与技术、技术与技术之间的丰富交互和无缝集成,在双向交互行为基础上,建立以技术与服务为核心,分工合作、专业化、高效、可持续发展的嵌入式服务模式与机制,实现公共图书馆服务流程的重组,为用户提供更人性化、有的放矢的高质量信息服务,是公共图书馆服务发展的必然趋势。①

(三)开拓创新服务领域

近些年来,伴随着公共图书馆生存和发展遇到的各种挑战和机遇及服务对象的扩展和读者需求的变化,国内外学者对公共图书馆的新功能做了广泛探讨,提出了图书馆作为文献信息中心之外还应该是信息知识加工、创新中心,学术、文化交流中心,公民学习、教育中心,应该具备数字鸿沟粘合剂、休闲娱乐等功能。所以,很多公共图书馆从内涵和外延两方面扩展丰富了自己的功能和服务。在内涵拓展中,最重要的就是增强公共图书馆的创新功能。在外延拓展方面,主要是扩展提供的服务项目和范围。二者综合起来,既有对公共图书馆物理空间的革新,又有应用新技术开发的新的服务领域。在革新物理空间方面,特别是在新馆建设中,考虑到用户需求的多样性和现代图书馆的新功能,很多公共图书馆增加了不同特色和类型的信息共享空间、特色自修室、休闲娱乐空间、展览空间等;在应用新技术拓展服务领域方面,很多公共图书馆推出了手机图书馆以及微博、微信推送等服务,同时,各种信息资源实现了无缝连接,参考咨询服务平台更具交互性、人性化。

(四)提高人员队伍的能力与素质

图书馆员能力与素质的高低是衡量图书馆服务水平的重要标准。随着计算机技术、网络通信技术、云技术等高新技术的快速发展和广泛应用,信息服务的方式和手段不断更新,从根本上改变了公共图书馆传统的服务模式,并对馆员的知识结构和业务能力提出了严峻的挑战。图书馆员的角色从"信息守护者"向"信息领航员""知识管理者""信息专家"转变,这就要求馆员首先要改变自己的服务理念,树立开拓创新意识,拥有开展高水平、信息化、智能化服务所需要的知识、技能和方法,努力学习新技术、新知识,熟练掌握和应用网络环境下各种服务的手段和方法。

公共图书馆也应该充分重视对馆员的培训和关怀。一方面,要加大资金投入,充分利用优越的学习和深造机会,为图书馆员创造学习和交流的机会和条件;另一方面,建立并推行图书馆员终身教育制度,形成激励机制,营造良好的学习、文化氛围,激发图书馆员的学习热情和自身潜

---

① 杨淑琼,牛波."图书馆+社团"读书会阅读推广模式实施策略探析[J].情报探索,2021(02):112-116.

能,打造一支能够适应公共图书馆发展需要的信息情报服务队伍,为公共图书馆服务创新发展提供基础与保障。

三、公共图书馆阅读推广服务的理性思考

(一)调整图书馆的推广理念

为读者服务永远是图书馆的主要业务工作,大部分的图书馆业务项目都是围绕着"服务"这一主题来展开或组织的。在传统的服务环境下,图书馆的服务主要是一种被动服务的方式,图书馆的馆员多是"坐等读者上门"思想。在现代服务环境下,图书馆的服务手段和服务内容都有了极大的变化,信息服务的内容、信息载体的形式、信息传递的渠道等都有了极大的转变,使得图书馆的服务思想需要积极调整从而适应发展着的现代信息服务需求的变化。由此,图书馆的服务理念也需要加以调整。对于阅读推广活动而言,它不仅是图书馆举办的一种系统性活动,更是图书馆在资源和用户之间建立联系的重要手段,是图书馆为信息服务所构建的用户基础的一种,可以将其理解为一种新型的服务,即资源推介服务,并通过对馆员进行素质教育使馆员具备相应的服务理念。公共图书馆的阅读推广应当融入社会的阅读推广活动中去,而不是自成体系,应当将推广活动的用户范围扩大到社区居民、社会用户,而不是仅仅局限于自发去的读者。所以,调整推广理念尤为重要。

(二)建立长效机制

公共图书馆有必要制定详细、系统的阅读推广计划和方案。比如,建立一个在图书馆与读者、读者与读者之间可以开展阅读共享、交流阅读心得体会、探讨阅读活动形式和内容的交流平台,通过多种形式构建起来的交流平台,可以使喜爱阅读的读者找到归属感,感受到阅读的乐趣,变"阅读"为"悦读",从而激励读者进行更深层次的阅读。通过平台的交流互动也可以使阅读兴趣不高的读者在分享别人"悦读"感受的同时受到熏陶并逐渐提高阅读兴趣,变被动阅读为主动阅读。

努力构建图书馆、读者、合作机构等多方面的评价体系,对推广活动的方案、宣传力度、活动形式等进行总结和评估。还应该积极探索阅读推广机构在人员、经费、资源等方面的长期规划和设计,指导和协调活动

的开展,给予活动主办方和参与机构在策划、宣传、评估等方面进行培训和技术支持,有效保障阅读推广活动的持续开展。通过多方面、多角度对阅读推广活动加以重视,将断续、短期的推广活动转变为系统、长期持续的推广活动。

参考文献

[1]陈晨艳.关于公共图书馆儿童读者服务的几点建议[J].兰台内外,2020(32):73-75.

[2]丁凡,高东妮,田倩.图书馆管理与阅读推广服务[M].沈阳:辽海出版社,2020.

[3]董凤华,杜方冬,黄宏亮.基于校园文化的阅读推广模式探索[J].资源信息与工程,2020,35(06):138-140.

[4]杜坤,迟辉.国内图书馆阅读推广长效机制研究[J].科技风,2021(10):152-153.

[5]郭丽娜.图书馆读者服务与阅读推广[M].沈阳:沈阳出版社,2019.

[6]郭秋燕,蒋琦.公共图书馆经典阅读推广策略研究[J].图书馆学刊,2021,43(02):68-71.

[7]黄红梅.图书馆移动阅读推广营销模式及其优化研究[J].图书馆工作与研究,2021(02):123-128.

[8]蒋丽敏.图书馆界阅读推广活动的顶层设计研究——《中外图书馆阅读推广活动研究》荐读[J].情报理论与实践,2021,44(03):206.

[9]来荣.中外图书馆阅读推广活动的实践调研、理论探索[J].大学图书馆学报,2020,38(03):127.

[10]李斌.公共图书馆盲人服务的探讨——以山西省图书馆为例[J].太原城市职业技术学院学报,2017(10):169-170.

[11]李宇,马波,鲁超.基于真人图书馆的阅读推广服务模式研究[J].四川图书馆学报,2020(06):65-68.

[12]刘丹.图书馆阅读推广标准的建立构想[J].图书馆杂志,2020,39(08):82-87+110.

[13]缪建新.志愿者与图书馆阅读推广[M].北京:朝华出版社,2020.

[14]石璞,沈艾,王诺.打造展示文旅融合发展的"杭州窗口"——杭州图书馆主题分馆的实践与思考[J].图书馆研究与工作,2021(04):25-31.

[15]孙海晶.基于用户小数据的图书馆个性化阅读推广服务模式研究[J].河南图书馆学刊,2021,41(01):4-6.

[16]王静.图书馆读者服务与管理研究[M].长春:吉林科学技术出版社,2019.

[17]韦良珍.我国图书馆阅读服务发展及策略研究[D].南宁:广西民族大学,2019.

[18]韦诗懿.新时期图书馆读者服务工作的创新[J].办公室业务,2021(03):156-157.

[19]吴海春,朱玉婵,冀枫.图书馆阅读推广与服务管理[M].哈尔滨:哈尔滨地图出版社,2018.

[20]杨敏.图书阅读推广文化探析[M].合肥:合肥工业大学出版社,2019.

[21]杨敏怡.对"文化养老"下公共图书馆老年读者服务的思考[J].文化产业,2020(36):150-151.

[22]曾玲.均等化服务视角下公共图书馆阅读推广研究[D].哈尔滨:黑龙江大学,2020.